1 2 3

Der Karlsruher Physikkurs

Energie Impuls Entropie

Daten Licht Elektrizität

Reaktionen Wellen Atome

Aulis Verlag Deubner · Köln

Bibliografische Information Der Deutschen Bibliothek

Die Deutsche Bibliothek verzeichnet diese Publikation in der Deutschen Nationalbibliografie; detaillierte bibliografische Daten sind im Internet über <http://dnb.ddb.de> abrufbar.

Herrmann

Der Karlsruher Physikkurs

Unterrichtshilfen

5. verbesserte Auflage November 2003

Bearbeitet von *Karen Haas*, Prof. Dr. *Friedrich Herrmann*, Dr. *Matthias Laukenmann*, Dr. *Lorenzo Mingirulli*, Dr. *Petra Morawietz* und Dr. *Peter Schmälzle*

Abbildungen: *F. Herrmann*

Einbandgestaltung: *Renate Wiggering*

Best.-Nr. 2411

Hergestellt mit RagTime 3.04, MathType 2.05 und Canvas 3.0

Papier wurde nicht mit Chlor gebleicht

Printed in Poland

ISBN 3-7614-2526-0

VORWORT

Bei den Mathematikern ist es guter Brauch, sich um den begrifflichen Aufbau des eigenen Fachgebiets zu kümmern und von Zeit zu Zeit Hand anzulegen. Anders bei den Physikern: Universitätsphysiker hatten immer eine viel stärkere Tendenz, an den Grenzen des eigenen Gebiets zu arbeiten, dort wo es "Neues" zu holen gibt, etwa in der Elementarteilchenphysik, in der Astrophysik oder in der Physik komplexer Systeme. Darüber vernachlässigen sie aber etwas das Aufräumen im eigenen Hause. Neue Ergebnisse werden, oft mehr schlecht als recht, in das Gebäude der alten Begriffe eingebaut, und man wendet sich schnell der Suche nach noch Neuerem zu.

Das äußert sich auch in der Lehre. Man vergleiche ein neu geschriebenes, also "modernes" Schulphysikbuch mit einem aus der Zeit um die Jahrhundertwende. Die Ähnlichkeiten sind sehr groß, – zu groß, wenn man bedenkt, dass die meisten Physiker, die es überhaupt gab, in diesem Jahrhundert gelebt haben, oder noch leben. Die Einsichten der Physik unseres Jahrhunderts begegnen uns in unseren neuen Schulbüchern oft wie in einem Anhang. Die Bücher enthalten das Alte *und* das Neue, und nicht, wie es wünschenswert wäre, eine Synthese aus alt und neu. Dies ist einer der Gründe dafür, dass sich der Physikunterricht mit der Bewältigung des Stoffs so schwer tut.

Am Institut für Didaktik für Physik der Universität Karlsruhe wurde der Versuch einer Neuordnung der Inhalte der Physik unternommen. Das Ergebnis unserer Arbeit ist sicher eine Lösung des Problems. Wir möchten aber nicht behaupten, es sei die einzige Lösung.

Die Fundamente dieser Neuordnung wurden von Prof. G. Falk gelegt. Am Institut wurden mehrere Kurse für die Universität, die Orientierungsstufe, die Sekundarstufe I und die Sekundarstufe II entwickelt. An der Ausarbeitung und Verbreitung dieser Kurse waren zahlreiche Kolleginnen und Kollegen beteiligt, so dass es gerechtfertigt erscheint, hier von der "Falkschen Schule" zu sprechen.

Wir legen hier den Karlsruher Kurs für die Sekundarstufe I vor. Er ist nach achtjähriger Erprobung am Staatlichen Gymnasium in Wörth am Rhein entstanden.

Ich bin vielen Mitarbeitern und Unterstützern des Projekts dankbar.

An erster Stelle danke ich meinem Lehrer Prof. Falk. Auf ihn geht die theoretische Basis aller unserer Kurse zurück, und ohne ihn wäre keiner unserer Kurse entstanden.

Noch einer anderen Person habe ich viele der im vorliegenden Buch enthaltenen Ideen zu verdanken: Herrn Dr. G. Job von der Universität Hamburg. Große Teile der Wärmelehre, sowie der physikalischen Chemie basieren auf seinen Arbeiten.

Mein besonderer Dank gilt meinen Doktoranden Herrn Dr. Schmälzle, Herrn Dr. Mingirulli und Frau Dr. Morawietz, die einen großen Teil der Detailarbeit geleistet haben, und mit denen ich die Erprobung in Wörth durchgeführt habe.

Sehr dankbar bin ich auch denjenigen Kolleginnen und Kollegen, die sich an den Erprobungen in größerem Maßstab in Baden-Württemberg und in Rheinland-Pfalz, die zur Zeit noch laufen, beteiligen. Sie haben von ihrer Arbeit keine persönlichen Vorteile. Sie haben mitgemacht und viel Zeit geopfert aus reiner Freude an der Sache. Ihre konstruktiven kritischen Ideen fließen ständig in die jeweils neueste Auflage ein.

Eine notwendige Voraussetzung für das Gelingen des Projekts ist auch die Unterstützung von administrativer Seite.

Zunächst möchte ich dem Direktor des Wörther Gymnasiums, Herrn OStD Rößler, dafür danken, dass er unsere Arbeit an seinem Gymnasium nicht nur geduldet, sondern auch aktiv unterstützt hat.

Ich danke auch dem Kultusministerium Rheinland-Pfalz und der Bezirksregierung Rheinhessen-Pfalz für die Genehmigung unseres Schulversuchs.

Der zur Zeit laufende große Versuch in Baden-Württemberg verdankt sein Entstehen Herrn RSD G. Offermann, der in Rheinland-Pfalz Herrn StR M. Strauch. Beiden danke ich sehr herzlich.

Karlsruhe, August 1989 *F. Herrmann*

VORWORT ZUR 2. AUFLAGE

Ein Unterrichtsversuch mit mehr als 1000 Schülern in Baden-Württemberg und etwa 500 Schülern in Rheinland-Pfalz ist inzwischen erfolgreich abgeschlossen worden. Ich möchte meinen Dank aussprechen allen Kolleginnen und Kollegen, die an dem Versuch teilgenommen haben. Besonders danke ich Herrn StR N. Krank vom Oberschulamt Stuttgart und Herrn OStD Dr. M. Kobelt vom Oberschulamt Karlsruhe, die den Baden-Württemberger Versuch aktiv unterstützt und die an vielen der Sitzungen mit den Erprobungslehrern teilgenommen haben.

Viele der Vorschläge aus den Erprobungsdurchgängen sind in die zweite Auflage eingearbeitet worden. In Baden-Württemberg hat sich inzwischen eine neue Gruppe konstituiert, die den Karlsruher Kurs im Unterricht einsetzt.

Außer den Erfahrungen aus der vergangenen Erprobungsphase enthält die zweite Auflage einige Kapitel, die erst im letzten Jahr fertig geworden sind. Hierzu gehören: *Der Impuls als Vektor, Drehmoment und Schwerpunkt, Drehimpuls und Drehimpulsströme, Druck- und Zugspannungen.* Außerdem sind die Unterrichthilfen zu beiden Teilbänden endlich fertig geworden.

Trotz aller Vorsätze, sind die beiden vorliegenden Teilbände zu umfangreich geworden. Wir hätten einige Kapitel gern erheblich kürzer geschrieben. Mit Rücksicht auf die Lehrpläne war aber eine knappere Darstellung nicht möglich. Gekürzt hätten wir gern die Kapitel zu Drehmoment und Schwerpunkt, zur Hydrostatik und vor allem die Optik.

Ich hatte Gelegenheit, in einigen Klassen der Sekundarstufe I eine Kurzversion der Physik zu unterrichten. Es zeigte sich dabei, dass der Karlruher Kurs hierfür besonders geeignet ist. Es wurden 8 Unterrichtstunden Mechanik und 8 Stunden Wärmelehre gehalten. In beiden Teilgebieten wurden in dieser Zeit sehr fundamentale und anwendungsträchtige Lernziele erreicht.

Ein dritter Teilband ist zur Zeit in Arbeit. Er wird enthalten Kapitel über *Physikalische Chemie, Wellen, Atomphysik, Kern- und Teilchenphysik, Festkörperphysik, Elektronik* und *Astrophysik.* Die Erprobungen dazu werden seit zwei Jahren von meinem Doktoranden, Herrn M. Laukenmann und von mir am *Europa-Gymnasium* in Wörth durchgeführt.

Karlsruhe, April 1993 *F. Herrmann*

VORWORT ZUR 3. AUFLAGE

Endlich ist der dritte Teil, die "modernePhysik" fertiggeworden. An der Entwicklung und Erprobung waren Herr Dr. Laukenmann und Frau Haas beteiligt. Ich danke beiden für ihre Mitarbeit.

In Teil 1 und 2 wurden einige Korrekturen angebracht.

Karlsruhe, September 1995 *F. Herrmann*

Inhaltsverzeichnis

A. Allgemeiner Teil

B. Bemerkungen

C. Versuche

D. Lösungen der Aufgaben

A. Allgemeiner Teil

1. Einleitung

Das Ziel der Entwicklung des vorliegenden Physikkurses war eine Modernisierung und eine Straffung des Physikunterrichts. Um dieses Ziel zu erreichen, wurden die verschiedenen Teilgebiete der Physik unter einheitlichen Gesichtspunkten dargestellt. Dieses Vorgehen hat zum einen lernökonomische Vorteile. In den großen Teilgebieten der klassischen Physik treten dieselben Regeln und Strukturen auf: in Mechanik, Elektrizitätslehre und Wärmelehre, aber in begrenztem Maße auch in Optik, Akustik und Elektronik. Diese allgemein gültigen Zusammenhänge brauchen also nur einmal gelernt zu werden. Zum anderen ist aber die Einsicht, dass solche Strukturen existieren, selbst ein lohnendes Lernziel für einen Unterricht, der für sich in Anspruch nimmt, Allgemeinbildung zu vermitteln.

Eine besonders wichtige Rolle spielt bei dieser Vereinheitlichung eine bestimmte Klasse von physikalischen Größen: die mengenartigen Größen.

Eine Straffung und Vereinfachung des Unterrichts wird aber auch dadurch möglich, dass man Entwicklungen der modernen Physik stärker berücksichtigt. Das 20. Jahrhundert hat die Physik nicht nur um neue, immer schwierigere Theorien bereichert. Sie hat uns auch gezeigt, dass die klassischen Bereiche der Physik, d. h. die nichtrelativistische und die nichtquantenmechanische Physik, einfacher sind, als es früher den Anschein hatte. Wir führen einige Beispiele an, die das erläutern.

Man lehrt heute im allgemeinen die Mechanik im Wesentlichen noch in der Form, wie sie ihr Newton gegeben hatte, d. h. als Fernwirkungstheorie. Man sagt zum Beispiel, ein Körper A übe auf einen Körper B eine Kraft aus, ohne die Rolle des zwischen A und B liegenden Mediums (eine Feder oder ein Feld zum Beispiel) bei der Vermittlung der Kraft zu erwähnen. Sogar bei Elektrizität und Magnetismus sprechen wir noch so, als seien elektrische und magnetische Wechselwirkungen Fernwirkungen. Nun ist man aber spätestens seit Maxwell der Auffassung, dass Kraftwirkungen besser lokal, als Nahewirkungen, beschrieben werden können. Diese Auffassung vereinfacht nicht nur die Theorie, sie ist auch begrifflich einfacher.

Ein anderes Beispiel dafür, dass die Berücksichtigung moderner Entwicklungen im Unterricht Vereinfachungen zur Folge hat, bezieht sich auf den Feldbegriff. Das Feld war zu Faradays und Maxwells Zeit, als die Physik noch den Ätherbegriff kannte, ein einfaches Konzept: Es war ein bestimmter Zustand des Äthers. Mit der Eliminierung des Äthers aus der Physik, wurde das Feld zu einem sehr abstrakten, schwierigen Konzept, und es wird als solches heute noch gelehrt. Tatsächlich legt aber die moderne Feldtheorie nahe, sich vom Feld eine noch anschaulichere Vorstellung zu machen als zu Maxwells Zeiten: Felder sind Gebilde, physikalische Systeme, die genausoviel Realität beanspruchen wie andere, materielle Systeme auch. Die moderne Physik legt es also nahe, sich von Feldern eine sehr konkrete Anschauung zu bilden.

Als drittes Beispiel dafür, dass die moderne Physik zu einer einfacheren Darstellung der klassischen Physik führt, sei bemerkt, dass es eine Reihe von schwierigen Konzepten gibt, die früher eine gewisse Existenzberechtigung hatten, aus heutiger Sicht aber überflüssig sind. Hierzu gehört der Begriff der Energieform, und damit insbesondere die Begriffe Wärme und Arbeit.

Ein anderes Charakteristikum des vorliegenden Unterrichtskonzepts besteht darin, dass es Verbindungen zu anderen Fächern herstellt. Besonders deutlich wird das bei der Thermodynamik, in der das Größenpaar Stoffmenge/chemisches Potenzial im Anschluss an das Größenpaar Entropie/Temperatur eingeführt wird. Es zeigt sich, dass chemische Reaktionen mit denselben begrifflichen Mitteln behandelt werden können wie mechanische, elektrische und thermische Vorgänge.

In den letzten Jahren mussten eine Reihe neuer Themen in den Physikunterricht aufgenommen werden, die mit der schnellen Entwicklung der Informations- und Kommunikationstechnik zusammenhängen. Dabei wurde häufig verkannt, dass es sich bei diesen Themen um mehr handelt, als nur um eine neue Klasse elektronischer Geräte. Die Physik der Datentransporte und der Datenverarbeitung verdient eine Behandlung unter allgemeineren Gesichtspunkten als nur der technischen. Dass sie sich in den hier vorgeschlagenen Kurs auf natürliche Art einordnen lässt, liegt daran, dass wir zu ihrer Beschreibung eine Größe in den Physikunterricht einführen, die traditionell darin nicht vorkommt: das Shannonsche Maß für die Datenmenge.

2. Physikalische Grundlagen

2.1 Mengenartige Größen

Es gibt eine Klasse physikalischer Größen, von denen man sich besonders leicht eine Anschauung bilden kann. Wir nennen sie *mengenartige Größen* (Falk 1977, Falk 1979, Schmid 1984). Zu ihnen gehören Masse, Energie, elektrische Ladung, Stoffmenge, Impuls, Drehimpuls, Entropie und andere. Man darf sich jede dieser Größen wie eine Art Stoff oder wie ein Fluidum vorstellen. Mit "vorstellen" ist gemeint, dass man physikalisch korrekt mit ihnen umgeht, wenn man über sie spricht wie man über einen Stoff spricht. Man darf dasselbe Vokabular verwenden, das in der Umgangssprache benutzt wird, um Substanzen zu bilanzieren.

Ein Kennzeichen dafür, dass eine Größe X mengenartig ist, ist ihr Auftreten in einer Kontinuitätsgleichung:

$$dX/dt = I_X + \Sigma_X$$

Diese Gleichung macht eine Aussage über ein bestimmtes Raumgebiet, Abb. 2.1. dX/dt stellt die zeitliche Änderung des Werts von X im *Innern* des Raumgebiets dar. Auch Σ_X bezieht sich auf das Innere des Gebiets. Dieser Term gibt an, wie viel der Menge X dort pro Zeiteinheit erzeugt bzw. vernichtet wird. I_X dagegen ist eine Größe, deren Wert sich auf die *Oberfläche* des Raumgebiets bezieht.

Man kann der Kontinuitätsgleichung eine anschauliche Deutung geben, indem man I_X als die Stärke eines Stroms durch die Oberfläche des Bereichs interpretiert (Herrmann 1986). Die Änderung des Wertes von X hat demnach zwei Ursachen: Zum einen die Erzeugung bzw. Vernichtung von X im Innern des Gebiets und zum anderen einen Strom durch die Oberfläche.

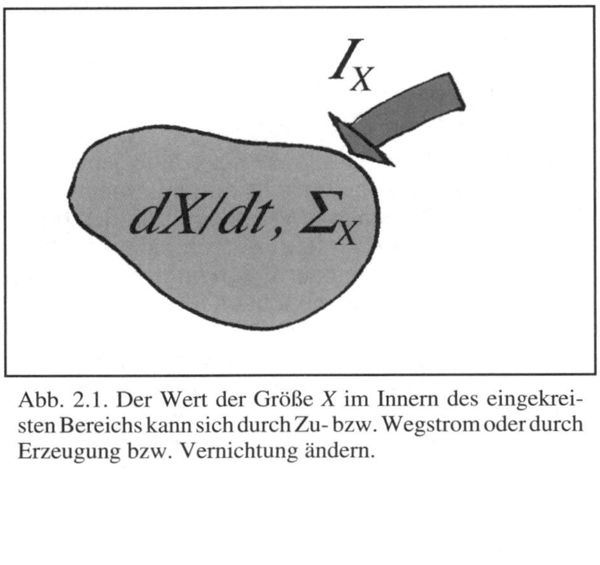

Abb. 2.1. Der Wert der Größe X im Innern des eingekreisten Bereichs kann sich durch Zu- bzw. Wegstrom oder durch Erzeugung bzw. Vernichtung ändern.

Der Term Σ_X ist für manche mengenartigen Größen immer gleich null. Diese Größen können ihren Wert innerhalb eines Raumgebiets nur dadurch ändern, dass ein Strom durch die Oberfläche des Gebiets fließt. Man nennt solche Größen *Erhaltungsgrößen*. Beispiele hierfür sind die elektrische Ladung und die Energie. So lautet die Kontinuitätsgleichung für die elektrische Ladung

$$dQ/dt = I.$$

Hier ist I die elektrische Stromstärke. Für die Energie gilt entsprechend

$$dE/dt = P,$$

wo P die Energiestromstärke oder Leistung ist.

Eine mengenartige Größe muss also keineswegs eine Erhaltungsgröße sein. Der Begriff der mengenartigen Größe ist umfassender als der Begriff der Erhaltungsgröße. Es ist aber wichtig sich klarzumachen, dass die Frage nach Erhaltung oder Nichterhaltung nur bei mengenartigen Größen einen Sinn hat. Nur von einer mengenartigen Größe kann man sagen, dass sie erhalten ist oder dass sie nicht erhalten ist. Bei nichtmengenartigen Größen dagegen, etwa bei der elektrischen Feldstärke oder der Temperatur, hat die Frage nach der Erhaltung keinen Sinn.

Eine mengenartige Größe muss auch nicht ein Skalar sein. Impuls und Drehimpuls sind Beispiele für vektorielle mengenartige Größen. Man kann sich eine vektorielle mengenartige Größe als drei skalare Größen vorstellen, wobei für jede der drei Vektorkomponenten einzeln eine Kontinuitätsgleichung gilt.

Die Forderung, dass jede mengenartige Größe einer Kontinuitätsgleichung genügt, impliziert einige einfache Merkmale solcher Größen:

- Der Wert einer mengenartigen Größe bezieht sich auf ein Raumgebiet.
- Zu jeder mengenartigen Größe gehört eine andere Größe, die man als Stromstärke interpretieren kann.
- Mengenartige Größen sind additiv: Hat die Größe X in einem System A den Wert X_A und in einem System B den Wert X_B, so hat sie in dem aus A und B zusammengesetzten System den Wert $X_A + X_B$, Abb. 2.2.
- Die Stromstärken sind additiv: Fließen in ein Gebiet zwei Ströme der Stromstärken I_{X1} und I_{X2} hinein, so fließt in das Gebiet insgesamt ein Strom der Stärke $I_{X1} + I_{X2}$ hinein.

Diese vier Merkmale beschreiben diejenigen Eigenschaften mengenartiger Größen, die den Umgang mit diesen Größen so leicht machen. Sie stellen die Berechtigung dafür dar, dass man sich eine mengenartige Größe wie einen Stoff vorstellen darf. Die Entscheidung dafür, sich eine Größe X

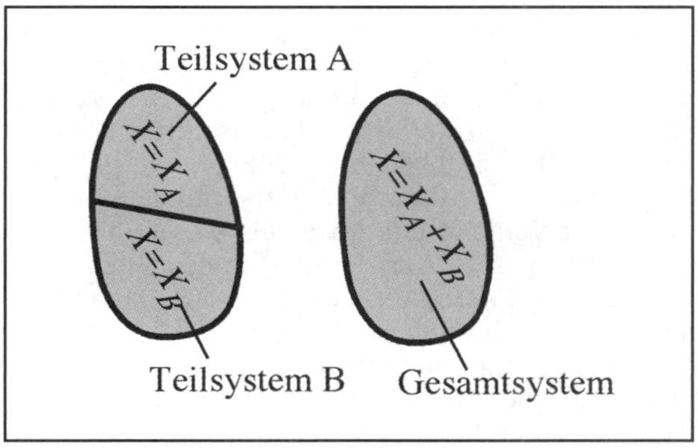

Abb. 2.2. Zur Additivität mengenartiger Größen

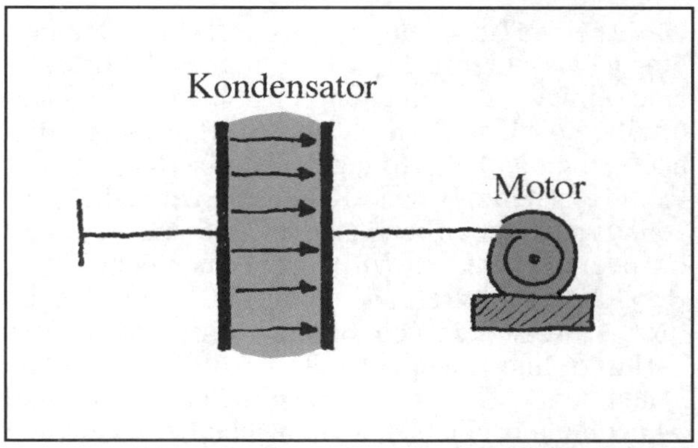

Abb. 2.3. Durch das Seil und die rechte Kondensatorplatte fließt Energie ins Feld des Kondensators.

wie einen Stoff vorzustellen, ist übrigens gefallen, sobald man die Größe I_X in der Kontinuitätsgleichung als Stromstärke bezeichnet.

Die Tatsache, dass man über bestimmte Größen genauso sprechen darf wie über Stoffe, also z.B. wie über Wasser oder über Luft, ist nun für den Unterricht außerordentlich wertvoll.

Gewöhnlich muss man sich, wenn man eine neue physikalische Größe kennen lernt, auch das verbale Umfeld dieser Größe aneignen: bestimmte Verben, Adjektive und Präpositionen.

Bei der Formulierung von Sätzen, in denen z.B. die Größen Kraft, Arbeit oder Spannung vorkommen, hat man nicht viel Spielraum: Eine Kraft wird auf einen Körper *ausgeübt* oder sie *wirkt* auf den Körper, Arbeit wird *verrichtet* und eine Spannung *herrscht* oder *liegt an*.

Beim Umgang mit mengenartigen Größen kann man sich dagegen aller umgangssprachlichen Wendungen bedienen, die man auch benutzt, um Stoffbilanzen auszudrücken. So kann man sagen: "Ein Körper enthält eine bestimmte Menge Impuls",– genauso aber auch: "In dem Körper steckt Impuls", "der Körper hat Impuls" oder "es ist soundsovielte Impuls in dem Körper drin". Auch darf man die Adverbien *viel* und *wenig* benutzen: Ein System kann viel oder wenig Energie haben (aber nicht viel oder wenig Temperatur). Man kann auch sagen, ein System habe *keine* Ladung oder *keinen* Impuls, um auszudrücken, dass der Wert von Ladung bzw. Impuls gleich null ist. (Man sollte dagegen nicht sagen, ein System habe kein Potenzial oder keine Temperatur). Auch das Fließen eines Stroms einer mengenartigen Größe lässt sich mit Worten der Umgangssprache beschreiben. So kann man sagen, die elektrische Ladung *fließt* oder *strömt* von A nach B. Man kann aber auch sagen, sie *geht* von A nach B oder sie *verlässt* A und *kommt in B an*.

Die Sprache, die hier verwendet werden kann, ist jedem Schüler vertraut, noch ehe er zum ersten malM Physikunterricht hat. Die Hervorhebung des Stoffcharakters dieser Größen ist also für den Unterricht sehr hilfreich.

Im traditionellen Unterricht werden diese Vorteile allerdings nicht immer ausgenutzt. Nur die Größen Masse und elektrische Ladung werden so eingeführt, dass die Anschauung einer mengenartigen Größe entsteht. Energie und Impuls dagegen werden gewöhnlich aus anderen Größen abgeleitet. Dadurch wird die Einsicht, dass es sich hier um mengenartige Größen handelt, erschwert.

Dass man sich von der Energie gewöhnlich keine stoffliche Anschauung bildet, äußert sich in den folgenden, für den Umgang mit der Energie typischen Sätzen, die den auf Abb. 2.3 dargestellten Vorgang beschreiben: "An der rechten Kondensatorplatte wird Arbeit verrichtet. Dadurch nimmt die potenzielle Energie der rechten Platte im Feld der linken zu." Denselben Sachverhalt kann man unter Berücksichtigung des Mengencharakters der Energie so ausdrücken: "Durch das Seil und die rechte Kondensatorplatte fließt Energie ins Feld des Kondensators."

Dass man vom Impuls (der *quantitas motus* oder *Bewegungsmenge*) keine mengenartige Vorstellung vermittelt, äußert sich in einem Satz wie dem folgenden, Abb. 2.4: "Über das Seil wird eine Kraft auf den Wagen ausgeübt; dadurch ändert sich der Impuls des Wagens." Bei Anerkennung der Mengenartigkeit des Impulses wird man denselben Sachverhalt einfach so ausdrücken: "Durch das Seil fließt Impuls in den Wagen."

Abb. 2.4. Durch das Seil fließt Impuls in den Wagen.

Diese beiden Beispiele zeigen, dass bei der Behandlung gewisser Größen die Möglichkeit der Bildung einer einfachen Vorstellung ungenutzt bleibt. Der traditionelle Unterricht hat aber in dieser Beziehung noch einen anderen Mangel. Es gibt Bereiche der Physik, zu deren Beschreibung man gar keine mengenartigen Größen benutzt: die Optik und die Akustik, oder in modernen Worten, die datentechnischen Bereiche der Physik. Die mengenartige Größe, die für das Aufstellen von Bilanzen innerhalb dieser Teildisziplinen geeignet wäre, ist die shannonsche Datenmenge. Dass sich diese Größe im Optik- und Akustikunterricht bisher nicht etabliert hat, liegt wohl daran, dass es sehr schwer ist, in Gebieten mit einer so langen Lehrtradition wie sie hier vorliegt, fundamentale Änderungen durchzusetzen.

2.2 Energieformen und Energieträger

Der Name der physikalischen Größe Energie wird oft mit Adjektiven oder Bestimmungswörtern versehen. So spricht man von kinetischer, potenzieller, elektrischer, chemischer und freier Energie oder von Kern-, Wärme-, Ruh- und Strahlungsenergie. Dieser Einteilung der Energie in verschiedene *Energieformen* liegt aber kein einheitliches Prinzip zu Grunde, sondern sie erfolgt nach unterschiedlichen Gesichtspunkten. Manche der Attribute sollen einfach das System oder den Gegenstand kennzeichnen, in dem die Energie enthalten ist. So meint man mit Strahlungsenergie nichts anderes als die (gesamte) Energie einer ins Auge gefassten Strahlung - genauso, wie man unter der Elektronenladung die Ladung eines Elektrons und unter der Sonnenmasse die Masse der Sonne versteht. In den meisten Fällen hat man aber beim Benennen der Energieform eine weitergehende Absicht.

Das Bedürfnis danach, die Energie in Formen einzuteilen, ergab sich schon um die Mitte des vorigen Jahrhunderts, unmittelbar nach der Aufstellung des Energiebegriffs selbst. Man schloss damals auf die Existenz einer neuen physikalischen Größe, obwohl man kein allgemeines Kennzeichen der Größe, keine allgemeine Messvorschrift für ihre Werte hatte. Die Energie manifestierte sich in den verschiedensten Systemen und Prozessen auf ganz unterschiedliche Art. Dass man es in den verschiedenen Fällen überhaupt mit derselben Größe zu tun hatte, erschloss man daraus, dass sich bei Prozessen bestimmte Kombinationen anderer physikalischer Größen in einem ganz bestimmten Verhältnis änderten. Es existierten sozusagen feste Wechselkurse zwischen diesen Größenkombinationen, die so genannten Äquivalente. Der bekannteste dieser Wechselkurse war das *mechanische Wärmeäquivalent*.

Es war nun eine große wissenschaftliche Leistung, diese Größenkombinationen als Manifestationen einer einzigen, neuen physikalischen Größe zu erkennen. Man nannte diese Größe Energie. Die neue Größe hatte nun einerseits die schöne Eigenschaft, dass sie sehr allgemeiner Natur war. Sie spielte in den verschiedensten Gebieten der Physik eine Rolle. Sie schaffte eine Verbindung zwischen den verschiedenen physikalischen Teildisziplinen. Andererseits hatte sie aber einen Makel: Sie gab sich nicht immer auf dieselbe Art zu erkennen, so wie man es von einer ordentlichen physikalischen Größe erwartet hätte. Aus diesem Grunde sahen auch manche Physiker in ihr nicht mehr als eine mathematische Hilfsgröße. Auf jeden Fall erschien es aber vernünftig, die verschiedenen Größenkombinationen, die die verschiedenen Gewänder der Energie darstellten, als Energieformen zu bezeichnen. Die Energie offenbarte sich nicht immer auf dieselbe Art, sondern immer in der einen oder anderen *Form*. Sie hatte keine Eigenschaft, an der man sie immer erkennen, über die man ihren Wert in jedem Fall bestimmen könnte.

Dies war die Auffassung bis etwa zur Jahrhundertwende, und diese Auffassung war unter den gegebenen Umständen vernünftig. Wir werden später zeigen, dass, im Lichte der Physik des 20. Jahrhunderts, der Begriff der Energieform überflüssig wird, genauso überflüssig, wie es etwa der Begriff der Impuls- oder Entropieform wäre. Da sich aber der Begriff der Energieform bis heute erhalten hat, und gerade im Unterricht der Schule in den letzten Jahren wieder aufgewertet wurde, wollen wir zunächst noch ein paar Bemerkungen zu den physikalischen Grundlagen der Einteilung der Energie in Formen machen.

Bei der Einteilung der Energie in Formen muss man beachten, dass zwischen zwei Einteilungsverfahren zu unterscheiden ist: das eine gestattet, gespeicherter Energie, d. h. der in einem System enthaltenen Energie, eine Form zuzuordnen; nach dem anderen Verfahren werden Energieänderungen und Energieströme klassifiziert. Das erste Verfahren führt zu Klassen wie kinetische Energie, potenzielle Energie, innere Energie, Spannungsenergie (einer Feder) etc. Das zweite führt zu den Kategorien elektrische Energie, chemische Energie, Wärme, Arbeit etc.

Um die nach den beiden Einteilungsverfahren gewonnenen Kategorien voneinander zu unterscheiden, nennt man die ersten auch Existenz- oder Speicherformen der Energie, die zweiten Austauschformen. Wir wollen die beiden Verfahren erläutern und beginnen mit den Speicherformen.

Die Energie E eines Systems kann immer als Funktion gewisser anderer Variablen $x_1, x_2, x_3, \ldots$ ausgedrückt werden. Sind diese Variablen geeignet gewählt (Falk 1968, S. 54), so wird das System durch die Funktion

$$E = E(x_1, x_2, \ldots)$$

vollständig beschrieben. Man nennt eine solche Energiefunktion Hamiltonfunktion (bei mechanischen Systemen) oder thermodynamisches Potenzial (bei thermodynamischen Systemen). Bei einer ganzen Reihe vertrauter Systeme zerfällt nun diese Funktion in eine Summe von Termen, wobei jeder Term von Variablen abhängt, die in den anderen Termen der Summe nicht auftreten (Falk, Ruppel 1976). So könnte z. B. der Fall vorliegen, dass

$$E\,(x_1, x_2, x_3) = E'\,(x_1, x_2) + E''\,(x_3).$$

Man sagt dann auch, das System zerfalle in wechselwirkungsfreie Teilsysteme.

Immer wenn eine solche Zerlegung möglich ist, kann man den einzelnen Summanden eigene Namen geben. Auf diese Weise erhält man die Existenzformen der Energie. Ein konkretes Beispiel ist ein Kondensator, dem man gestattet, sich zu bewegen, so dass sich für seine Gesamtenergie ergibt:

$$E\,(Q, \boldsymbol{p}) = E_0 + Q^2/2C + \boldsymbol{p}^2/2m\ .$$

Hier ist Q die elektrische Ladung, C die Kapazität, $\boldsymbol{p}$ der Impuls und m die Masse des Kondensators. Man nennt den ersten Summanden die Ruh-energie, den zweiten die elektrische Feldenergie und den dritten die kinetische Energie.

Man sieht, dass eine Existenzform einfach den Energieinhalt eines Teilsystems bezeichnet. Diese Tatsache sollte man, wenn es möglich ist, auch deutlich zum Ausdruck bringen. Möglich ist das immer dann, wenn schon das Teilsystem einen eigenen Namen trägt. So ist es im Fall des Kondensators sicher klarer, von der *Energie des elektrischen Feldes*, oder von der *Energie im elektrischen Feld* zu sprechen, als von der elektrischen Feldenergie.

Wir kommen nun zur Definition der Austauschformen der Energie. Wir gehen von der Erfahrung aus, dass bei jedem Übergang eines Systems von einem Zustand in einen anderen, mindestens zwei Größen ihren Wert ändern. Diese Tatsache äußert sich in der Gültigkeit der so genannten Gibbsschen Fundamentalform (Falk, Ruppel 1976):

$$dE\ = TdS + \varphi dQ + \boldsymbol{v}d\boldsymbol{p} + \mu dn + \ldots \qquad (2.1)$$

Hier sind T die absolute Temperatur, S die Entropie, φ das elektrische Potenzial, Q die elektrische Ladung, $\boldsymbol{v}$ die Geschwindigkeit, $\boldsymbol{p}$ der Impuls, μ das chemische Potenzial und n die Stoffmenge.

Die Beziehung sagt unter anderem, dass bei jeder Energieänderung noch mindestens eine andere *extensive* Größe (S, Q, $\boldsymbol{p}$, n . . .) ihren Wert ändert. Die meisten extensiven Größen genügen unserem Kriterium der Mengenartigkeit. Wie stark sich die Energie bei Variation einer extensiven Größe ändert, bestimmt die zugehörige *intensive* Größe (T, φ , $\boldsymbol{v}$, μ . . .). Von den in einem Summanden der Gibbsschen Fundamentalform nebeneinanderstehenden extensiven und intensiven Größen sagt man, sie seien *konjugiert* zueinander, oder genauer: energiekonjugiert. So sind etwa T und S oder μ und n energiekonjugierte Größen.

Eine Gibbssche Fundamentalform lässt sich für jeden Prozess aufschreiben. Im einfachsten Fall enthält sie nur einen einzigen Summanden. Je nachdem, welche Summanden bei einer Energieänderung von null verschieden sind, spricht man nun von einer Energieänderung in der einen oder anderen Form. Ist nur der Term TdS von null verschieden, so sagt man, die Energie ändere sich in Form von Wärme. Der Term φdQ bezeichnet elektrische Energie, der Term $\boldsymbol{v}d\boldsymbol{p}$ mechanische Arbeit und der Term μdn chemische Energie.

Nun kann man sich jede Energieänderung der Form ydX realisiert denken durch einen Strom der Größe X in das betrachtete System hinein oder aus dem System heraus. Daraus folgt, dass man auch jeden Energie*strom* als Summe schreiben kann:

$$P\ = TI_S + \varphi I + \boldsymbol{vF} + \mu I_n + \ \ldots \qquad (2.2)$$

Aus dieser Gleichung folgt, dass man Energieströme nach demselben Verfahren in Formen einteilen kann wie Energieänderungen. Energie kann demnach strömen in Form von Wärme oder Arbeit, in elektrischer oder chemischer Form, etc.

Gleichung (2.2) bringt eine einfache und wichtige, aber leider wenig bekannte Tatsache zum Ausdruck: Immer wenn Energie strömt, strömt noch mindestens eine weitere (mengenartige) Größe. Diese Aussage lässt sich in Form eines einfachen Merksatzes formulieren: “Energie fließt nie allein.”

So verständlich es nun aus der Sicht des vorigen Jahrhunderts ist, die einzelnen Terme von Gleichung (2.1) oder Gleichung (2.2) als Formen der Energie, und Geräte, die Energie in einer Form aufnehmen und in einer anderen abgeben, als Energiewandler zu bezeichnen, so unglücklich erscheint diese Darstellungsweise aus heutiger Sicht, legt sie doch nahe, dass es sich bei den Energieformen um verschiedene physikalische Größen handelt, mit der merkwürdigen Eigenschaft, dass man eine in die andere umwandeln kann.

Seitdem wir die spezielle Relativitätstheorie kennen, wissen wir, dass die Energie eine eigenständige physikalische Größe ist, und nicht nur eine “abgeleitete” Rechengröße. Über Formen der Energie zu sprechen erscheint deshalb aus moderner Sicht genauso unbegründet, wie wenn man über verschiedene Formen der elektrischen Ladung spräche, je nachdem, ob die Ladung von Elektronen, Protonen oder Myonen getragen wird (Falk, Herrmann, Schmid 1984). Die Relativitätstheorie sagt uns, welche allgemeinen Kennzeichen die Energie hat. Aus der Energie-Masse-Äquivalenz folgt nämlich, dass die Energie genau diejenigen Eigenschaften hat, die wir von der Masse kennen:Schwere und Trägheit. (Die allgemeine Relativitätstheorie sagt dann sogar noch, dass es sich bei Schwere und Trägheit um ein und dieselbe Eigenschaft handelt).

Um die durch die verschiedenen Terme in Gleichung (2.2) charakterisierten Energietransporte zu unterscheiden, braucht man nicht von verschiedenen Formen der Energie zu sprechen; es genügt anzugeben, welche mengenartige Größe neben der Energie noch übertragen wird. Statt z.B. von Energie in Form von Wärme zu sprechen, sagt man einfach, dass neben dem Energiestrom noch ein Entropiestrom fließt.

Gleichung (2.2) legt nun darüberhinaus ein einfaches Bild für die Beschreibung eines Energietransports nahe: Wir nennen die einen Energiestrom begleitende mengenartige Größe den *Energieträger*. Die Energie wird also, bildlich gesprochen, getragen von Entropie, elektrischer Ladung, Impuls, Stoffmenge etc. Ein gegebener Trägerstrom kann, je nach dem Wert der entsprechenden intensiven Größe, mit einem kleineren oder größeren Energiestrom verknüpft sein. Wir sagen: Der Träger kann mit wenig oder viel Energie beladen sein.

Die intensive Größe stellt damit ein *Maß für die Beladung des Trägers* mit Energie dar. In Geräten, die nach traditioneller Sprechweise Energiewandler heißen, wechselt die Energie einfach den Träger. Sie gelangt mit einem Träger in das Gerät hinein, wird dort auf einen anderen Träger umgeladen und verlässt das Gerät mit diesem anderen Träger.

Im Anfängerunterricht stehen nun die mengenartigen Größen, die die verschiedenen Energietransporte charakterisieren, noch nicht zur Verfügung. Stellvertretend für physikalische Größen wird man daher als Energieträger zunächst strömende Stoffe bezeichnen. So wird beim Energietransport in einem Zentralheizungsrohr zunächst nicht die Entropie als Energieträger bezeichnet, sondern einfach das warme Wasser. Oder beim Energietransport durch eine Gasleitung sagen wir nicht, die Energie werde von Stoffmenge getragen, sondern vom Erdgas (Falk, Herrmann 1981a, Falk, Herrmann 1981b).

2.3 Strukturen in der Physik

Die Gleichungen (2.1) und (2.2) lassen eine Systematik im Aufbau der Physik erkennen. Die Terme auf den rechten Seiten der Gleichungen haben dieselbe Struktur ydX bzw. yI_X, wobei y eine intensive Größe, X eine extensive, mengenartige Größe und I_X die Stärke des Stroms von X ist. Man stellt nun fest, dass sich jeder der Terme ydX bzw. yI_X einem der großen klassischen Teilgebiete der Physik zuordnen lässt, denn er enthält nur Größen, die für ein einziges solches Gebiet charakteristisch sind. Diese Zuordnung ist in Tabelle 2.1 dargestellt.

Falls nur einer der Terme auf der rechten Seite von Gleichung (2.2) von null verschieden ist, reduziert sich die Gleichung auf

$$P = y \cdot I_X \tag{2.3}$$

Diese Beziehung beschreibt einen Energietransport, der in das entsprechende Gebiet gehört.

Die in Tabelle 2.1 durchgeführte Zuordnung bildet die Grundlage einer Analogie zwischen Teilbereichen der Physik, die viel weiter geht, als es zunächst den Anschein hat. Sie gestattet eine Abbildung von physikalischen Größen, Relationen, Vorgängen, Erscheinungen und Geräten aufeinander. Diese Abbildung, die sich zunächst nur auf die mathematische Strukturen bezieht, legt es nahe, in den verschiedenen Bereichen der Physik mit denselben Anschauungen zu operieren. Wir machen im vorliegenden Lehrbuch von dieser Möglichkeit ausgiebig Gebrauch. Die angestrebte Straffung des Unterrichts beruht vor allem auf der Ausnutzung dieser Analogie.

Wir haben gesehen, dass in jedem der in Tabelle 2.1 aufgeführten Gebiete der Physik zwei mengenartige Größen eine wichtige Rolle spielen: zum einen die Energie und zum anderen die für das jeweilige Gebiet charakteristische, in Spalte 2 der Tabelle aufgeführte Größe. So sind die beiden mengenartigen Größen der Mechanik Energie und Impuls, die der Elektrizitätslehre Energie und elektrische Ladung. In der Wärmelehre sind es Energie und Entropie und in der Chemie Energie und Stoffmenge.

Die Darstellung eines solchen Teilgebiets wird nun immer dann problematisch, wenn man versucht, mit einer einzigen mengenartigen Größe auszukommen. Es hat lange gedauert, bis sich diese Einsicht durchgesetzt hat. So ging es in dem berühmten Streit zwischen Cartesianern und Leibnizianern über das wahre Kraftmaß in der Mechanik, in moderner Sprache ausgedrückt, um die Frage, ob der Impuls oder die kinetische Energie die "richtige" Größe sei. Man ging davon aus, dass es nur eine von beiden sein könnte.

Obwohl die beiden mengenartigen Größen der Thermodynamik, nämlich Energie und Entropie, schon seit mehr als 100 Jahren bekannt sind, macht man noch heute in der Lehre den Versuch, einen möglichst großen Teil der Thermodynamik ohne Zuhilfenahme der Entropie darzustellen. Diesem

Tabelle 2.1. Zuordnung physikalischer Größen zu Teilgebieten der Physik und zur Chemie

	Extensive Größe	Stromstärke	Intensive Größe
Mechanik	Impuls $\boldsymbol{p}$	Kraft $\boldsymbol{F}$	Geschwindigkeit $\boldsymbol{v}$
Elektrizitätslehre	elektrische Ladung Q	elektrische Stromstärke I	elektrisches Potenzial φ
Wärmelehre	Entropie S	Entropiestromstärke I_S	Temperatur T
Chemie	Stoffmenge n	Stoffstromstärke I_n	chemisches Potenzial μ

Tabelle 2.2. Die datentechnischen Bereiche der Physik

	Datenträger
Optik	Licht
Akustik	Schall
Elektronik	Elektrizität

Umstand verdankt die traditionelle Wärmelehre ihren abschreckenden Aufbau. Tabelle 2.1 lässt erkennen, dass eine solche Darstellung der Wärmelehre einer Elektrizitätslehre entsprechen würde, die ohne elektrische Ladung und ohne elektrische Stromstärke operiert (Fuchs 1986), oder einer Mechanik, in der es keinen Impuls und keine Kraft gibt.

Die bisherigen Betrachtungen zeigen, dass die Energie in der Physik eine übergeordnete Rolle spielt. Die Energie ist in Mechanik, Wärmelehre und Elektrizitätslehre gleichermaßen wichtig. Nun gibt es neben der Energie noch eine andere Größe, die eine solche Funktion erfüllt: die Datenmenge – die Größe, deren Maßeinheit das bit ist.

Genauso wie man Energietransporte klassifizieren kann nach dem *Energieträger*, so kann man Datentransporte nach den zugehörigen *Datenträgern* einteilen. Und genauso wie jeder Energieträger ein bestimmtes Teilgebiet der Physik charakterisiert, so gehört auch jeder Datenträger zu einem bestimmten physikalischen Teilgebiet. So sind Datentransporte mit dem Datenträger *Licht* für die Optik charakteristisch. Der Datenträger *Schall* gehört in die Akustik, und in der Elektronik hat man es mit der Elektrizität als Datenträger zu tun, Tabelle 2.2. Einzelheiten der Analogie zwischen Energie und Datenmenge findet man in *Daten und Energie* (Herrmann, Schmälzle, 1987).

2.4 Die Konzepte Strom, Antrieb, Widerstand

Wir haben in Abschnitt 2.2 gesehen, wie man sich von den intensiven Größen eine Anschauung bilden kann: Man interpretiert die Größe I_X als Stärke des Energieträgerstroms und die intensive Größe y als Maß für die Beladung des Trägers mit Energie.

Wir betrachten nun ein zweites Bild, das man sich von den intensiven Größen machen kann. Das Bild selbst ist sehr bekannt und verbreitet, allerdings wird es gewöhnlich nur in der Elektrizitätslehre angewendet. Seine Stärke liegt aber gerade darin, dass es mit genauso viel Nutzen in Mechanik, Wärmelehre und Chemie angewendet werden kann. Wir erläutern es am vertrauten Beispiel der Elektrizitätslehre.

Ein elektrischer Strom fließe durch einen Widerstand, der nicht unbedingt ein ohmscher Widerstand zu sein braucht, Abb. 2.5. Bereits die Wörter, die wir zur Beschreibung dieser Situation benutzen,

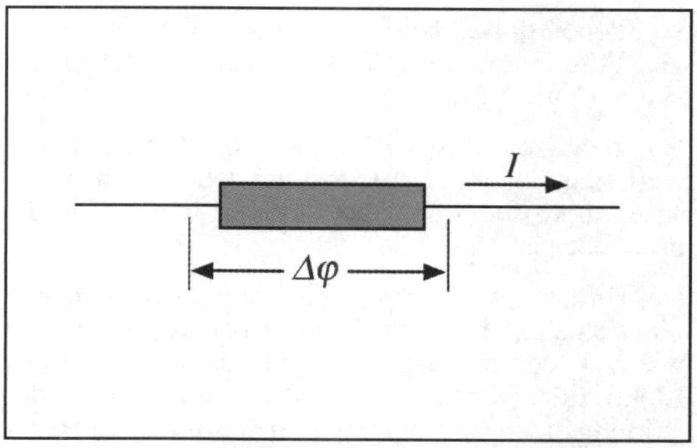

Abb. 2.5. Die Potenzialdifferenz zwischen den Anschlüssen des Widerstandes wird als Antrieb für den elektrischen Strom interpretiert.

beruhen auf dem Bild, um das es hier geht: Wir sprechen von einem "Strom", wenn die Größe I einen von null verschiedenen Wert hat, und wir nennen ein Gebilde, in dem dabei Entropie erzeugt wird, einen "Widerstand". Genau dieses Bild, das jeder Physiker unbewusst benutzt, ist es, das wir weiter ausbauen, das wir auf andere als elektrische Ströme übertragen und das wir intensiv im Unterricht benutzen wollen.

Wir nennen also die Größe I die Stärke des Stroms der Größe Q. Die Tatsache, dass der Strom, der durch das Gebilde in Abb. 2.5 fließt, um so größer ist, je größer die Potenzialdifferenz $\Delta\varphi$ ist, interpretieren wir so, dass wir sagen, die Potenzialdifferenz sei der "Antrieb" des Stroms. Der Strom fließt, in diesem Bild, nicht von allein, denn der Widerstand des Gegenstandes, durch den er hindurchfließt, behindert ihn.

Wie willkürlich dieses Bild ist, wollen wir am Spezialfall des ohmschen Widerstandes erläutern. Für ihn gilt

$$U = R \cdot I.$$

Die Gleichung besagt, dass U und I proportional zueinander sind: Je größer U, desto größer I, oder je größer I, desto größer U. Sie sagt aber auf keinen Fall etwas darüber aus, wer die Ursache von wem ist. Sie sagt nicht, dass die Spannung Ursache des Stroms ist, aber auch nicht, dass der Strom Ursache der Spannung ist. Die Spannung zur Ursache des Stroms zu erheben, ist also Willkür. Dass wir es gewöhnlich als natürlicher empfinden, wenn man die Spannung, und nicht die Stromstärke, als Ursache bezeichnet, liegt daran, dass man meistens die Spannung leichter vorgeben kann als die Stromstärke. In dem Fall, dass man die Stromstärke vorgibt, etwa mit Hilfe eines stromstabilisierten Netzgeräts, spricht man tatsächlich auch von einem Spannungsabfall, der von einem Strom "verursacht" wird.

Trotz dieser Willkürlichkeit ist nun dieses Bild von größtem Nutzen für den Lernenden, denn er kann sich, wenn er Phänomene der Elektrizitätslehre verstehen will, oder wenn er elektrotechnische Probleme lösen will, an den Erscheinungen orientieren, von denen dieses Bild herstammt: an Strömungen von Flüssigkeiten und Gasen, oder konkreter, von Wasser und Luft.

Wir benutzen dieses Bild aber vor allem deshalb, weil es außer in der Elektrizitätslehre auch in der Mechanik, in der Wärmelehre und in der Chemie brauchbar ist.

Das Bild von Antrieb und Widerstand kann genauso nützlich sein, eine Anschauung von der intensiven wie von der extensiven Größe zu bilden. In der Elektrizitätslehre ist es vor allem hilfreich bei der Bildung einer Anschauung von der intensiven Größe "elektrisches Potenzial"; in der Chemie benutzen wir es zur Einführung der intensiven Größe "chemisches Potenzial". Für die intensive Größe der Wärmelehre dagegen, die Temperatur, bringen die Schüler schon eine gute Anschauung mit. Hier hilft das Bild von Antrieb und Widerstand bei der Einführung der extensiven Größe Entropie.

Damit sich die Schüler im Umgang mit diesem Bild üben, stellen wir dem ganzen Kurs eine Unterrichtseinheit über Strömungen von Flüssigkeiten und Gasen voran. Ein großer Teil der wichtigsten Begriffe des Kurses wird bereits in diesem Kapitel erarbeitet.

Man sieht hier, dass auch das Bild von Antrieb und Widerstand in die im vorigen Abschnitt angesprochene einheitliche Struktur der Physik passt und damit zu einer Vereinfachung des Physikunterrichts beiträgt.

2.5 Die wichtigsten Größen und Relationen

Wir geben zunächst einen Überblick über die wichtigsten Größen, die im vorliegenden Kurs behandelt werden.

Extensive, mengenartige Größen:
- Energie E
- Impuls $\boldsymbol{p}$
- Drehimpuls $\boldsymbol{L}$
- elektrische Ladung Q
- Entropie S
- Stoffmenge n
- Datenmenge H

Intensive Größen
- Geschwindigkeit $\boldsymbol{v}$
- elektrisches Potenzial φ
- Temperatur T
- Druck p
- chemisches Potenzial μ

Stromstärken
- Energiestromstärke (=Leistung) P
- Impulsstromstärke (=Kraft) $\boldsymbol{F}$
- elektrische Stromstärke I
- Entropiestromstärke I_S
- Stoffstromstärke I_n
- Datenstromstärke I_H

Außerdem werden noch einige Größen eingeführt, die in keine dieser drei Kategorien gehören: An erster Stelle Ort und Zeit; außerdem einige Materialkonstanten, sowie einige Größen, die technische Geräte charakterisieren, wie Federkonstante D, elektrischer Widerstand R und Kapazität C.

Die mathematischen Relationen, in denen diese Größen in unserem Kurs auftauchen, lassen sich auf Grund der in den vorangehenden Abschnitten diskutierten Struktur in Klassen ordnen. Man erhält jede Beziehung einer Klasse durch formales übersetzen einer beliebigen anderen Beziehung derselben Klasse. Das Übersetzen besteht darin, dass man die Größen, die in Tabelle 2.1 in einer Zeile stehen, durch Größen einer anderen Zeile dieser Tabelle ersetzt. Nur Energie und Energiestromstärke werden nicht ersetzt.

Die wichtigsten Relationen, die im Unterricht behandelt werden, sind in Tabelle 2.3 zusammengefasst. In jeder Spalte stehen die zu einer Klasse gehörenden Beziehungen. Jede Zeile entspricht einem der vier Disziplinen Mechanik, Elektrizitätslehre, Wärmelehre und Chemie, nach denen auch die Größen in Tabelle 2.1 geordnet sind.

Die Gleichungen in Spalte 1 beschreiben den Zusammenhang zwischen mengenartiger Größe und zugehöriger Stromstärke. Eigentlich müsste an Stelle des Quotienten aus mengenartiger Größe und Zeit der Differentialquotient stehen. Diese Gleichungen gelten daher nur für den Fall, dass die entsprechende Stromstärke zeitlich konstant ist. In die Reihe dieser Beziehungen gehören auch noch die Gleichungen

$P = E/t$

und

$I_H = H/t$.

Sie gehören aber zu keiner der Zeilen von Tabelle 2.3.

Die Beziehungen in Spalte 2 beschreiben den Zusammenhang zwischen der Stärke des Energiestroms und dem Strom der mengenartigen Größe, die den Energiestrom begleitet. Es sind Gleichungen der Form wie sie Gleichung (2.3) hat. Diese Gleichungen legen die Skalen der intensiven Größen fest, d. h. sie erklären die Bildung der Vielfachen dieser Größen.

Die Quotienten in Spalte 3 könnte man verallgemeinerte Kapazitäten nennen, denn sie haben alle dieselbe Struktur wie die elektrische Kapazität. So kann man die Masse als die Impulskapazität eines Körpers auffassen. Bei gegebener Geschwindigkeit enthält ein Körper um so mehr Impuls, je größer seine Masse ist. Für die *Entropiekapazität* $\Delta S/\Delta T$ ist kein eigenes Symbol üblich, obwohl dies eine technisch wichtige Größe ist: Sie ist ein Maß für die Wärmespeicherfähigkeit eines Körpers.

Die Beziehungen zwischen Strom und Antrieb bei dissipativen Prozessen, Spalte 4, behandeln wir, mit Ausnahme des Ohmschen Gesetzes, nur qualitativ:

Tabelle 2.3. Die wichtigsten Beziehungen

Zusammenhang zwischen Menge und Stromstärke	Zusammenhang zwischen Energiestrom und Energieträgerstrom	Kapazitäten	Widerstände
$F = p/t$	$P = vF$	$m = p/v$	nur qualitativ
$I = Q/t$	$P = UI$	$C = Q/U$	$R = U/I$
$I_S = S/t$	$P = TI_S$	$\Delta S/\Delta T$ (kein eigenes Symbol)	nur qualitativ
$I_n = n/t$	$P = (\mu_2 - \mu_1)I_n$	wird nicht behandelt	nur qualitativ

Je größer der Antrieb eines Stroms ist, desto größer ist die Stromstärke.

2.6 Die Skalen der wichtigsten Größen

Bei der Einführung einer neuen physikalischen Größe muss geklärt werden, wie die Vielfachen der Einheit der Größe festgelegt sind. Das Verfahren der Festlegung einer Skala, d.h. der Vielfachen, ist nun für eine ganze Reihe von Größen im Prinzip dasselbe. Insbesondere hat jede der drei im vorigen Abschnitt diskutierten Klassen von Größen ihr eigenes Verfahren der Festlegung einer Skala. Wir beschränken uns hier auf die Diskussion dieser drei Klassen.

Die Bildung von Vielfachen von mengenartigen Größen ist, was die begriffliche Seite betrifft, trivial. Um das Doppelte, Dreifache, etc. des Wertes einer mengenartigen Größe herzustellen, braucht man nur das ganze System in doppelter, dreifacher etc. Ausführung zu realisieren. Will man den Wert einer mengenartigen Größe an einem einzigen System um 1, 2, . . . n Einheiten vergrößern, so muss man auf das System 1, 2, . . . n Einheiten der Größe übertragen. Dieses Übertragen ist in manchen Fällen sehr einfach – im Fall der elektrischen Ladung zum Beispiel unter Verwendung eines Faradaybechers, Abb. 2.6 ,– in anderen ist es technisch kompliziert, etwa im Fall der Energie.

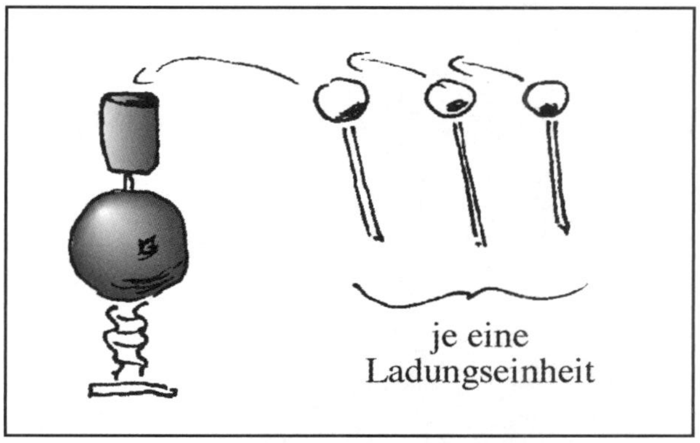

Abb. 2.6. Die elektrische Ladung der großen Kugel wird um drei Einheiten vergrößert.

Um die Vielfachen von Stromstärken festzulegen, betrachten wir einen Strom der durch eine Leitung wohldefinierter seitlicher Ausdehnung fließt. Außerdem soll der Strom in der Leitung keine Quellen oder Senken haben. Um in der betrachteten Leitung Vielfache der Stromstärke zu realisieren, nutzen wir die Knotenregel aus: Wir lassen in einem Knoten in die betrachtete Leitung 1, 2, . . . n Ströme mit je einer Stromstärkeeinheit hineinfließen. Abb. 2.7 zeigt die Realisierung für einen elektrischen Strom, Abb. 2.8 für eine Kraft, d.h. einen Impulsstrom.

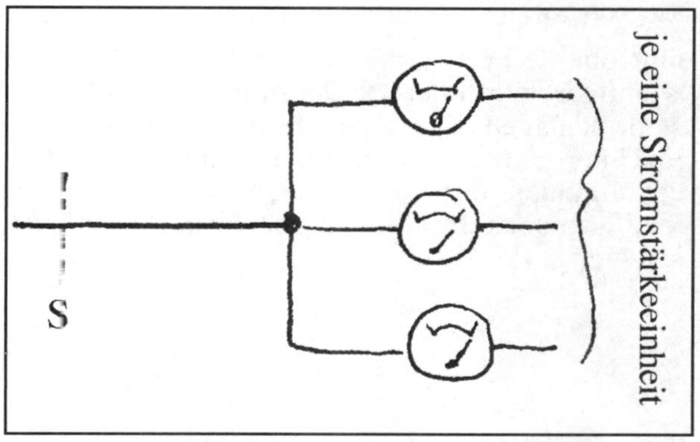

Abb. 2.7. Durch die Schnittstelle S fließen drei elektrische Stromstärkeeinheiten.

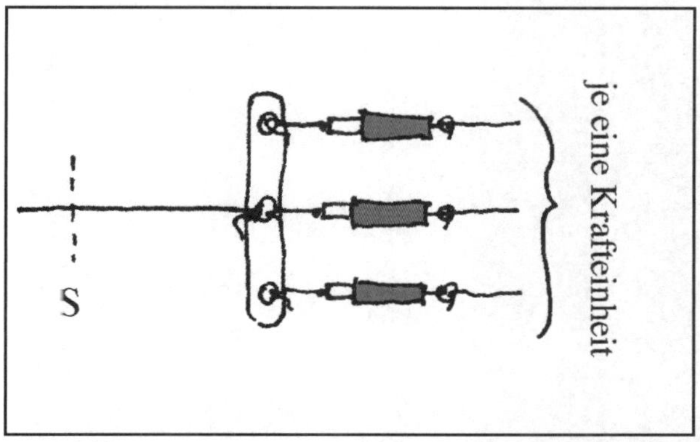

Abb. 2.8. Durch die Schnittstelle S fließen drei Impulsstromstärkeeinheiten.

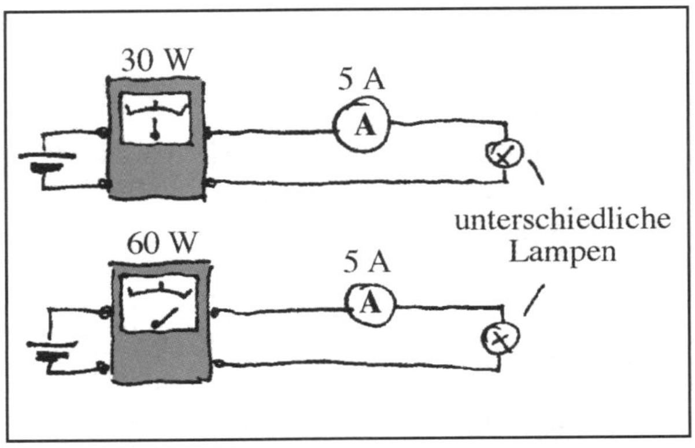

Abb. 2.9. Die Energiestromstärke P ist im unteren Teilbild doppelt so groß wie im oberen, die elektrischen Stromstärken I sind gleich. Die Skala der Spannung U ist so festgelegt, dass in beiden Fällen $P = UI$ gilt.

Die Definition der Skalen der intensiven Größen ist komplizierter. Wie schon erwähnt, geschieht sie über die Gleichungen der zweiten Spalte von Tabelle 2.3. Wir erläutern sie am Beispiel der Elektrizität. Wir vergleichen zwei elektrische Stromkreise A und B, Abb. 2.9. In beiden soll die elektrische Stromstärke dieselbe sein. Wenn nun in Stromkreis A die Energiestromstärke doppelt so groß ist wie in Stromkreis B, so ist die Spannung in A auch doppelt so groß wie in B.

Obwohl die Festlegung der Skala einer Größe ein wichtiger Schritt bei der Definition der Größe darstellt, schlagen wir vor, der Diskussion dieser Frage im Unterricht der Sekundarstufe I nicht zu viel Platz einzuräumen, denn das Problem der Bildung von Vielfachen ist fast immer entweder trivial oder schwierig.

3. Literatur

FALK, G.: Theoretische Physik, Band II. Springer Verlag, Berlin (1968).

FALK, G.: Was an der Physik geht jeden an? Phys. Blätter 33, 616 (1977).

FALK, G.: Die begriffliche Struktur der Physik. Konzepte eines zeitgemäßen Physikunterrichts, Heft 3, S.7. Hermann Schroedel Verlag KG, Hannover (1979).

FALK, G., HERRMANN, F.: Neue Physik - das Energiebuch. Hermann Schroedel Verlag KG, Hannover (1981a).

FALK, G., HERRMANN, F.: Neue Physik - das Energiebuch, Lehrerheft. Hermann Schroedel Verlag KG, Hannover (1981b).

F ALK, G., HERRMANN, F., SCHMID, G. B.: Energy forms or energy carriers? Am. J. Phys. 52, 794 (1984).

FALK, G., RUPPEL, W.: Energie und Entropie. Springer Verlag, Berlin (1976).

FUCHS, H.: A surrealistic tale of electricity. Am. J. Phys. 54, 907 (1986).

HERRMANN, F., SCHMÄLZLE, P.: Daten und Energie. J. B. Metzler und B. G. Teubner, Stuttgart (1987).

HERRMANN, F.: Is an energy current energy in motion? Eur. J. Phys. 7,198 (1986).

SCHMID, G. B.: An up-to-date approach to physics. Am. J. Phys. 52, 794 (1984).

B. Bemerkungen

1. Energie und Energieträger

1. Die Energie als mengenartige Größe

Die Energie wird als eine Größe mit Mengencharakter eingeführt. Wir sprechen über die Energie wie wir über einen Stoff sprechen. Dadurch wird der Umgang mit der Energie leichter als bei der sonst üblichen Einführung, nämlich über den Begriff der Arbeit.

2. Physikalische Größen oder Stoffe als Energieträger?

Der Einführung von Energieträgern liegt das Gesetz zu Grunde, nach dem an jedem Energietransport neben der Energie noch mindestens eine weitere mengenartige Größe beteiligt ist. Bei einem mechanischen Energietransport ist das der Impuls, bei einem elektrischen die elektrische Ladung, bei einem thermischen die Entropie und bei einem chemischen die Stoffmenge. Wir haben vorgeschlagen, diese den Energiestrom begleitenden Größen Energieträger zu nennen.

In einem Unterricht für Anfänger, den man nicht durch die Einführung einer so großen Zahl neuer physikalischer Größen belasten kann, bezeichnen wir nicht diese Größen selbst als Energieträger, sondern ersetzen sie durch die Namen von Stoffen, und zwar von Stoffen, die ihrerseits diese mengenartigen Größen enthalten. So sprechen wir im Unterricht zunächst von den Energieträgern "warmes Wasser" oder "warme Luft" statt von Entropie, oder von den Energieträgern "Benzin" oder "Heizöl" statt von Stoffmenge.

3. Der Drehimpuls als Energieträger

Genauso wie man die Kraft als Stärke des Impulsstroms interpretieren kann, so kann man das Drehmoment als Stärke des Drehimpulsstroms deuten. Die Gleichung

$$\boldsymbol{M} = d\boldsymbol{L}/dt$$

($\boldsymbol{M}$ = Drehmoment, $\boldsymbol{L}$ = Drehimpuls) macht dann die folgende Aussage: Die zeitliche Änderung des Drehimpulses eines Körpers ist gleich der Stärke des Drehimpulsstroms, der in den Körper hineinfließt.

4. Pfand- und Einwegflaschenenergieträger

Die Unterscheidung zwischen Pfand- und Einwegflaschenenergieträgern hat keine tiefe physikalische Bedeutung. Wir machen sie nur, weil sie eine gute Übung dafür ist, zwischen dem Weg der Energie und dem Weg des Trägers zu unterscheiden. Man sieht leicht, dass man jeden Pfand- in einen Einwegflaschentransport verwandeln kann und umgekehrt. So könnte man etwa die Luft, die aus dem Preßlufthammer ausströmt, zum Kompressor zurückleiten. Sie würde damit zum Pfandflaschenenergieträger.

Den Drehimpuls haben wir als Pfandflaschenenergieträger eingeführt. Dies ist tatsächlich in den meisten Fällen gerechtfertigt – etwa wenn ein Elektromotor und die Pumpe, die er antreibt, auf dasselbe Fundament oder in dasselbe Gehäuse montiert sind. Der Drehimpuls fließt dann durch die Antriebswelle vom Motor zur Pumpe und durch das Fundament oder Gehäuse von der Pumpe zurück zum Motor.

Anders ist es, wenn der Motor etwa ein Ventilatorrad antreibt. Der Drehimpuls geht dann durch die Antriebswelle vom Motor zum Ventilatorrad, verteilt sich von dort aus in der Luft, geht dann auf schwer kontrollierbare Weise in die Erde und schließlich zurück zum Motor. Hier wäre man eher geneigt, den Drehimpuls als Pfandflaschenenergieträger zu bezeichnen. Wir haben aber von diesen feinen Unterscheidungen abgesehen.

2. Strömungen von Flüssigkeiten und Gasen

1. Luft- und Wasserströmungen als Modell für Strömungen physikalischer Größen

In diesem Kapitel werden Begriffe und Strukturen eingeführt, die im späteren Unterricht immer wieder gebraucht werden.

Der Gegenstand der Betrachtung – Luft- und Wasserströmungen – ist den Schülern sehr vertraut. Man kann nicht nur das Wasser selbst sehen, sondern man kann häufig sogar mit den Augen erkennen, ob es strömt. Auch von einer Luftströmung haben die Schüler eine klare Vorstellung.

Während wir hier Strömungen von Stoffen betrachten, handelt es sich bei den im weiteren Verlauf des Unterrichts auftretenden Strömen um viel abstraktere Konzepte, nämlich um Ströme physikalischer Größen. Die Begriffe und Zusammenhänge, die in diesem Kapitel eingeführt werden, lassen sich später leicht auf Ströme physikalischer Größen übertragen. Insbesondere sollen auch die Anschauungen, die sich die Schüler von den hier diskutierten Vorgängen bilden, auf die Ströme physikalischer Größen übertragen werden.

2. Grundbegriffe für den späteren Unterricht

Die folgenden Begriffe und Zusammenhänge werden im späteren Unterricht mehrere Male wieder auftreten:

- *Stromstärke*. Die Menge eines Stoffs oder einer extensiven physikalischen Größe, die in einer bestimmten Zeitspanne an einer bestimmten Stelle vorbeifließt, dividiert durch diese Zeitspanne.
- *Antrieb*. Differenz der Werte einer intensiven Größe. Je größer der Antrieb, desto größer die Stromstärke.
- *Widerstand*. Eine Eigenschaft des Leiters; hängt ab von Länge und Querschnitt.
- *Gleichgewicht*. Zustand, in dem kein Strom fließt, obwohl eine leitende Verbindung existiert; es ist kein Antrieb vorhanden.
- *Knotenregel*. Ausdruck der Kontinuitätsgleichung in dem Fall, dass weder Quellen noch Senken vorhanden sind.
- *Maschenregel*. Jedem Punkt einer Leitung kann ein Wert der intensiven Größe zugeordnet werden.
- *Energieträger*. Der Strom eines Stoffs oder einer extensiven Größe ist mit einem Energiestrom verknüpft.

3. Das Mengenmaß für Luft- und Wasserströmungen

Wir benutzen als Mengenmaß für die betrachteten Flüssigkeiten und Gase das Volumen. Wir sprechen trotzdem von Wasser- oder Luftströmen, und nicht von Volumenströmen, denn die Größe Volumenstrom gibt es nicht.

4. Stoffströmungen haben mehr als nur einen Antrieb

Da mit einem Stoffstrom eine ganze Reihe physikalischer Größen strömt, gibt es auch eine ganze Reihe verschiedener Antriebe für den Stoffstrom. Zu jeder extensiven Größe, die mit dem Stoff strömt, gibt es eine intensive, und ein Gradient dieser intensiven Größe kann einen Strom des Stoffs zur Folge haben. So wird eine Flüssigkeit nicht nur durch einen Druckunterschied angetrieben, sondern zum Beispiel auch durch einen Unterschied des Gravitationspotenzials, oder in anderen Worten: Sie fließt von selbst von oben nach unten. Um möglichst klare Verhältnisse zu haben, betrachten wir in diesem Kapitel stets Anordnungen, bei denen andere Antriebe als der Druckunterschied keine Rolle spielen.

5. Der Druck als eigenständige Größe

Der Druck wird nicht, wie es sonst üblich ist, auf die Kraft zurückgeführt ("Druck gleich Kraft pro Fläche"), denn von den beiden Größen Druck und Kraft ist die Kraft sicher die schwierigere Größe. Was den Umgang mit der Kraft so erschwert, sind Vorzeichen- und die Richtungsfragen und, damit zusammenhängend, die Begriffe Gegenkraft und Kräftegleichgewicht. Der Druck ist in dieser Beziehung einfacher. Er ist – wenigstens in unseren Beispielen – ein Skalar, dessen Wert sich auf einen Punkt im Raum bezieht. Man braucht nicht anzugeben, wer auf wen drückt (wie es bei der Kraft der Fall ist). In unserem Fall der Gas- und Flüssigkeitsströmungen sind die Werte des Drucks sogar immer positiv.

3. Impuls und Impulsströme

1. Impuls von Anfang an

In dem Aufbau der Physik, der dem vorliegenden Kurs zu Grunde liegt, ist die Mechanik charakterisiert als derjenige Teil der Physik, in dem es um die mengenartige Größe Impuls und ihre Ströme geht. Es ist aus dieser Sicht logisch, den Unterricht mit der Behandlung der Größen $\boldsymbol{p}$ und $\boldsymbol{F}$ zu beginnen.

Dieses Vorgehen ist sehr verschieden von dem der traditionellen Schulphysik, bei dem zwar die Kraft sehr früh eingeführt wird, der Impuls dagegen, wenn überhaupt, sehr viel später. Aus unserer Sicht erscheint dieses Vorgehen unnatürlich: Man operiert mit dem Strom von etwas, ohne das Geringste über das strömende Etwas selbst zu sagen.

Unser Vorgehen hat nicht nur zur Folge, dass bestimmte Erscheinungen der Mechanik anders gedeutet werden, dass andere Bilder zu ihrer Erklärung herangezogen werden; es hat auch die Konsequenz, dass man andere Phänomene zum Gegenstand der Betrachtung macht. Die Erscheinungen, die man gewöhnlich als zur Dynamik gehörig bezeichnet, spielen in unserem Unterricht eine größere Rolle, als im traditionellen Sek.-I-Unterricht.

2. Die Kraft als Impulsstromstärke

Die Interpretation der Größe $\boldsymbol{F}$ als Stärke des Impulsstroms bildete sich historisch zur selben Zeit, als man begann, den Impuls als eigenständige Größe zu akzeptieren: um die letzte Jahrhundertwende. Nach unserer Kenntnis stammt sie von Planck (1908). Man findet sie dann in zahlreichen Veröffentlichungen zu Beginn des 20. Jahrhunderts wieder (z.B. Weyl 1924). Als den Zeitpunkt, von dem ab der Impuls endgültig als eigenständige Größe anerkannt wurde, kann man wohl die Veröffentlichung der allgemeinen Relativitätstheorie betrachten. Im Energie-Impuls-Tensor tritt der Impuls, neben Energie, Energiestromdichte und Impulsstromdichte, als Quelle des Gravitationsfeldes auf.

Dass $\boldsymbol{p}$ mehr als nur eine Abkürzung für das Produkt $m\boldsymbol{v}$ ist, sieht man auch daran, dass es Systeme gibt, deren Impuls sich nach dieser Formel gar nicht berechnen lässt. Ein Beispiel ist das elektromagnetische Feld. Die Impulsdichte des elektromagnetischen Feldes berechnet sich nach

$$\rho_p = \boldsymbol{E}\times\boldsymbol{H}/c^2,$$

wo $\boldsymbol{E}$ die elektrische und $\boldsymbol{H}$ die magnetische Feldstärke ist.

Obwohl die Einsicht, dass $\boldsymbol{F}$ die Impulsstromstärke ist, schon fast 100 Jahre alt ist, hat sie sich noch nicht wirklich durchgesetzt. Sie ist zwar in vielen modernen Physiklehrbüchern zu finden (Landau, Lifshitz 1959; Gerthsen, Kneser, Vogel 1977), erscheint dort aber stets als eine Betrachtungsweise für Fortgeschrittene. Dass man diese Auffassung auch als Anfänger verstehen kann, ja, dass die Physik durch sie sogar einfacher wird, ist anscheinend nie in Betracht gezogen worden.

Selbstverständlich steht einer Neudarstellung der Mechanik in diesem Sinne die Trägheit einer der am festesten etablierten Traditionen der Physik entgegen.

3. Konduktive und konvektive Impulsströme

Die Bilanzgleichung für den Impuls

$$\frac{d\boldsymbol{p}}{dt} = \boldsymbol{I}_p$$

besagt, dass die zeitliche Änderung $d\boldsymbol{p}/dt$ des Impulses im Innern eines Raumbereichs gleich ist der Stärke $\boldsymbol{I}_p$ des Impulsstroms durch die Oberfläche des Bereichs.

Die Impulsstromstärke $\boldsymbol{I}_p$ kann man in zwei Anteile zerlegen: einen Anteil $\boldsymbol{F}$, der traditionell Kraft genannt wird, und einen Anteil $\boldsymbol{v} \cdot I_m$, der dann auftritt, wenn in das Raumgebiet ein Massenstrom hineinfließt. I_m ist die Massenstromstärke. Es ist dieser letztere Anteil, der für die Beschleunigung einer Rakete zuständig ist. Da er an einen Massenstrom gekoppelt ist, kann man ihn einen "konvektiven" Impulsstrom nennen und den Anteil $\boldsymbol{F}$ entsprechend einen "konduktiven".

Tabelle 3.1. Übersetzung der Newtonschen Axiome in die Impulsstromsprache

	Traditionelle Formulierung	Formulierung im Impulsstrombild
1. Newtonsches Axiom	Ein Körper, auf den keine Kräfte wirken, bleibt in Ruhe, oder er bewegt sich geradlinig gleichförmig.	Ein Körper, in den kein Impulsstrom hineinfließt, und aus dem kein Impulsstrom herausfließt, ändert seinen Impuls nicht.
2. Newtonsches Axiom	Die zeitliche Änderung $d\boldsymbol{p}/dt$ des Impulses eines Körpers ist gleich der auf den Körper wirkenden Kraft $\boldsymbol{F}$: $\boldsymbol{F} = d\boldsymbol{p}/dt$	Die zeitliche Änderung $d\boldsymbol{p}/dt$ des Impulses eines Körpers ist gleich der Stärke $\boldsymbol{F}$ des Impulsstroms, der in den Körper fließt: $\boldsymbol{F} = d\boldsymbol{p}/dt$
3. Newtonsches Axiom	Übt ein Körper A auf einen Körper B die Kraft $\boldsymbol{F}$ aus, so übt B auf A die gleich große, aber entgegengesetzt gerichtete Kraft $-\boldsymbol{F}$ aus.	Fließt ein Impulsstrom aus einem Körper A in einen Körper B, so ist die Stromstärke beim Verlassen von A dieselbe wie beim Eintritt in B.

Die beiden Anteile unterscheiden sich voneinander in ihrem Verhalten bei Bezugssystemwechsel. Der konvektive Anteil ändert seinen Wert, der konduktive nicht. In dem Bezugssystem, in dem die Geschwindigkeit $\boldsymbol{v}$ des Terms $\boldsymbol{v} \cdot I_m$ gleich null ist, verschwindet auch der konvektive Impulsstrom. Für einen Beobachter, der sich mit derselben Geschwindigkeit wie das Wasser in einem Wasserstrahl bewegt, transportiert der Strahl keinen Impuls. Genauso verschwindet natürlich auch der Massenstrom.

4. Die newtonschen Grundgesetze im Impulsstrommodell

Tabelle 3.1 enthält eine Übersetzung der drei newtonschen Grundgesetze in die Impulsstromsprache. Man sieht an der Formulierung auf der rechten Seite der Tabelle, dass alle drei Gesetze verschiedene Formulierungen der Impulserhaltung sind.

Da wir im Unterricht die Erhaltung des Impulses von vornherein voraussetzen, brauchen die newtonschen Axiome gar nicht behandelt zu werden.

Wir gehen damit genauso vor, wie man es traditionell in der Elektrizitätslehre mit der elektrischen Ladung tut. Deren Erhaltung wird auch von Anfang an als selbstverständlich vorausgesetzt.

5. Die Beziehung $p = mv$

Die Beziehung $\boldsymbol{p} = m\boldsymbol{v}$ wird im Unterricht recht spät behandelt. Die Schüler sollen sich zuvor eine eigene Anschauung vom Impuls gebildet haben. Es soll damit vorgebeugt werden, dass nicht der Gedanke aufkommt, $\boldsymbol{p}$ sei nur eine Abkürzung für das Produkt $m\boldsymbol{v}$, oder die Werte von $\boldsymbol{p}$ könnten nur über die von m und $\boldsymbol{v}$ bestimmt werden.

Die zu $\boldsymbol{p} = m\boldsymbol{v}$ analoge Beziehung der Elektrizitätslehre ist $Q = CU$. Es ist selbstverständlich, dass man diese Gleichung nicht zur Definition der elektrischen Ladung heranziehen würde. Sie sagt uns einfach, dass die Spannung zwischen den Platten eines Kondensators proportional zur Ladung auf den Platten ist. Sie definiert außerdem die Kapazität als Proportionalitätsfaktor zwischen Q und U. Genauso sagt uns die Gleichung $\boldsymbol{p} = m\boldsymbol{v}$, dass die Geschwindigkeit eines Körpers proportional zum Impuls des Körpers ist, und sie definiert die Masse als Proportionalitätsfaktor zwischen $\boldsymbol{p}$ und $\boldsymbol{v}$.

6. Die Namen der Größen $\boldsymbol{p}$ und $\boldsymbol{F}$

Für die Größe $\boldsymbol{p}$ sind zwei Namen gebräuchlich: "Impuls" und "Bewegungsgröße".

Der Name "Impuls" hat den Vorteil, kurz zu sein. Die Kürze ist wichtig, wenn man zusammengesetzte Wörter bilden will, wie etwa "Impulsstrom", "Impulsstromstärke" oder "Impulsstromdichte".

Der Name hat aber auch einen Nachteil: Er suggeriert, die Größe habe etwas mit schlagartigen, plötzlichen Vorgängen zu tun. Umgangssprachlich wird das Wort benutzt im Sinn von "Anstoß". ("...gab der Diskussion neue Impulse.") Eine Konsequenz davon ist, dass der Lernende mit dem Impuls nur zu leicht Stoßvorgänge assoziiert: Vorgänge, bei denen eine Impulsänderung in einer so kurzen Zeit erfolgt, dass man nach dem genauen Ablauf des Prozesses am besten nicht fragt.

Das Wort "Bewegungsgröße" ist eine Übersetzung des descartesschen Namens für die Größe $\boldsymbol{p}$, des Namens "quantitas motus". Die Übersetzung trifft das, was Descartes meinte, leider nicht sehr genau. Descartes betrachtete die von ihm eingeführte Größe als ein Mengenmaß für die Bewegung, eine sehr weitsichtige Auffassung. Das Wort "quantitas" lässt sich auf zwei Arten ins Deutsche übersetzen, nämlich als "Größe", im Sinn einer physikalischen Größe, oder aber als "Menge". Der Name "Bewegungsmenge" träfe das was Descartes meinte, vor allem aber auch die moderne Auffassung von $\boldsymbol{p}$, viel besser.

Da beide gebräuchlichen Wörter nicht sehr glücklich gewählt sind, haben wir uns für den kürzeren Namen "Impuls" entschieden.

Das Wort "Kraft" konnten wir natürlich nicht beibehalten. Es steht zu stark im Widerspruch zu unserer Absicht, die Größe $\boldsymbol{F}$ als Stromstärke der Größe $\boldsymbol{p}$ zu beschreiben.

Hätten wir vollständige Freiheit der Wahl der Namen der Größen $\boldsymbol{p}$ und $\boldsymbol{F}$, so würden wir $\boldsymbol{p}$ "Bewegungsmenge" nennen und $\boldsymbol{F}$ die "mechanische Stromstärke" (in Analogie zur elektrischen Stromstärke I).

7. Die Maßeinheit des Impulses

Bei der vorliegenden Darstellung der Physik soll sich der Lernende von den mengenartigen Größen eine eigene Anschauung bilden. Er soll diese Größen nicht als auf andere zurückgeführte Größen begreifen. Man würde diesem Anliegen aber nicht gerecht, wenn man für eine mengenartige Größe eine abgeleitete Einheit benutzt, d. h. eine Einheit, die ein Produkt oder ein Quotient aus anderen Einheiten ist. Da es nach dem Système International keine eigene Einheit für den Impuls und keine eigene Einheit für die Entropie gibt, führen wir für beide Größen eigene, SI-kompatible Einheiten ein: für den Impuls das Huygens (Hy), wobei

1 Huygens = 1 Newton · Sekunde

ist, und für die Entropie das Carnot (Ct), mit

1 Carnot = 1 Joule/Kelvin.

Von den zu den mengenartigen Größen gehörigen Stromstärken dagegen betonen wir im Unterricht gern, dass sie abgeleitete Größen sind: die Menge, die pro Zeit an einer bestimmten Stelle vorbeiströmt. In den Fällen, in denen die Stromstärke eine eigene Einheit hat, nämlich J/s = W, C/s = A und Hy/s = N, benutzen wir daher gelegentlich absichtlich die zusammengesetzte Einheit. Wir sagen also zum Beispiel: "Durch das Seil fließt ein Impulsstrom von 15 Huygens pro Sekunde, das heißt 15 Newton", oder: "Durch den Draht fließen pro Sekunde 2 Coulomb, d. h. die Stromstärke beträgt 2 Coulomb pro Sekunde oder 2 Ampere."

Es sei betont, dass die Unterscheidung zwischen Grundgrößen und abgeleiteten Größen nicht physikalisch begründet werden kann. Sie geschieht ausschließlich auf Grund didaktischer Erwägungen.

8. Der Mengencharakter des Impulses

Ein wichtiges Lernziel von Abschnitt 3.2 ist die Einsicht, dass der Impuls Mengencharakter hat, dass bewegte Körper ein Art Bewegungsmenge enthalten. Fast alle Überlegungen und Experimente in 3.2 dienen diesem Ziel. Bei allen Experimenten wird nach der Impulsbilanz gefragt.

Selbstverständlich beinhaltet bereits die Frage "Wohin ist der Impuls gegangen?" die Auffassung, dass der Impuls mengenartig ist. Und der Lehrer könnte sich die Frage stellen: Wäre es nicht schöner, die Schüler die Mengenartigkeit der neuen Größe selbst entdecken zu lassen? Dieses Lernziel wäre aber viel schwerer zu erreichen. Historisch hat es ein paar Jahrhunderte gedauert, bis diese Einsicht entstand. Im Übrigen gehen wir bei anderen mengenartigen Größen, etwa bei der Masse oder der elektrischen Ladung auch nicht so vor. Über beide Größen spricht der Lehrer von Anfang an so, wie man über mengenartige Größen spricht. Es ist sehr unwahrscheinlich, dass die Schüler den Mengencharakter der elektrischen Ladung selbst entdecken würden.

9. Zur Unterrichtsmethode

Eine Bemerkung zur Unterrichtsmethode. Für einige Experimente schlagen wir das folgende Vorgehen vor: Als erstes wird das Experiment vorgeführt. Dann werden die Schüler aufgefordert, zu beschreiben, was man *beobachtet*. Sie sollen das tun, indem sie über die Geschwindigkeiten der beteiligten Körper sprechen, zum Beispiel so: "Der eine Körper bewegt sich nach rechts, der andere ruht; dann stoßen sie zusammen; danach bewegen sich beide etc." Darauf werden die Schüler gebeten, das Experiment zu *erklären*. Damit ist gemeint, sie sollen erzählen, was mit dem Impuls passiert ist. Beobachtet wird also die Bewegung, erklärt wird mit dem Impuls.

Wir werden viel später im Unterricht auf analoge Art vorgehen: in der Wärmelehre. Die Beschreibung der Beobachtung wird dann in Aussagen über Temperaturen bestehen, die Erklärung erfolgt durch das Aufstellen der Entropiebilanz.

10. Umgangssprachliche Bezeichnungen für den Impuls

Bei der Einführung des Impulses kann man so vorgehen: Man bittet die Schüler, Wörter oder Bezeichnungen zu nennen, die das ausdrücken, was ein schwerer, sich schnell bewegender Körper *enthält*, z.B. ein schwerer Lastzug, der mit 100 km/h auf der Autobahn fährt. Man wird den Schülern dann sagen, dass es genau das ist, was man in der Physik als Impuls bezeichnet. Es ist nun unsere Erfahrung, dass die Schüler außer Wörtern wie "Wucht", "Schwung" und "Power" auch das Wort "Kraft" nennen.

Man sollte diese Antwort auf keinen Fall gleich als falsch oder unpassend zurückweisen. Man sollte sich vielmehr klarmachen, dass das Wort "Kraft" umgangssprachlich durchaus nicht einheitlich gebraucht wird. In der Tat passt seine umgangssprachliche Bedeutung nur manchmal auf die Größe F der Physik. Manchmal passt sie aber auch auf die kinetische Energie, manchmal auf den mechanischen Energiestrom und oft passt sie tatsächlich sehr gut auf den Impuls.

Man erkennt dies übrigens auch am physikhistorischen Gebrauch des Wortes. In der berühmten Diskussion zwischen Cartesianern und Leibnizianern darüber, ob mv oder mv^2 die "richtige" Größe sei, ging es darum, das wahre "Kraftmaß" zu finden, wie man damals sagte.

11. Die Messung des Impulses

Abb. 3.1 zeigt eine experimentelle Anordnung zur Messung des Impulses. Der Körper K, dessen Impuls gemessen werden soll, bewegt sich nach rechts. Von rechts kommen Körper E_1, E_2, . . . , von denen jeder eine negative Impulseinheit trägt. Die Körper E_i stoßen mit K inelastisch zusammen, d. h. jeder Körper E_i, der gegen K stößt, bleibt an K hängen. Der Messvorgang läuft nun so ab: Man lässt solange Einheitskörper gegen K stoßen, bis K zum Stillstand gekommen ist. Die Zahl der Einheitskörper, die zu diesem Zeitpunkt an K hängen, ist gleich der Zahl der Impulseinheiten, die K vor dem ersten Stoß hatte.

Das Experiment lässt sich auf folgende Art realisieren (Herrmann, Schubart 1989): Der Körper K ist ein Gleiter auf der Luftkissenbahn. Die Einheitskörper sind Luftgewehrkugeln, die pneumatisch gegen K geschossen werden. Auf K befindet sich ein Kugelfänger. Für den Schulunterricht ist das Experiment allerdings wegen seiner Gefährlichkeit nicht geeignet. Man kann dieses Messverfahren aber auch einfach diskutieren.

Wir glauben allerdings, dass die Angabe einer solchen Messmethode überflüssig ist, denn im Grunde beinhalten die in Abschnitt 3.2 diskutierten Stoßexperimente implizit schon ein Messverfahren für den Impuls. Insbesondere werden durch sie die Gleichheit und die Vielfachen von Impulswerten bereits festgelegt.

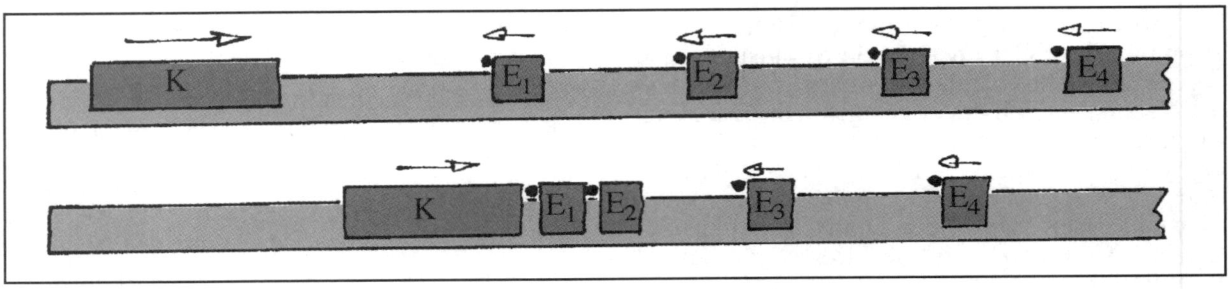

Abb. 3.1. Experiment zur Impulsmessung

12. Die Rolle von Reibungsvorgängen

Die Reibung ist in der klassischen Mechanik eine unerwünschte Erscheinung. Sie passt in die klassische Mechanik nicht hinein, da sie mit Entropieproduktion verbunden ist und daher zu nichtkonservativen Kräften führt.

Ohne Reibung ist die Kraft proportional zur Beschleunigung. Die Physiker haben sich nun so stark an diese reibungsfreie Mechanik gewöhnt, dass manche von ihnen zu der Ansicht neigen, der Satz "Die Kraft ist proportional zur Geschwindigkeit" sei falsch und nur der Satz "Die Kraft ist proportional zur Beschleunigung" sei richtig.

Tatsächlich kann natürlich das eine oder das andere richtig sein. Die Verunglimpfung der Beziehung $\boldsymbol{F} \propto \boldsymbol{v}$ durch die Mechanik des vorigen Jahrhunderts, die mit der Entropieproduktion nicht fertig geworden ist, ist bedauerlich, zumal sie sich noch auf die heutige Lehre der Physik auswirkt. Die Beziehung $\boldsymbol{F} \propto \boldsymbol{v}$ ist höchstens insofern weniger fundamental als $\boldsymbol{F} \propto \boldsymbol{a}$, als ihre Gültigkeit von Materialeigenschaften abhängt. Die analoge elektrische Beziehung $I \propto U$ wird aber deshalb auch nicht als zweitrangig gegenüber $I = dQ/dt = CdU/dt$ (dem Zusammenhang zwischen I und U beim Kondensator) dargestellt.

Wir gehen daher mit der Reibung als mit einem normalen und durchaus nicht immer unerwünschten mechanischen Phänomen um. Es kommt vor, dass wir sie ausschalten möchten. Dann benutzen wir die Luftkissenbahn, oder gut gelagerte Fahrzeuge, genauso, wie wir Kupferdrähte benutzen, um die "elektrische Reibung" zu eliminieren.

13. Der Begriff Haftreibung

Wir benutzen das Wort Reibung in der Mechanik, um einen dissipativen Vorgang zu beschreiben, einen Vorgang, bei dem ein Impulsstrom zur Erzeugung von Entropie führt. Wir betrachten die Entropieerzeugung als charakteristisch für den Reibungsvorgang und benutzen das Wort "Reibung" auch gern im übertragenen Sinn, etwa wenn ein elektrischer Strom durch einen elektrischen Widerstand fließt.

Mit dieser Auffassung ist es natürlich nicht verträglich, von Haftreibung zu sprechen. Haftreibung ist, im Gegensatz zur gewöhnlichen Reibung, gar kein Vorgang, also erst recht kein Vorgang mit Entropieerzeugung.

Die Situation, in der zwei Körper aneinander haften, ist physikalisch dieselbe wie die, in der die Körper zusammengeklebt oder auch zusammengeschweißt sind. Die Stelle, an der sich die Körper berühren, ist physikalisch gesehen dasselbe wie eine Sollbruchstelle: die Stelle, an der die impulsleitende Verbindung zusammenbricht, wenn der Impulsstrom zu stark wird.

14. Impulsströme ohne Widerstand

Wir vergleichen zwar feste Gegenstände, da sie widerstandslose Impulsleiter sind, mit elektrischen Supraleitern; wir sagen aber nicht sie *seien* Impulssupraleiter. Mit dem Wort Supraleiter bezeichnet man nämlich in der Elektrodynamik mehr als nur einen Leiter, dessen Widerstand null ist (1. Londonsche Gleichung). Für einen Supraleiter gilt außerdem, dass in ihm das magnetische Feld verschwindet (Meißner-Ochsenfeld-Effekt, 2. Londonsche Gleichung).

15. Zur Einführung der Geschwindigkeit

Die Geschwindigkeit wird nicht über eine Definition eingeführt, die sie auf Weg und Zeit zurückführt. Hierfür gibt es zwei Gründe. Erstens würde es unnatürlich erscheinen, für eine Größe, für die jeder eine sehr gute Anschauung hat, eine recht komplizierte Definition einzuführen. Zweitens könnte man, da der Differentialquotient noch nicht bekannt ist, die Geschwindigkeit nur für den Spezialfall definieren, dass sie zeitlich konstant ist. Unser Vorgehen lässt sich demnach folgendermaßen zusammenfassen: Die Geschwindigkeit ist die Größe, die uns darüber Auskunft gibt, wie schnell sich ein Gegenstand bewegt. Sie ist diejenige Größe, die man mit dem Tachometer misst. In dem Spezialfall, in dem $v = \text{const}$ ist, besteht ein einfacher Zusammenhang zwischen der Geschwindigkeit v, dem zurückgelegten Weg s, und der Zeit t, die zum Zurücklegen des Weges notwendig war, nämlich $v = s/t$.

Tabelle 3.2. Zur Analogie zwischen Impuls- und Wasserströmungen

Körper	Wasserbehälter mit senkrechten Wänden
Masse m	Grundfläche A des Behälters
Impuls p des Körpers	Wassermenge V im Behälter (z. B. in Litern)
Geschwindigkeit v	Höhe h der Wasseroberfläche über dem Boden

16. Die mittlere Geschwindigkeit

Dem Begriff der mittleren Geschwindigkeit wird nicht mehr Wichtigkeit beigemessen als anderen zeitlichen Mittelwerten auch, also etwa dem mittleren Ort, der mittleren elektrischen Stromstärke, der mittleren Energie…

17. Die Analogie zwischen Impuls- und Wasserströmungen

Wir machen zur Veranschaulichung von Impulsbilanzen gelegentlich einen Vergleich. Dabei entspricht dem Impuls eines Körpers eine Wassermenge in einem Behälter, und der Geschwindigkeit des Körpers entspricht der Wasserstand, die Höhe des Wasserspiegels. Diese Analogie ist genauso tragfähig wie die anderen Analogien, die wir im Unterricht benutzen.

Wir definieren die Analogie durch die Tabelle 3.2. Hinter der Höhe h des Wasserstandes versteckt sich eigentlich die intensive Größe Gravitationspotenzial, also gh.

Aus der für die linke Spalte gültigen Beziehung $p = m \cdot v$ erhält man durch rein formales Übersetzen die für das System der rechten Seite richtige Gleichung $V = A \cdot h$.

Wahrscheinlich ist dieses "Wasserbehältermodell" die einfachste Realisierung der Struktur, die in den anderen Bereichen der Physik immer wieder auftritt. Sie ist so perfekt und einleuchtend, dass man geneigt sein mag, sie im Unterricht, so oft es nur geht, heranzuziehen.

Hier ein Beispiel: Ein Gleiter, der inelastisch gegen zwei andere Gleiter stößt, entspricht einem vollen Wasserbehälter, der mit zwei leeren verbunden wird, so dass sich die Wasserniveaus ausgleichen.

Man sollte aber die Darstellung solcher Analogien nicht übertreiben. Die Struktur der Physik ist zwar ein wichtiges Lernziel. Mindestens ebenso wichtig sind aber die Phänomene, und deren Untersuchung könnte leicht zu kurz kommen, wenn man den Strukturen zu viel Unterrichtszeit widmet.

Die folgenden Vergleiche sind nicht für den Unterricht gedacht. Sie sollen lediglich dazu dienen, dem Lehrer mehr Vertrauen in das Bild vom Impuls als mengenartiger Größe zu geben.

In einen frei fallenden Körper fließt ein zeitlich konstanter Impulsstrom hinein. Sein Impuls nimmt daher proportional zur Zeit zu. Dem entspricht ein Behälter, in den ein zeitlich konstanter Wasserstrom hineinfließt. Als Folge wächst die Höhe des Wasserspiegels proportional zur Zeit. Auf dem Mond ist der Impulsstrom kleiner. Im Modell entspricht dem ein kleinerer Wasserstrom.

Wir betrachten zwei fallende Körper A und B. A habe eine doppelt so große Masse wie B. Dem entsprechen zwei Behälter A und B, wo A die doppelte Grundfläche von B hat. Wenn die Körper A und B beide frei fallen, so fließt in A wegen $F = m \cdot g$ ein doppelt so großer Impulsstrom hinein wie in B. Wir müssen also im Modell in Behälter A einen doppelt so starken Wasserstrom fließen lassen wie in Behälter B. Die Wasserspiegel (die den Geschwindigkeiten entsprechen) steigen gleich schnell, Abb. 3.2.

Wir bilden nun noch zwei Körper A und B, die in einem reibenden Medium fallen, auf Wasserbehälter ab, Abb. 3.3. Wieder soll Körper A doppelt so schwer sein wie Körper B. Beide Körper sollen dieselbe Form haben. Daher sind die Impulsverluste

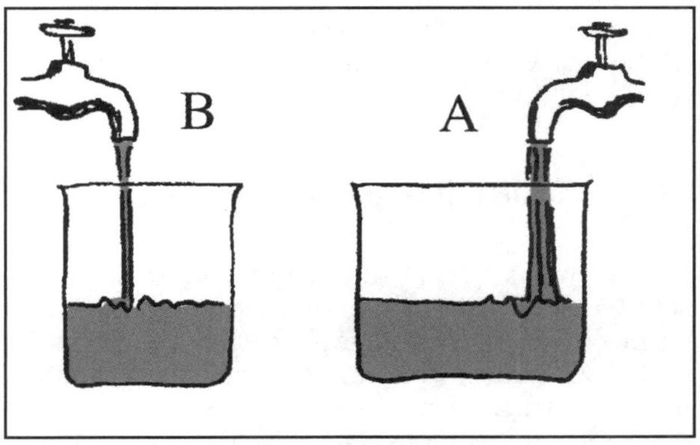

Abb. 3.2. Die Grundfläche des rechten Behälters ist doppelt so groß wie die des linken. Außerdem ist der Wasserstrom, der in den rechten Behälter fließt, doppelt so stark wie der, der in den linken fließt. Die Wasserniveaus steigen daher gleichschnell.

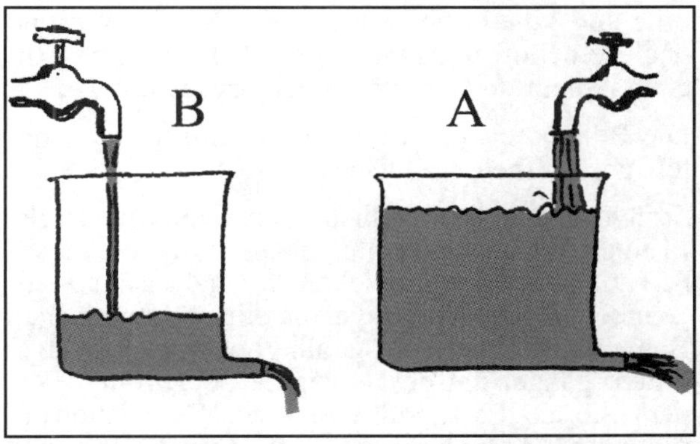

Abb. 3.3. Dieselben Behälter wie in Abb. 3.3, aber mit je einem Loch. Beide Löcher sind identisch. Die Wasserniveaus stellen sich asymptotisch auf zwei verschiedene Werte ein.

durch Reibung bei gleicher Geschwindigkeit dieselben. Der geschwindigkeitsabhängigen Reibung entspricht im Wassermodell ein Loch im Boden der Gefäße. Der Wasserverlust ist hier abhängig von der Höhe h des Wasserstandes. Die Behälter haben gleichartige Öffnungen für den Verluststrom, so dass bei gleichem Wasserstand gleich starke Verlustströme fließen. Dem Loslassen der Körper entspricht nun das Öffnen der Wasserhähne. Genauso wie sich jeder der fallenden Körper asymptotisch einer anderen Grenzgeschwindigkeit nähert, so stellen sich auch die Wasserniveaus asymptotisch auf zwei verschiedene Grenzwerte ein. Das Grenzniveau für den Behälter mit der kleineren Grundfläche liegt niedriger – wie es auch der Analogie entspricht.

Wenn nun das hier vorgestellte Wasserbehältermodell so einfach ist, warum wurde es dann in Kapitel 2, wo es um die Einführung der Grundbegriffe Strom, Antrieb, Widerstand etc. ging, nicht benutzt, sondern eine Struktur, bei der der Druck die intensive Größe ist? Das Wasserbehältermodell ist dann recht unhandlich, wenn man Strömungswiderstände betrachtet. Eine zu einem Ohmschen Widerstand analoge Anordnung ist hier nur schwer zu realisieren.

18. Stoßprozesse

Bei einem Stoßprozess, genauer, bei einem Zweierstoß, verliert ein Körper Impuls, und ein anderer bekommt Impuls. Damit man einen Impulsübertragungsvorgang als Stoß zu bezeichnen bereit ist, verlangt man aber noch mehr: Die beteiligten Körper müssen sich zunächst bewegen, ohne dass Impuls übertragen wird. Dann erfolgt der zeitlich sehr kurze Übertragungsvorgang und dann wieder eine Phase ohne Impulsübertragung. Wenn man fordert, dass der Vorgang der Impulsübertragung kurz sein soll, so meint man, er solle so kurz sein, dass sich der Vorgang selbst der Aufmerksamkeit des Beobachters entzieht.

In der Tat werden Stoßvorgänge meist so behandelt, dass man nur Bilanzen macht. Man fragt nach Impuls und kinetischer Energie der Körper vor und nach dem Stoß, und man fragt nicht nach dem zeitlichen Ablauf des Übertragungsvorgangs.

Die Beliebtheit von Stoßvorgängen im Physikunterricht hat mehrere Ursachen.

Stoßvorgänge spielten historisch eine große Rolle. In einer Zeit, als die Technik nach heutigen Maßstäben noch schwach entwickelt war, gab es nur wenige mechanische Vorgänge, die einer rechnerischen Behandlung überhaupt zugänglich waren. Neben Fallvorgängen und der Bewegung der Himmelskörper gehörten hierzu Stoßvorgänge. Diese hatten darüber hinaus die angenehme Eigenschaft, dass man Aussagen über den Ausgang eines Experiments machen konnte, ohne den genauen Ablauf zu kennen, ohne das Kraftgesetz zu kennen. Tatsächlich existierte ja der newtonsche Kraftbegriff zu der Zeit, als die Stoßgesetze aufgestellt wurden, noch gar nicht.

Welche wichtige Rolle Stoßprozesse in der Mechanik des 17. Jahrhunderts spielten, erkennt man an der Zahl der Arbeiten, die zu diesem Thema gemacht wurden: von Descartes, Marci, Galilei, Roberval und anderen. Im Jahr 1668 regte die Royal Society of London eine ausführliche Behandlung des Stoßprozesses an. Daraufhin wurden Arbeiten eingereicht von Huygens, Wren und Wallis. Die in dieser Zeit entstandene Behandlung des Stoßprozesses wurde dann von Generation zu Generation weitergegeben.

Dass die Behandlung von Stoßprozessen auch heute noch so beliebt ist, hat noch weitere Gründe. Stöße stellen eines der Themen dar, zu denen man leicht Rechenaufgaben erfinden kann. Außerdem sind sie auf der Fahrbahn leicht ausführbar.

Die hier genannten Gründe erklären, warum Stöße eine so wichtige Rolle im Unterricht spielen, sie rechtfertigen es aber nicht.

Welchen Platz diese Vorgänge im Unterricht einnehmen, sollten wir davon abhängig machen, wie wichtig Stoßvorgänge im Alltagsleben oder in der physikalischen Forschung sind. Autozusammenstöße und Stöße von Billardkugeln allein rechtfertigen die Behandlung des Themas sicher nicht. Zwar sind Stöße in der Teilchenphysik wieder wichtig geworden. Dies ist aber kein Thema für die Sekundarstufe I.

Wir schlagen daher vor, mehr Wert auf viel häufiger anzutreffende Impulsübertragungsvorgänge zu legen. Hierzu gehören:

- ein Auto, das beschleunigt oder bremst;
- ein Auto, das um die Kurve fährt;
- Fall- und Wurfvorgänge;
- die Bewegung von Mond, Planeten und Satelliten.

Alle diese Vorgänge sind so beschaffen, dass die Zeit, während der der Impuls vom einen Körper zum anderen fließt, nicht mehr vernachlässigbar klein erscheint. Der Übertragungsvorgang selbst tritt in den Vordergrund und wird zum Gegenstand der Betrachtung.

19. Mechanik mit Impuls einer einzigen Richtung

Die Mechanik ist einerseits das leichteste physikalische Gebiet. Unsere Sinne sind so eingerichtet, dass sie mechanische Vorgänge am besten wahrnehmen, und unser Gehirn simuliert mechanische Vorgänge mit hervorragender Präzision. Andererseits gibt es einen Grund dafür, dass das Erlernen der Mechanik besonders schwierig ist: Die mathematische Beschreibung ist aufwendiger als die anderer physikalischer Gebiete, denn einige der wichtigsten Größen der Mechanik, nämlich Impuls, Kraft und Geschwindigkeit, sind Vektoren. Die mechanische Spannung, für die wir doch eine sehr unmittelbare Anschauung haben, wird mathematisch durch einen Tensor zweiter Stufe beschrieben, und für die Beschreibung der Elastizität eines Materials, ebenfalls eine anschaulich leicht begreifbare Eigenschaft, braucht man sogar einen Tensor vierter Stufe.

Um diesen mathematischen Schwierigkeiten im Anfängerunterricht aus dem Weg zu gehen, machen wir zunächst konsequent eine eindimensionale Mechanik. Wir beschränken uns auf Vorgänge, bei denen nur eine einzige Komponente von Impuls, Kraft und Geschwindigkeit eine Rolle spielt. Mathematisch können wir mit dieser einen Komponente wie mit einem Skalar umgehen. Es ist bemerkenswert, dass so die wichtigsten Tatsachen der Mechanik mit einem sehr geringen Aufwand beschrieben werden können.

20. Literatur

GERTHSEN, C., KNESER, H. O., VOGEL, H.: Physik. S. 175, Springer-Verlag, Berlin (1977).

HERRMANN, F., SCHUBART, M.: Measuring momentum without the use of $p = mv$ in a demonstration experiment. Am. J. Phys. 57, 858 (1989).

LANDAU, L. D., LIFSHITZ, E. M.: Theory of elasticity. Chap. I, Sec 2, Pergamon Press, Oxford (1959).

PLANCK, M.: Phys. Z. 9, 828 (1908).

WEYL, H.: Die Naturwissenschaften 12, III (1924).

4. Das Schwerefeld

1. Zur Einführung der Masse

Wir wollen einige Anmerkungen zu unserer Einführung der Masse machen. Die Masse begegnet den Schülern in unserem Kurs in Abschnitt 3.15 zum ersten Mal in einer mathematischen Beziehung, nämlich in der Gleichung $p = m \cdot v$.

Man könnte bei der Einführung von schwerer Masse m_{schwer} und träger Masse $m_{\text{träge}}$ folgendermaßen vorgehen:

Die Skala der schweren Masse wird definiert über

$F = m_{\text{schwer}} \cdot g$,

d. h. die schwere Masse wird als proportional zur Gewichtskraft (für verschiedene Körper an einem festen Ort) festgelegt.

Die Skala der trägen Masse wird definiert über

$p = m_{\text{träge}} \cdot v$,

d. h. die träge Masse wird als proportional zum Quotienten p/v (für verschiedene Körper) festgelegt.

Dann wird experimentell gezeigt, dass

$m_{\text{träge}} \sim m_{\text{schwer}}$

ist.

Wir verkürzen diesen Weg insofern, als wir die träge Masse gar nicht explizit einführen. Vielmehr zeigen wir von vornherein, dass der vom Körper abhängige Proportionalitätsfaktor in $p \sim v$ zu der an anderer Stelle definierten schweren Masse proportional ist.

Dass die schwere Masse streng erst eingeführt wird, nachdem $p = m \cdot v$ behandelt wurde, halten wir für zumutbar, da jeder Schüler aus seiner nichtschulischen Erfahrung eine für den Physikunterricht hinreichend klare Vorstellung von der schweren Masse hat. Der Grund für diese Wahl der Schrittfolge: Wir wollten die Beziehung $p = m \cdot v$ nicht erst nach der Behandlung des speziellen Systems "Gravitationsfeld" einführen.

Wir begehen, im Zusammenhang mit der Beziehung $p = m \cdot v$, noch eine weitere Inkonsequenz. Das "Experiment", von dem im Text behauptet wird, es zeige die Proportionalität $p \sim m$ (ein einzelner Gleiter und ein Paar aus zwei identischen Gleitern bewegen sich mit derselben Geschwindigkeit), zeigt gar nicht eindeutig, dass $p \sim m$ ist. Es zeigt vielmehr, dass p zu irgendeinem Mengenmaß proportional ist, denn die Gleiter stimmen ja nicht nur in der Masse m, sondern zum Beispiel auch in der Stoffmenge n überein. Mit einem zusätzlichen Experiment könnte man die Möglichkeit $p \sim n$ ausschließen. Wir glauben allerdings, dass die logischen Bedürfnisse unserer Sek.-I-Schüler nicht so ausgeprägt sind, dass sie uns dafür dankbar wären.

2. Die Impulsstromverteilung in Feldern

Der Weg des Impulsstroms im Feld wird mathematisch beschrieben durch die Impulsstromdichteverteilung (Herrmann, Schmid 1985; Heiduck, Herrmann, Schmid 1987). Diese ist recht kompliziert. Wir diskutieren sie im Unterricht genauso wenig, wie wir den Weg des Impulses weiterverfolgen, wenn er einmal in die Erde gelangt ist. Es ist wichtig, dass die Schüler zu der Überzeugung gelangen, dass der Impuls irgendwo lang fließt. Der genaue Weg ist aber nicht sehr interessant. Wir wissen übrigens auch, dass das Wasser der Wolken irgendwie von der Erde nach oben gelangt ist, ohne den Weg genau zu kennen.

3. Das Wort "Gewicht"

Wir benutzen im Schülertext manchmal das Wort "Gewicht" als umgangssprachlichen Ausdruck für das, was in der Physik Masse heißt, also für die Größe, die man in kg misst. Wir tun das, um möglichst nahe an der unter Nichtnaturwissenschaftlern üblichen Sprechweise zu bleiben. Wir glauben nicht, dass die Schüler das Wort ausschließlich mit dem identifizieren, was in der Physik die Gewichtskraft ist.

4. Literatur

HEIDUCK, G., HERRMANN, F., SCHMID, G. B.: Momentum flow in the gravitational field. Eur. J. Phys. 8, 41 (1987).

HERRMANN, F., SCHMID, G. B.: Momentum flow in the electromagnetic field. Am. J. Phys. 53, 415 (1985).

5. Impuls und Energie

1. Verwechslung von Impuls und kinetischer Energie

Man könnte befürchten, dass beim Lernenden ein Problem auftritt, wenn nach dem Impuls die kinetische Energie behandelt wird, denn schließlich hängt die kinetische Energie von denselben Variablen m und $\boldsymbol{v}$ ab wie der Impuls. Beide Größen, Impuls und kinetische Energie, wachsen monoton mit Masse und Geschwindigkeit.

Dieses Problem tritt nicht auf, wenn die Bedeutung der beiden Beziehungen richtig dargestellt wird. Das Problem würde sich wohl sicher einstellen, wenn man etwa folgendermaßen vorginge: "Wir führen zwei Hilfsgrößen $\boldsymbol{p}$ und E_{kin} ein, die folgendermaßen definiert sind:
$\boldsymbol{p} = m\boldsymbol{v}$ und $E_{kin} = (m/2)v^2$."

Dass das Problem nicht auftreten muss, sieht man, wenn man die Situation mit der der Elektrizitätslehre vergleicht. Die zu
$\boldsymbol{p} = m\boldsymbol{v}$ und $E_{kin} = (m/2)v^2$
analogen Beziehungen sind
$Q = CU$ und $E_{Feld} = (C/2)U^2$.

Sicher wird niemand, der die Elektrizitätslehre auf die übliche Art gelernt hat, die Größen Q und E_{Feld} miteinander verwechseln, nur weil beide monoton mit der Spannung und mit der Kapazität wachsen. Man wird sie deshalb nicht verwechseln, weil man sich von beiden einzeln vorher eine Anschauung gebildet hat, weil man weder die Ladung über $Q = CU$, noch die Feldenergie über $E_{Feld} = (C/2)U^2$ definiert.

Entsprechend verfahren wir in der Mechanik. Sowohl von der Energie, als auch vom Impuls bilden wir uns eine Anschauung, bevor die Beziehungen $\boldsymbol{p} = m\boldsymbol{v}$ und $E_{kin} = (m/2)v^2$ behandelt werden.

2. Die Fahrradkette

Eine interessante Anwendung der Beziehung

$$P = v \cdot F$$

ist der Energietransport durch die Antriebskette von Fahrrad und Motorrad. Wir empfehlen aber, dieses Beispiel im Unterricht nicht zu behandeln, denn hier tritt ein Problem auf, dem man zunächst wahrscheinlich lieber aus dem Weg geht: Der Wert der Energiestromstärke ist bezugssystemabhängig.

Betrachtet man die Energieübertragung mit der Fahrradkette im Bezugssystem des Fahrrads, so fließen Energie und Impuls im oberen, gespannten Kettenteil zum hinteren Kettenrad (Das Fahrrad bewege sich nach rechts). Wenn nun v_K die die Geschwindigkeit der Kette relativ zum Fahrrad ist, und F die Impulsstromstärke im gespannten Kettenteil, so ist

$$P = v_K \cdot F.$$

Der Impuls fließt durch den (ruhenden) Fahrradrahmen zum vorderen Kettenrad zurück.

Im Bezugssystem der Erde bewegt sich der gespannte Teil der Kette mit der Geschwindigkeit $v_F + v_K$, wobei v_F die Geschwindigkeit des Fahrrads relativ zur Erde ist. Durch die Kette fließt daher ein Energiestrom der Stärke

$$P_{\text{Kette}} = (v_F + v_K) \cdot F$$

vom vorderen zum hinteren Kettenrad. Da sich aber der Fahrradrahmen, in dem der Impulsstrom zum vorderen Kettenrad zurückfließt, mit v_K bewegt, fließt auch in ihm ein Energiestrom:

$$P_{\text{Rahmen}} = v_F \cdot F$$

Hier ist $v_F > 0$. Da im Rahmen eine Druckspannung herrscht, fließt der Impulsstrom nach rechts. Also fließt auch der Energiestrom nach rechts. Die Gesamtstärke des Energiestroms, der nach hinten fließt, ergibt sich damit als die Differenz

$$P = P_{\text{Kette}} - P_{\text{Rahmen}} = (v_F + v_K)F - v_F \cdot F = v_K \cdot F,$$

also dasselbe Ergebnis wie im Bezugssystem des Fahrrads.

3. Das Vorzeichen der Energie

In Abschnitt 5.2 b wird festgestellt, dass die Energie eines bewegten Körpers, d. h. derjenige Anteil der Gesamtenergie, den der Physiker kinetische Energie nennt, immer positiv ist, und zwar unabhängig von der Bewegungsrichtung. Es mag nahe liegend erscheinen, dass man gleich sagt, die physikalische Größe Energie habe grundsätzlich immer positive Werte. Wir haben aber einen solchen Lehrsatz nicht formuliert, da es in bestimmten Bereichen der Physik üblich und zweckmäßig ist, den Nullpunkt der Energie so zu verschieben, dass negative Energiewerte auftreten.

4. Der Inhalt von Energiespeichern

In Abschnitt 5.2 geht es um das, was in der physikalischen Fachsprache die Spannungsenergie E_{Feder} einer Feder, die kinetische Energie E_{kin} eines Körpers und die potenzielle Energie E_{pot} eines Körpers heißt. Jeder dieser drei Energieanteile hängt auf einfache Art mit anderen Größen des jeweils betrachteten Systems zusammen:

$$E_{\text{Feder}} = (D/2)s^2$$

$$E_{\text{kin}} = (m/2)v^2$$

$$E_{\text{pot}} = m \cdot g \cdot h$$

Für die Behandlung des Inhalts dieser drei Ausdrücke wurde eine Minimalversion gewählt. In den beiden ersten Fällen wurde das energiespeichernde System als gegeben vorausgesetzt, d. h. die Werte der die Systeme charakterisierenden Größen D bzw. m wurden als gegeben betrachtet. Als variabel betrachtet wurden die Verlängerung s der Feder bzw. die Geschwindigkeit v des Körpers. Als Lehrsatz formuliert wurde demzufolge nur der Zusammenhang zwischen E_{Feder} und s, bzw. zwischen E_{kin} und v. Gesagt wurde über diesen Zusammenhang allerdings nur, dass die eine Größe monoton mit dem Betrag der anderen wächst. Im Fall der dritten Beziehung wurde sowohl die Höhe h als auch die Masse m als variabel betrachtet, während der Ortsfaktor g als ein den Energiespeicher charakterisierender konstanter Parameter angesehen wurde. Als Lehrsatz erscheint daher der monotone Zusammenhang zwischen E_{pot} und h und zwischen E_{pot} und m.

6. Der Impuls als Vektor

1. Zerlegung oder Zusammensetzung von Impulsströmen

Um die Vektoraddition von Impulsstromstärken zu diskutieren, ist es zweckmäßiger, mit dem Zusammensetzen von zwei Stromstärken zu beginnen als mit dem Zerlegen: Zwei Impulsströme fließen zusammen und man fragt nach der Stromstärke nach dem Zusammenfluss. Diese Fragestellung ist einfach.

Einen Impulsstrom zerlegen ist dagegen immer vieldeutig. Es setzt daher voraus, dass man willkürlich Richtungen vorgibt.

2. Die Stromrichtung und die Richtung dessen was strömt

Ein großer Teil der besonderen Schwierigkeiten der Mechanik beruht auf der Tatsache, dass zwischen zwei Richtungen unterschieden werden muss. Im "Kraftbild" sind dies

- die Richtung der Kraft;
- die Richtung der Fläche, auf die sich die Kraft bezieht. (Eine Kraft ist stets in Bezug auf eine Fläche definiert.)

Im Impulsstrombild sind es

- die Richtung, in die der Impuls strömt;
- die Richtung des strömenden Impulses.

Dies ist eine inhärente Schwierigkeit der Mechanik. Man kann sie nicht umgehen, sondern höchstens mildern.

Im traditionellen Mechanikunterricht werden zur Kräfteübertragung gern Seile verwendet. Seile repräsentieren den Sonderfall, in dem die Stromrichtung und die Richtung der strömenden Größe zusammenfallen. Dies ist sicher ungeschickt – vor allem wenn der Lernende nicht erkennt, dass es sich um einen Sonderfall handelt.

Wir beginnen die Diskussion von Impulsströmen im Dreidimensionalen absichtlich mit dem Fall, in dem die Impulsrichtung quer zur Richtung der Leitung liegt. So erkennt man besser, dass man zwischen den beiden Richtungen unterscheiden muss.

Die Stromrichtung ist immer gleich der Richtung des Leiters – genau wie in der Elektrizitätslehre. Die Richtung des strömenden Impulses erkennt man an der Art der Impulszunahme des Körpers, in den der Impuls hineinfließt.

3. Impulsströme, bei denen der fließende Impuls quer zum Leiter liegt

Wenn mit Hilfe einer Stange eine Kraft so übertragen wird, dass der Kraftvektor quer zur Stange liegt, so herrscht in der Stange eine komplizierte Spannungsverteilung: auf der einen Seite eine Druck- auf der anderen eine Zugspannung. Im Impulsstrombild bedeutet das, dass in der Stange nicht nur der Impuls fließt, der am einen Ende hinein- und am anderen wieder herausfließt, in Abb. 6.1 der y-Impuls. Es fließen zusätzlich noch geschlossene Ströme von x-Impuls.

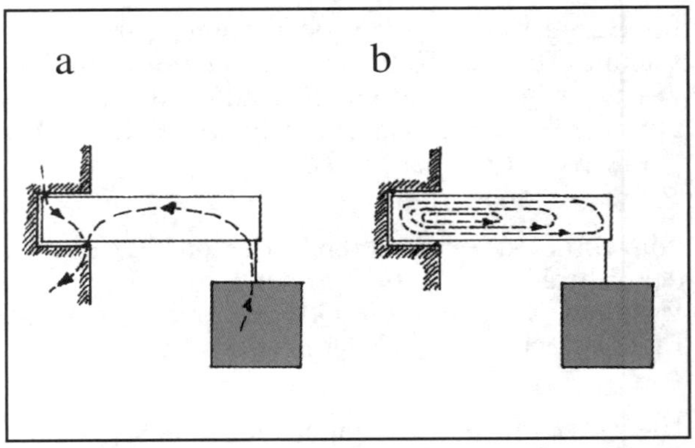

Abb. 6.1.(a) y-Impuls fließt im Stab von rechts nach links. (b) x-Impuls fließt im Stab unten nach rechts und oben nach links.

Durch jede Schnittfläche quer zur Stange fließt aber netto nur der Strom, der am einen Ende hinein- und am anderen wieder herausfließt. Wir lassen im Schülertext die zusätzlichen Kreisströme außer Betracht, da sie zum Nettostrom nicht beitragen.

Wir tun das mit demselben Recht, mit dem man etwa bei einem Wasserstrom in einem Fluss nur die Nettostromstärke betrachtet. Tatsächlich ist auch hier der Strom durch Schnittflächen quer durch den Fluss aus zum Teil entgegen gerichteten Teilströmen zusammensetzt, die etwa durch Wirbel zustande kommen.

4. Die Addition von Impulsstromstärkevektoren

Die Vektoraddition von Kräften wird häufig am Beispiel von drei Seilen gezeigt, in die Kraftmesser eingebaut sind. Dieses Vorgehen hat selbstverständlich den Vorteil, dass die Kräfte leicht messbar sind. Es hat den Nachteil, dass man es mit einem seltenen Spezialfall zu tun hat: dem Fall, bei dem die Kraft parallel liegt zu der Vorrichtung, die die Kraft überträgt. Die Seiten des Kräftedreiecks liegen hier parallel zu den impulsleitenden Verbindungen, den Seilen. Man wird dabei leicht dazu verleitet, zu glauben, dies sei immer so.

Dass es sich um einen Sonderfall handelt, sieht man schon daran, dass man aus *einer* Kraft auf *zwei* andere Kräfte schließen kann – aus der Summe lassen sich die Summanden eindeutig bestimmen. Das ist natürlich nur deshalb möglich, weil man über die Richtungen der Vektoren die sehr spezielle Annahme macht, dass sie parallel zu den Seilen liegen.

Werden Kräfte durch starre Leitungen, zum Beispiel Stäbe, übertragen, so kann man diese Voraussetzung nicht mehr machen. Die Zerlegung einer Kraft in Teilkräfte ist nicht mehr eindeutig.

5. Die Impulsleitfähigkeit in drei Dimensionen

Es ist folgerichtig, wenn man in der Elektrizitätslehre, nachdem man den elektrischen Strom eingeführt hat, danach fragt, welche Gegenstände oder Stoffe die Elektrizität leiten und welche nicht. Wenn man die Mechanik im Impulsstrombild behandelt, ist es genauso folgerichtig, nachdem man den Impulsstrom eingeführt hat, danach zu fragen, welche Gegenstände oder Stoffe den Impuls leiten. Die Antworten auf die Frage nach der Leitfähigkeit sind aber beim Impuls infolge seines Vektorcharakters komplizierter und interessanter als bei der Elektrizität.

Eine ganze Reihe sehr einfacher Beobachtungen mechanischer Erscheinungen lassen sich in Termen der Impulsleitfähigkeit beschreiben. So dient das Rad eines Fahrzeugs nicht einfach der Impulsisolation, wie es bei der eindimensionalen Behandlung des Impulses noch formuliert wurde. Ein Rad soll vielmehr Impuls einer bestimmten Richtung, nämlich der Längsrichtung des Fahrzeugs, nicht durchlassen, und Impuls, der quer dazu steht, in die Erde ableiten.

Noch interessanter wird es, wenn man Rotationsvorgänge einbezieht. So kann man leicht Vorrichtungen bauen, die für Drehimpuls durchlässig sind, für Linearimpuls dagegen nicht, oder umgekehrt Vorrichtungen, die Linearimpuls durchlassen, aber keinen Drehimpuls. Ein lohnendes Thema wäre etwa die Diskussion der verschiedenen Bestandteile einer Kardanwelle.

6. Die Symbole $\vec{p}$ und p

Wir benutzen das normale p nicht als Symbol für den Betrag des Vektors $\vec{p}$, sondern als Symbol für den Impuls in dem Fall, dass wir es mit Impuls einer einzigen Richtung zu tun haben. p kann dann betrachtet werden als die einzige, von null verschiedene Komponente von $\vec{p}$. Daher darf p sowohl positive als auch negative Werte annehmen.

7. Komponentenweise Behandlung des Impulses

Für die Behandlung des Vektorcharakters des Impulses bieten sich zwei Alternativen.

(1) Man legt von vornherein ein x-y-z-Koordinatensystem fest und betrachtet den Impuls stets komponentenweise: Man macht die Bilanzen für die x-, die y- und die z-Komponente einzeln. Der Vorteil dieses Vorgehens: Man hat es mit drei voneinander unabhängigen Erhaltungssätzen zu tun. Jede Impulskomponente kann wie ein Skalar behandelt werden. Die Nachteile: Die Behandlung eines Problems wird dann recht verwickelt, wenn eine Impulsleitung, ein Seil zum Beispiel, schräg zu den Koordinatenachsen verläuft. Es fließen dann nämlich in der Leitung gleichzeitig mehrere Impulsströme. So fließt in einem Seil, das in der x-y-Ebene liegt und weder zur x- noch zur y-Achse parallel ist, gleichzeitig ein x- und ein y-Impulsstrom. Diese Ströme können sogar in entgegengesetzter Richtung fließen. Wegen dieser Komplikationen haben wir uns für die zweite Möglichkeit des Vorgehens entschieden.

(2) Der Impuls wird als Pfeil dargestellt. Jede Richtung kennzeichnet eine Impulssorte. Es gibt also unendlich viele verschiedene Impulssorten. Im Text kennzeichnen wir die Impulssorten durch Angabe des Winkels des Impulsvektorpfeils gegen die positive x-Achsenrichtung, und wir sagen etwa, in einem Seil fließe 45°-Impuls.

7. Drehmoment und Schwerpunkt

1. Seile und Rollen

Ein Seil, das über eine Rolle läuft, wird durch die Rolle umgelenkt. Es ist nun sehr nahe liegend zu vermuten, dass auch der Impulsstrom, der durch das Seil fließt, umgelenkt wird. Die entsprechende Erwartung kann übrigens auch bei der "Kräftemechanik" entstehen. Man könnte denken, dass die Rolle eine Kraft umlenkt. Dass dies nicht der Fall ist, muss im Unterricht sorgfältig erarbeitet werden. Ein Impulsstrom lässt sich sehr wohl umlenken – nur nicht mit einer Rolle. Dabei behält der Stromstärkevektor seine Richtung bei.

2. Das Hebelgesetz

Wir haben das Hebelgesetz als Erfahrungssatz eingeführt. Es wäre konsequenter gewesen, zunächst den Drehimpuls einzuführen, und dann das Hebelgesetz als Spezialfall der Drehimpulserhaltung abzuleiten. Wir gehen aber davon aus, dass man in vielen Fällen den Drehimpuls gar nicht einführen wird, wohl aber das Hebelgesetz behandeln möchte.

8. Drehimpuls und Drehimpulsströme

1. Drehmoment und Drehimpulsstrom

Genauso, wie man die Größe $\boldsymbol{F}$, die traditionell Kraft genannt wird, als Stärke des Impulsstroms interpretieren kann, so kann man das Drehmoment $\boldsymbol{M}$ als Stärke des Drehimpulsstroms deuten. Für die zeitliche Ableitung des Drehimpulses $\boldsymbol{L}$ gilt bekanntlich:

$$\frac{d\boldsymbol{L}}{dt} = \boldsymbol{M}$$

also eine Bilanzgleichung, die analog ist zu

$$\frac{d\boldsymbol{p}}{dt} = \boldsymbol{F}$$

oder zu

$$\frac{dQ}{dt} = I$$

Die Behandlung von $\boldsymbol{M}$ als Drehimpulsstromstärke erfordert allerdings einen recht großen Aufwand. Außerdem ist sie mit einigen Verständnisschwierigkeiten verbunden, die man nur überwinden kann, wenn man sich viel Zeit nimmt.

So ist es zwar nicht schwer zu begreifen, dass in einer rotierenden Welle, mit der etwas angetrieben wird, ein Drehimpulsstrom fließt. Viel schwerer ist es dagegen, zu sehen, welchen Weg der Drehimpuls fließt, wenn ein Rad über einen Transmissionsriemen angetrieben wird. In diesem und in vielen anderen Beispielen ist es nämlich nicht möglich den Drehimpulsstrom zu lokalisieren: Man kann kein Stromdichtefeld angeben.

Um diesen Schwierigkeiten aus dem Weg zu gehen, haben wir das Drehmoment als eigene Größe eingeführt.

2. Energieübertragung mit dem Drehimpuls

Analog zu der Beziehung

$$\boldsymbol{P} = \boldsymbol{v}\,\boldsymbol{F},$$

mit der der Energiestrom etwa durch einen Treibriemen berechnet werden kann, gilt für die Energieübertragung durch rotierende Wellen

$$\boldsymbol{P} = \boldsymbol{\omega}\boldsymbol{M}.$$

Obwohl diese Beziehung sehr nützlich ist, etwa für die Diskussion von Getrieben, führen wir sie nicht ein. Wollte man sie behandeln, so müsste man die Winkelgeschwindigkeit, und damit das Bogenmaß für den Winkel einführen. Hierfür ist aber sicher die Zeit nicht vorhanden. Außerdem wäre es sehr wünschenswert, dass man über ein handliches Drehmomentmessgerät verfügt. Auch das ist aber nicht der Fall.

9. Druck- und Zugspannungen

1. Die drei Hauptspannungen

Die skalare Größe "Druck" entsteht unter besonderen Bedingungen aus der tensoriellen Größe "mechanische Spannung". Die mechanische Spannung ist ein Tensor zweiter Stufe. In reibungsfreien Flüssigkeiten und Gasen sind die Diagonalelemente der Tensormatrix untereinander gleich, alle anderen Tensorkomponenten sind Null. Der Tensor kann dann durch eine einzige Zahl beschrieben werden, nämlich den Wert der Diagonalelemente. Dies ist die Größe, die wir Druck nennen.

Es ist nicht schwer, sich vom mechanischen Spannungstensor eine Anschauung zu bilden. Ein kleines Materieelement im Innern eines Körpers kann in drei zueinander senkrechten Richtungen unter drei voneinander unabhängigen Zug- oder Druckspannungen stehen. Um den Spannungszustand am Ort des Materieelements zu beschreiben, muss man daher sechs Zahlenangaben machen:

- drei Angaben, um die ausgezeichneten Richtungen zu charakterisieren (Um die Richtung eines rechtwinkligen Dreibeins festzulegen, braucht man drei Zahlen) ;
- die drei Spannungswerte, die zu den ausgezeichneten Richtungen gehören.

Die drei ausgezeichneten Richtungen nennt man die Hauptrichtungen.

Im Spezialfall der Flüssigkeiten und Gase sind die drei Spannungswerte untereinander gleich. Man braucht dann auch keine Richtungen mehr anzugeben; alle Richtungen sind äquivalent.

Ein anderer Spezialfall ist der, dass die Spannung nur in einer einzigen Richtung von Null verschieden ist. Dieser Fall liegt in den meisten Anwendungen der Mechanik vor, die man im Mechanikunterricht vor der Hydromechanik behandelt: Wenn eine Kraft mit einem Seil übertragen wird, oder auch mit einer Stange, sofern der Kraftvektor parallel zur Stange liegt. Zur Beschreibung eines solchen Spannungszustandes genügt es, eine einzige Richtung und einen einzigen Druck- oder Zugwert anzugeben.

In den meisten realistischen Situationen hat der Spannungstensor seine allgemeinste Form: Man braucht zu seiner Beschreibung drei Zahlen für die Hauptrichtungen und drei Zahlen für die entsprechenden Spannungen. Der Spannungszustand des Holzes einer belasteten Tischplatte ist ein Beispiel.

2. Die "Allseitigkeit" des Drucks in Flüssigkeiten und Gasen

Es ist eines der Ziele des Unterrichts, zu zeigen, dass der Druck in reibungsfreien Flüssigkeiten und Gasen "allseitig" ist. Wenn die Schüler begreifen sollen, dass es sich hier um eine Besonderheit handelt, wenn sie die Aussage überhaupt verstehen sollen, müssen sie zunächst den Normalfall kennen lernen. Sie müssen erkennen, dass der Druck im Allgemeinen nicht "allseitig" ist. Und das heißt, sie müssen einsehen, dass ein Gegenstand in verschiedenen Richtungen unter verschiedenen Drücken stehen kann.

Dass man einen festen Körper in verschiedenen Richtungen verschiedenen Drücken aussetzen kann, ist leicht einzusehen. Dass es genau drei voneinander unabhängige Richtungen gibt, ist dagegen recht schwer zu verstehen. Und mit den uns im Unterricht zur Verfügung stehenden Werkzeugen auch schwer zu zeigen. Deshalb wird die Tatsache einfach vom Lehrer erzählt.

3. Hydraulische Energieübertragung

Ein Aspekt der Hydraulik kommt unserer Meinung nach oft etwas zu kurz. Der wichtigste Grund dafür, dass hydraulische Anlagen so weit verbreitet sind, ist, dass man mit ihnen Energie auf sehr bequeme Art übertragen kann. Der hydraulische Energietransport spielt deshalb in unserem Unterricht eine wichtigere Rolle als es sonst üblich ist.

10. Entropie und Entropieströme

1. Entropie von Anfang an

Entropie und Temperatur spielen für thermische Vorgänge dieselbe Rolle wie elektrische Ladung und elektrisches Potenzial für elektrische, und wie Impuls und Geschwindigkeit für mechanische. Entropie, elektrische Ladung und Impuls sind extensive Größen, Temperatur, elektrisches Potenzial und Geschwindigkeit die zugehörigen "energiekonjugierten" intensiven. An dieser Gegenüberstellung erkennt man, dass die Entropie für die Wärmelehre so wichtig ist, wie die elektrische Ladung für die Elektrizitätslehre und der Impuls für die Mechanik. Und Entropieströme spielen in der Wärmelehre eine ebenso wichtige Rolle wie elektrische Ströme in der Elektrizitätslehre und Kräfte (Impulsströme) in der Mechanik. Es ist daher konsequent, die Wärmelehre mit der Entropie zu beginnen. Wärmelehre ohne Entropie ist nur ein Notbehelf.

2. Die Zustandsgröße Entropie als Wärmemaß

Die Vorstellung, die Entropie sei eine schwierige Größe, man könne sich nur schwer eine Anschauung von ihr bilden, ist weit verbreitet. Sie trifft sicher zu, wenn man die Entropie auf die clausiussche Art einführt. Führt man sie statistisch ein, so ist es leichter, sich eine Anschauung von ihr zu bilden, nämlich als Maß für die mikroskopische Unordnung eines Systems. Allerdings ist diese Anschauung für das Lösen praktischer Probleme nicht sehr nützlich.

Wir haben daher einen dritten Weg für die Einführung der Entropie gewählt, einen Weg, der auf Callendar (1911) zurückgeht und von Job (1972) und Falk (1985) ausführlich beschrieben und begründet wurde. Er beruht auf der Einsicht, dass die Eigenschaften der physikalischen Größe Entropie sehr gut mit den Eigenschaften des umgangssprachlichen Begriffs "Wärme" oder "Wärmemenge" übereinstimmen. Diese Übereinstimmung ist so gut, dass man behaupten kann, dass es kaum eine andere physikalische Größe gibt, für die wir aus unserer gewöhnlichen Erfahrung eine so gute Anschauung haben.

Selbstverständlich können wir als Namen für die Größe S nicht das Wort "Wärme" benutzen, da dieses Wort von der Physik anderweitig belegt ist: Man bezeichnet damit, wenn auch nicht ganz einheitlich, die Differentialform $\delta Q = TdS$. Sich von einem solchen Gebilde eine Anschauung zu bilden, ist aber sehr schwer, wenn nicht unmöglich. Das Q hinter dem Differentialzeichen δ ist ja keine physikalische Größe. Manchmal drückt man diesen Sachverhalt so aus, dass man sagt, Q sei eine Prozessgröße, Entropie und Energie dagegen seien Zustandsgrößen. Das hört sich so an, als seien Zustandsgrößen eher eine Seltenheit. Tatsächlich sind aber alle bekannten Größen der Physik Zustandsgrößen, mit nur zwei Ausnahmen: der Wärme und der Arbeit. Die Tatsache, dass eine Größe eine Zustandsgröße ist, empfindet jeder als so normal, dass es ihm gewöhnlich gar nicht in den Sinn kommt, dies zu betonen. Die unglückliche, und aus heutiger Sicht überflüssige Konstruktion der Gebilde Wärme und Arbeit führt häufig zur Verwirrung der Lernenden und sogar der erfahrenen Physiker.

Genauso, wie wir im vorliegenden Schülertext in der Mechanik nicht mit der Arbeit operiert haben, benutzen wir daher in der Wärmelehre auch nicht die "Prozessgröße" Q.

3. Große und kleine thermische Effekte

Mit der Entscheidung für die Einführung der Entropie ganz zu Anfang der Wärmelehre ergibt sich auch die Möglichkeit, die im Wärmelehreunterricht behandelten Themen neu zu bewichten. Erscheinungen, Geräte und Anlagen, deren Funktionieren durch Entropieströmungen bestimmt wird, z.B. Wärmekraftmaschinen, Heizungen, Wärmepumpen und der Wärmehaushalt der Erde treten in den Vordergrund. Andere Erscheinungen, die traditionell im Wärmelehreunterricht behandelt werden, lassen wir zurücktreten: etwa die thermische Ausdehnung von Festkörpern, ein Effekt der Größenordnung 10^{-4}.

4. Die Temperaturskala

Nicht nur in der Schule, sondern auch in der Hochschule schafft man sich bei der Definition der Temperaturskala häufig unnötige Probleme. Man beginnt mit der Definition einer Skala über die Ausdehnung des Quecksilbers, führt dann eine bessere Skala über die Ausdehnung der Gase ein und gelangt schließlich zu einer dritten Skala, der heute verbindlichen thermodynamischen Skala. Bei diesem Nachvollziehen der historischen Entwicklung entsteht der Eindruck, es handele sich bei der Festlegung der Temperaturskala um ein besonders schwieriges Problem. Tatsächlich könnte man aber auch bei jeder anderen intensiven Größe zunächst eine schlechtere Skala, und dann nach und nach immer bessere Skalen einführen.

Dass man beim üblichen Vorgehen nicht gleich mit der begrifflich einfachsten thermodynamischen Skala beginnt, liegt wohl daran, dass man mit allen Mitteln versucht, möglichst große Teile der Thermodynamik ohne Verwendung der Entropie abzuhandeln.

5. Sinnestäuschungen

Es gibt Unterrichtsthemen, die fast zum Ritual geworden sind. So wird die Notwendigkeit einer Temperaturmessung oft damit begründet, dass sich unser Temperatursinn so leicht täuschen lässt. Eine solche Sinnestäuschung ist ein interessantes Thema. Man bedenke aber, dass sie auf alle Empfindungen zutrifft: auf Helligkeit und Farbe, auf Höhe,

Entfernung und Geschwindigkeit, auf die Zeit, auf Kraft und Masse, auf Lautstärke und Tonhöhe. Selbstverständlich haben diese "Täuschungen" für die Lebewesen eine wichtige, positive Funktion, sie stellen nicht einfach eine Unzulänglichkeit unserer Sinnesorgane dar. Das Thema "Sinnestäuschungen" gehört also durchaus in den Physikunterricht. Es sollte aber nicht ausschließlich am Beispiel der Temperatur diskutiert werden.

6. Beobachtung und Erklärung im Experiment

Wir gehen bei der Diskussion vieler Experimente im Unterricht so vor: Wir beschreiben zuerst die *Beobachtung*. Diese Beschreibung besteht in einer Aussage über die *Temperatur*, z.B.: "Die Temperatur des Wassers in Behälter A nimmt ab, die des Wassers in Behälter B nimmt zu." Dann fragen wir nach der *Erklärung*. Damit meinen wir, dass gesagt wird, was die *Entropie* bei dem Vorgang macht, also in unserem Beispiel: "Es geht Entropie von A nach B." Vergleiche mit Bemerkung 9 zu Kapitel 3.

7. Welches sind die Prozesse mit der größten Entropieerzeugung?

Es herrschen oft falsche Vorstellungen darüber, bei welchen Vorgängen viel und bei welchen wenig Entropie erzeugt wird. Der weitaus bedeutendste Entropieerzeugungsprozess auf der Erde besteht in der Absorption des Sonnenlichts.

8. Literatur

CALLENDAR, H. L. Proc. Phys. Soc. London 23, 153 (1911).

FALK, G.: Entropy, a resurrection of caloric – a look at the history of thermodynamics. Eur. J. Phys. 6, 108 (1989).

JOB, G.: Neudarstellung der Wärmelehre – die Entropie als Wärme. Akademische Verlagsgesellschaft, Frankfurt am Main 1972).

11. Entropie und Energie

1. Zur Bedeutung der Materialkonstante "spezifische Wärmekapazität"

Die Entropiekapazität und die spezifische Entropiekapazität, die ja bei uns an die Stelle der spezifischen Wärmekapazität tritt, spielt in unserem Unterricht keine große Rolle. Die Materialabhängigkeit der spezifischen Entropiekapazität (ebenso wie die der spezifischen Wärmekapazität) ist sehr gering, verglichen mit anderen Materialkonstanten (etwa der elektrischen Leitfähigkeit, der Wärmeleitfähigkeit, der Dichte oder der optischen Konstanten). Die Materialabhängigkeit der Entropiekapazität wird noch geringer, wenn man sie auf die Stoffmenge statt auf die Masse bezieht. Darüber hinaus gibt es kaum eine Erscheinung, die auf der Unterschiedlichkeit der spezifischen Wärmekapazitäten verschiedener Stoffe beruht. Die in diesem Zusammenhang manchmal zitierte Begründung für den Unterschied zwischen Land- und Seeklima ist nicht richtig. (Dass im Meerwasser mehr Entropie gespeichert wird als im Gestein des Festlandes, liegt daran, dass durch die ständige Bewegung des Wassers ein viel besserer Transport von der Oberfläche zu tieferen Schichten möglich ist, als auf dem Festland.)

2. Ideale Wärmepumpen

Wir tun im Unterricht so, als ob die Wärmepumpen, über die wir sprechen, verlustfrei arbeiteten, d.h. als ob in ihnen keine Entropie erzeugt würde. Wir tun das mit demselben Recht, wie wir bei der Behandlung des Elektromotors, des Transformators oder rein mechanischer Maschinen zunächst von Verlusten absehen.

3. Experimente zur "thermischen Reibung"

Dass in dem in Abschnitt 11.3, Abb. 11.7 beschriebenen Versuch Entropie erzeugt wird, folgt auf Grund einer einfachen und überzeugenden Rechnung. Es lohnt sich aber nicht, dieses Experiment wirklich durchzuführen. Für die Messung von Entropiestromstärken haben wir kein Messverfahren, das so einfach wäre wie zum Beispiel die Messung elektrischer Stromstärken. Die Messung der Energieströme wäre schon schwierig genug, aber obendrein würde man das, was den diskutierten Effekt interessant macht, nämlich die Zunahme der Entropie, gar nicht sehen.

Wollte man überzeugend zeigen, dass die Entropie zunimmt, so müsste man einen Effekt vorführen, bei dem sich etwas *erwärmt*. In dem "Experiment" von Abschnitt 11.3 ist aber der Entropiestrom gerade dort stärker wo die Temperatur niedriger ist: am kalten Ende des Stabes. Dies ist durchaus kein Widerspruch. Man braucht sich nur vorzustellen, dass hier die Strömungsgeschwindigkeit der Entropie größer ist als am warmen Ende.

Der einzige uns bekannte Versuch, bei dem die durch "thermische Reibung" erzeugte Entropie direkt nachgewiesen wird, ist der im PSSC-Kurs (1974) beschriebene Gasoszillator. Die thermische Reibung hat in diesem Experiment die Dämpfung einer mechanischen Schwingung zur Folge. Leider kann man dieses Experiment ohne die Hilfe einer guten Werkstatt kaum aufbauen.

Man kann sich leicht eine Variante des PSSC-Experiments ausdenken, bei der die thermische Reibung wirklich zu einer Temperaturerhöhung führt. Der Trick besteht darin, dass man die Entropie eines Gases viele Male durch einen Wärmewiderstand hindurchdrückt. Den hierzu nötigen Temperaturgradienten erhält man durch wiederholte isentrope Kompression und Expansion des Gases.

4. Entropieinhalt und Wärmeinhalt

Für die Behandlung von Themen, die traditionell mit den Begriffen spezifische Wärme, Verdampfungswärme und Schmelzwärme in Zusammenhang stehen, hat die Entropie besondere Vorteile, da sie, im Gegensatz zur "Wärmemenge", eine Zustandsgröße ist. Sie kann also die Rolle eines wirklichen Wärmeinhalts spielen. In unserem Unterricht ist daher immer der Entropie*inhalt* das Primäre, und Entropie*änderungen* werden als Differenzen von Entropieinhalten verstanden. Das gilt sowohl für Prozesse, die mit einer Temperaturerhöhung verbunden sind, als auch für Phasenübergänge.

Mit der Energieform Wärmemenge kann man auf diese Art nicht umgehen, da es einen Wärmeinhalt, der auf dieser Größe beruht, nicht gibt. Hier kann man nur von zu- oder abgeführter Wärme sprechen: Wärmezufuhr pro Temperaturintervall oder Wärmezufuhr bei einem Phasenübergang. Es ist erfahrungsgemäß nicht zu schaffen, den Schülern klarzumachen, warum ein solcher Begriff "Wärmeinhalt" keinen physikalischen Sinn hat, zumal die Mischungsversuche, die man im Unterricht gern macht, diese falsche Vorstellung noch unterstützen.

5. Werte der Entropie

Einer der Gründe dafür, dass vielen Physikern und Physiklehrern die Entropie suspekt erscheint, ist der, dass man kein Gefühl für die Werte dieser Größe hat. Chemiker haben dieses Problem nicht. In ihren Tabellenwerken finden sie zu vielen Stoffen neben der Wärmekapazität, der Bildungsenthalpie und Werten anderer Größen auch den Entropieinhalt (gewöhnlich pro Mol) für den Stoff unter Normalbedingungen. Für einige wichtige Stoffe findet man die Werte all dieser Größen sogar als Funktion der Temperatur von $T = 0$ K bis hinauf zu einigen Hundert Kelvin, über die verschiedensten Phasengrenzen hinweg. Wir empfehlen auch dem Physiklehrer, sich davon zu überzeugen, wie bequem der Umgang mit solchen Tabellen ist.

6. Vor- und Nachteile der traditionellen Wärmemenge

Zugunsten der traditionellen "Wärmemenge" ließen sich die folgenden Argumente anführen:

1. Mischungsversuche lassen sich bequem auswerten, wenn man Energiebilanzen macht, da die Energie beim Mischen konstant bleibt. Dagegen wird beim Mischen Entropie erzeugt. Die Entropiemenge ist daher nach dem Mischungsvorgang größer als vorher.

2. Die spezifische Wärmekapazität ist in einem großen Temperaturbereich konstant, d.h. temperaturunabhängig. Die spezifische Entropiekapazität dagegen, die sich aus der spezifischen Wärmekapazität ergibt, indem man durch die absolute Temperatur dividiert, ist temperaturabhängig.

Wir glauben, dass diese Nachteile der Entropie nicht gravierend sind, verglichen mit den Nachteilen, die der Umgang mit der Nicht-Zustandsgröße Wärmemenge mit sich bringt.

Dem ersten der beiden angeführten Probleme gehen wir im Unterricht einfach dadurch aus dem Weg, dass wir bei Mischungsvorgängen keine allzu großen Temperaturdifferenzen zulassen. Die erzeugte Entropiemenge ist dann klein, verglichen mit der übertragenen.

Zum zweiten Argument: Der hier angesprochene Vorteil der Energie gegenüber der Entropie ist nicht sehr fundamental. Schließlich ist die traditionelle spezifische Wärmekapazität auch nur in einem begrenzten Temperaturintervall temperaturunabhängig. Das Rechnen mit spezifischen Entropiekapazitäten ist zwar etwas mühsamer als das Rechnen mit Wärmekapazitäten, aber es genügt bei vielen Problemen, einfach einen Mittelwert der Entropiekapazität zu nehmen.

7. Literatur

PSSC: Physik. S. 380. Friedrich Vieweg & Sohn, Braunschweig (1974).

12. Phasenübergänge

1. Phasenübergänge als chemische Reaktionen

Ein Phasenübergang ist ein Spezialfall einer chemischen Reaktion: der Fall, in dem ein einziger Ausgangsstoff in einen einzigen Endstoff übergeht. Daher könnte man glauben, dass sich das chemische Potenzial für die Behandlung von Phasenübergängen besonders empfiehlt. Im Allgemeinen ist dies auch zutreffend. Die Übergänge zwischen den Phasen fest, flüssig und gasförmig machen allerdings eine Ausnahme, da sie normalerweise völlig ungehemmt ablaufen. Die Phasen stehen in den wichtigsten Fällen immer im chemischen Gleichgewicht. Das bedeutet, dass chemische Potenzialdifferenzen zwischen den Phasen immer Null sind, so dass das chemische Potenzial als Variable gar nicht in Erscheinung tritt.

2. Entropie und Enthalpie

Die Probleme, die auftreten, wenn man in der Wärmelehre die Energie und nicht die Entropie an die erste Stelle setzt, werden besonders deutlich bei der Behandlung des Verdampfungsvorgangs. Wenn man etwa Wasser mit Hilfe eines Tauchsieders verdampft, findet sich die Energie, die der Tauchsieder während des Siedens abgibt, nicht vollständig im Wasserdampf wieder, wie es die Schüler vermuten könnten. Ein Teil dieser Energie ist nötig, "um die Atmosphäre wegzudrücken". Für die Entropie dagegen stimmt die Erwartung: Die Entropie, die aus dem Tauchsieder kommt, geht einfach in den Dampf. Traditionell beschreibt man einen solchen Vorgang auch so, dass man sagt, die vom Tauchsieder abgegebene Energie bewirke eine gleich große Änderung der Enthalpie des Wassers. Die Enthalpie ist zwar eine Zustandsgröße, sie ist aber trotzdem für die Schule, und insbesondere für den Anfängerunterricht, völlig ungeeignet: Sie ist nicht mengenartig. Es gibt keinen Enthalpiestrom, und es hat keinen Sinn von Enthalpieerhaltung oder -nichterhaltung zu sprechen

13. Gase

Der Zusammenhang zwischen *S*, *V*, *T* und *p* bei Gasen

Gase sind deshalb thermodynamisch so interessant, weil die thermischen Variablen *S* und *T* an die mechanischen Variablen *p* und *V* gekoppelt sind. Diese Kopplung äußert sich zum Beispiel darin, dass der thermische Volumenausdehnungskoeffizient

$$\alpha = \frac{1}{V}\frac{\partial V(T,p)}{\partial T}$$

sehr groß ist. Die Kopplung ist der Grund dafür, dass man mit Gasen Wärmemotoren bauen kann, und sie ist verantwortlich für viele Wettererscheinungen.

Der quantitative Zusammenhang zwischen den vier genannten Variablen ist allerdings viel zu kompliziert, um in der Sekundarstufe I behandelt werden zu können. Zum einen tritt in dieser Beziehung der Logarithmus oder die Exponentialfunktion auf. Eine noch größere Schwierigkeit liegt aber einfach in der Tatsache, dass die Zahl der zusammenspielenden Variablen so groß ist.

Selbstverständlich könnte man sich auf die quantitative Behandlung von Teilzusammenhängen beschränken, wie etwa auf das Boyle-Mariottesche Gesetz. Nun ist aber gerade dieses Gesetz das für die Anwendungen am wenigsten interessante, da es isotherme Vorgänge beschreibt. Viel wichtiger sind die isentropen Prozesse.

Wir schlagen deshalb eine Version vor, in der das Zusammenspiel aller vier Variablen betrachtet wird, allerdings nur qualitativ. Dieses Zusammenspiel lässt sich experimentell sehr schön zeigen, und die Schüler entwickeln recht schnell ein sicheres Gefühl dafür, wie die vier Größen in den verschiedensten Prozessen ihre Werte ändern. Sie sollen also nicht die in Abb. 13.9 zusammengefassten Relationen auswendig lernen. Sie sollen vielmehr in der Lage sein, diese Regeln auf Grund der Anschauung, die sie von den Gasen haben, selbst wiederzufinden.

14. Licht

Die Thermodynamik des Lichts

In Kapitel 14 werden einige Themen behandelt, die in den Bereich "Thermodynamik des Lichts" gehören. Das Licht ist ein System, das für den Wärmehaushalt der Erde von entscheidender Bedeutung ist. Leider tanzt es, was seine thermischen Eigenschaften betrifft, so aus der Reihe, dass seiner Behandlung im Sek.-I-Unterricht enge Grenzen gesetzt sind.

Solange sich das Licht im Strahlungshohlraum befindet, d. h. in einem Behälter eingesperrt ist, verhält es sich noch recht gutartig. Die Probleme treten auf, wenn es aus dem Hohlraum austritt und Strahlen bildet. Für dieses strömende Licht gibt es kein Ruhe-Bezugssystem, und dies ist wohl der Grund für seine ungewöhnlichen thermischen Eigenschaften.

Eine dieser Besonderheiten ist die Tatsache, dass der Zusammenhang zwischen Energie- und Entropiestromstärke nicht mehr lautet:

$P = TI_S$,

sondern

$P = (3/4)TI_S$.

Hier sind P und I_S die Stärken des Energie- bzw. des Entropiestroms, der aus dem Strahler austritt, und T ist die Temperatur des Strahlers.

Eine weitere Besonderheit: Thermisches Licht, das von einer Quelle, etwa der Sonne, ausgeht, nimmt einen immer größeren Raum ein. Bei diesem Ausbreitungsvorgang ändern sich aber weder die Entropie, noch die Temperatur des Lichts. Dieser Vorgang ist also kein Expansionsvorgang im Sinne der Thermodynamik. (Ein schönes Beispiel für einen echten Expansionsvorgang von Licht stellt die mit der Expansion des Universums einhergehende Ausdehnung der kosmischen Untergrundstrahlung dar. Dies ist eine isentrope Expansion, bei der die Temperatur, genauso wie bei einem materiellen Gas, abnimmt.)

Die in Kapitel 14 behandelten Themen sind so ausgewählt, dass man diesen Problemen aus dem Weg geht. Ein Eingehen auf diese Fragen würde zu viel Zeit erfordern.

15. Daten und Datenträger

1. Inhalte einer Unterrichtseinheit Datentechnik

Die Informations- oder Datentechnik spielt heute in nahezu allen Lebensbereichen eine wichtige Rolle. Viele technische Geräte im Haushalt dienen der Datenübertragung oder -speicherung: Radio- und Fernsehapparat, Kassetten- und Videorekorder, Photoapparat, Filmkamera und die entsprechenden Projektoren. Es gibt öffentliche Einrichtungen, die der Datenübertragung dienen: Telefon und Telex - aber auch die Briefpost. Bücher und Zeitungen dienen der Nachrichtenübertragung und -speicherung. Daten werden übertragen durch Kupferkabel und Lichtleiter, per Richtfunk und über Satelliten. Zu den Datentechniken gehören auch Beobachtungsverfahren wie Radar und Echolot. Jedes Messverfahren ist im Grunde Datentechnik. Medizinische Diagnoseverfahren sind Datentechniken. Das wird besonders deutlich bei modernen Verfahren wie z.B. bei der Tomographie.

Der aktuellste Vertreter der datentechnischen Geräte ist natürlich der Computer.

Datenübertragung, -speicherung und -verarbeitung sind auch in biologischen Systemen von größter Wichtigkeit. Unsere Sinnesorgane dienen der Datenaufnahme, die Nerven der Weiterleitung von Daten und das Gehirn der Verarbeitung und Speicherung. Über Sprache und Gestik werden Daten emittiert. In noch viel größerem Umfang spielt sich Daten-"Technik" in biologischen Systemen auf der molekularbiologischen Ebene ab.

Alle diese Erscheinungen, technischen Einrichtungen und Verfahren haben etwas gemeinsam: Sie haben etwas zu tun mit Datenübertragung, -speicherung und -verarbeitung. Diese Gemeinsamkeiten sind offensichtlich, man braucht kein Fachmann zu sein, um sie zu erkennen.

Man sollte nun erwarten, dass diese Gemeinsamkeiten zu einer einheitlichen wissenschaftlichen Beschreibung geführt hätten, einer Beschreibung, die eine durchgehende Struktur erkennen lässt. Leider ist das nicht der Fall. Es haben sich vielmehr eine Reihe von Einzeldisziplinen etabliert, wie Optik, Akustik, Elektronik, Messtechnik, Nachrichtentechnik, Informatik und andere. Zwei dieser Disziplinen sind Teilgebiete der Physik geworden: die Optik und die Akustik. Aus anderen haben einige spezielle Verfahren Eingang in den Physikunterricht gefunden, z. B. aus der Elektronik oder der Nachrichtentechnik. Noch ein anderer Teil der Daten-Technik wird in der Biologie behandelt.

Die Zuordnung der einzelnen Zweige der Datentechnik zu ganz verschiedenen Teildisziplinen, die zum Teil nach relativ oberflächlichen technischen Gesichtspunkten geschehen ist, hat einen Nachteil: Sie hat zur Folge, dass in der Datenphysik keine einheitliche Struktur zu erkennen ist.

Ein solches Vorgehen, nämlich eine Neuentwicklung einfach irgendwo anzuhängen oder einzuschieben, kann sich der Unterricht auf lange Sicht nicht leisten. Der Stoffkatalog ist so umfangreich, dass man ihn auf diese Weise nicht aktualisieren kann. Bei der Fortentwicklung des Curriculums muss man stets danach fragen, ob das Neue nicht Gesichtspunkte enthält, die es gestatten, die Behandlung des Alten zu vereinfachen, das Alte und das Neue gemeinsam abzuhandeln. Man muss danach fragen, ob es sich bei verschieden erscheinenden Gegenständen des Unterrichts nicht um Spezialfälle eines einzigen Gegenstandes handelt.

Die Suche nach übergeordneten Gesichtspunkten hat aber nicht nur lernökonomische Gründe. Ein Unterricht, bei dem technische Aspekte an erster Stelle stehen, ist auch anfälliger gegen Veraltung. Hierzu ein Beispiel: Wenn man den Computer im Unterricht behandelt, wird man über den Aufbau der gegenwärtig existierenden Computer sprechen. Als elektronisches Gerät wird man ihn in der Elektrizitätslehre ansiedeln. Man sollte sich aber fragen, ob es denn nichts über den Computer zu sagen gibt, was unabhängig ist von seiner speziellen technischen Realisierung. Ein Computer muss ja nicht elektronisch arbeiten. Er könnte im Prinzip auch mechanisch arbeiten. Eines Tages werden Computer optisch funktionieren, und eine Art elektrochemischen Computer stellt das Gehirn dar.

Aus demselben Grund sollte man sich fragen, ob man denn keine wesentlichen Aussagen über den Computer machen kann, ohne die gegenwärtig übliche Architekur vorauszusetzen. Das Gehirn z. B. ist ganz anders gebaut, und Rechner mit Multiprozessorarchitektur oder Rechner, deren Architektur neuronalen Netzwerken entspricht, spielen eine immer größere Rolle.

Schließlich sollte es auch möglich sein, Aussagen über die Tätigkeit des Computers zu machen, die unabhängig davon sind, welche Art von Problemen der Computer löst: ob er eine Differentialgleichung löst, ob er Muster erkennt oder ob er als Prozessrechner tätig ist.

Wir behandeln daher in unserem Kurs die verschiedenen datentechnischen Erscheinungen, Verfahren und Einrichtungen unter gemeinsamen Gesichtspunkten.

Die Verfolgung dieses Ziels hat zum einen lernökonomische Gründe. Zum anderen ist allein die Tatsache, dass es gemeinsame Gesichtspunkte gibt, ein wichtiger Unterrichtsgegenstand.

2. Das shannonsche Maß für die Datenmenge

Wenn man daran gehen will, alle Erscheinungen und technischen Einrichtungen, die wir zur Datentechnik zählen, physikalisch einheitlich zu beschreiben, braucht man ein geeignetes Werkzeug. Die wichtigsten Werkzeuge des Physikers sind die physikalischen Größen. Wir suchen also eine Größe, die für die Beschreibung der im vorigen Abschnitt angesprochenen Phänomene brauchbar ist.

Unsere Situation ist ähnlich zu der um die Mitte des vorigen Jahrhunderts. Damals waren die wissenschaftlichen Beschreibungen von Mechanik, Elektrizitätslehre und Wärmelehre noch recht unabhängig voneinander, obwohl längst klar war, dass es Zusammenhänge geben musste. Diese Zusammenhänge konnten aber von der Theorie erst erfasst werden, als eine neue physikalische Größe konstruiert worden war: die Energie.

Dass die Energie ihre große Bedeutung erlangt hat, hängt unter anderem damit zusammen, dass sie *mengenartig* ist.

Angesichts des Erfolgs, den der Physik die Einführung der Energie gebracht hat, wäre es wünschenswert, eine Größe mit Mengencharakter zu konstruieren, die die Zusammenfassung verschiedener Bereiche der Datentechnik ermöglicht. Wir sind nun in der glücklichen Lage, dass eine solche Größe gar nicht mehr konstruiert zu werden braucht, es gibt sie schon: das von C. Shannon eingeführte Maß für die Informations- oder Datenmenge (Shannon, Weaver 1949).

Diese Größe hat sich in der Nachrichtentechnik längst bewährt, und sie ist die zentrale Größe einer eigenen Theorie, der Informationstheorie, geworden. Von der Möglichkeit, mit ihrer Hilfe die Datentechnik systematisch zu ordnen, wurde aber bisher kaum Gebrauch gemacht.

Das shannonsche Informationsmaß, oder kurz die Datenmenge, ist definiert als

$$H = -\sum_{i=1}^{N} p_i \operatorname{ld} p_i \text{ bit}$$

Die Größe ist ein Maß für die Menge an Daten (gemessen in bit), die von einem Zeichen getragen wird. N ist die Gesamtzahl der verwendeten Zeichen. p_i ist die Wahrscheinlichkeit für das Auftreten des Zeichens mit der Nummer i. "ld" steht für den Logarithmus zur Basis zwei. Mit dieser Gleichung lässt sich sowohl die Menge der in einem Speicher enthaltenen Daten, als auch die Menge der durch eine Leitung in einer vorgegebenen Zeit übertragenen Daten berechnen.

Auf den ersten Blick sieht es so aus, als sei diese Größe so schwierig, dass sie für den Elementarunterricht ungeeignet ist. Setzt sie nicht ein Verständnis sowohl des Logarithmus als auch des Wahrscheinlichkeitsbegriffs voraus? Bei näherer Betrachtung merkt man aber, dass sich für den Ausdruck von H eine elementare Form finden lässt, und dass die Größe dann sogar besonders einfach wird.

Man wird sich nämlich zunächst auf Vorgänge beschränken, bei denen alle N auftretenden Symbole gleichwahrscheinlich sind, bei denen also gilt:

$p_1 = p_2 = \ldots = p_N = 1/N$

Damit wird aus der Definitionsgleichung

$H = \mathrm{ld}\, N$ bit

In diesem Ausdruck treten keine Wahrscheinlichkeiten mehr auf. Allerdings enthält er noch den Logarithmus. Da die letzte Gleichung aber äquivalent ist zu

$2^{H/\mathrm{bit}} = N,$

können Schüler, die den Logarithmus noch nicht kennen, den Wert von H leicht bis auf ein bit bestimmen: Sie müssen nur nachsehen, welcher Zweierpotenz N am nächsten ist.

Damit sind wir bei einer Eigenschaft der Datenmenge, die sie zu einer besonders umgänglichen Größe macht. Während man die Werte anderer Größen oft nur durch komplizierte Messverfahren gewinnen kann, erhält man die Werte von H im Wesentlichen durch Abzählen.

Ein weiterer Grund dafür, dass der Umgang mit H nicht schwierig ist, liegt in der Mengenartigkeit der Größe.

3. "Information" oder "Datenmenge"?

Shannon nannte die von ihm definierte Größe H die "Entropie einer Informationsquelle". Bald nach der Einführung dieser Größe hat sich aber ein anderer Name mehr und mehr verbreitet. Viele Autoren nannten die Größe einfach "Information". Wir wollen im Folgenden begründen, warum diese Namenswahl unglücklich ist.

An erster Stelle ist zu bemerken, dass das Wort Information in der wissenschaftlichen Literatur nicht einheitlich benutzt wird. Den Namen "Information" für die Größe H findet man vor allem in Büchern über Informationstheorie. In der Informatik dagegen versteht man unter Information etwas anderes, und die Bedeutung des Wortes unterscheidet sich von Autor zu Autor um Nuancen. Auf jeden Fall bezeichnet das Wort hier eine Einzelnachricht, es ist nicht der Name einer physikalischen Größe.

Wir halten die Bezeichnung Information für die Größe H aber vor allem deshalb für unzweckmäßig, weil sie beim Lernenden fast zwangsläufig falsche Assoziationen weckt. "Information" ist ja auch ein Wort der Umgangssprache, und die Kenntnis der umgangssprachlichen Bedeutung ist keine Hilfe wenn man die physikalische Bedeutung der Größe H begreifen will, sondern eher ein Hindernis.

Dass die Bedeutung der umgangssprachlichen "Information" von der der Größe H in mehreren Punkten abweicht, sieht man, wenn man den folgenden, umgangssprachlich vernünftigen Satz analysiert:

"Er hat mir über gewisse Vorgänge eine wichtige Information gegeben."

Zum einen wird hier mit dem Wort Information eine einzelne Nachricht bezeichnet. Es soll in diesem Satz nicht eine Menge an Nachrichten charakterisiert werden.

Zum zweiten wird die Nachricht durch das Adjektiv "wichtig" bewertet, und zwar nicht nach physikalischen, sondern nach menschlichen Maßstäben. Umgangssprachlich über Information zu sprechen hat sowieso nur dann einen Sinn, wenn das letzte Glied einer Übertragungskette eine Person ist. Die Größe H lässt aber eine Bewertung nach menschlichen Maßstäben nicht zu. Auch ist es völlig belanglos, ob an einer Übertragung ein Mensch in irgendeiner Weise beteiligt ist oder nicht.

Zum dritten zeigt der zitierte Satz, dass man bei umgangssprachlicher Verwendung des Wortes Information immer *über* irgendetwas bekommt. Diesen Sachverhalt kann man, etwas formaler, so ausdrücken: System A bekommt von System B Information über System C. Diese Tatsache führt nun, wenn man das Wort Information für die Größe H verwendet, zu merkwürdigen Vorstellungen darüber, worauf sich die Größe H bezieht. Tatsächlich ist H, als mengenartige Größe, einem Raumbereich zugeordnet, d.h. einem einzigen physikalischen System. Hat man einen Strom von H im Auge, so kann noch ein zweites System ins Spiel kommen: Man kann sagen, der Strom fließe von System B nach System A. Die Benennung eines dritten Systems C hat aber in diesem Zusammenhang keinen Sinn.

Der von uns vorgeschlagene Name "Datenmenge" hat diese Nachteile nicht. Er ist gebildet in Analogie zu dem etablierten Namen "Stoffmenge" für die Größe n. Der Wortteil "Menge" weist darauf hin, dass nicht eine Einzelnachricht gemeint ist, sondern ein Maß für eine Menge von Nachrichten, von Text, von Bildelementen usw. – kurz: von Daten. Der Wortteil "Daten" unterstreicht, dass die inhaltliche Bedeutung der Nachrichten keine Rolle spielt. Aus demselben Grund bezeichnete übrigens Schopenhauer die von den Sinnesorganen zum Gehirn übertragenen Signale als "Data".

Das Wort Daten als Teil des shannonschen Mengenmaßes hat darüber hinaus natürlich noch den Vorteil, dass in der Informatik und in der Datentechnik die Namen einer ganzen Reihe von Begriffen mit dem Bestimmungswort "Daten" beginnen. So spricht man von Datenübertragung, Datenverarbeitung, Datenspeichern, Datennetzen, von Dateneinund -ausgabe, von Datenbanken, von Dateien usw. Es hört sich natürlicher an, wenn man sagt: "Der Speicher fasst eine große Datenmenge", als "Der Speicher fasst viel Information".

4. Die Bedeutung einer Nachricht

Es wird manchmal versucht, durch Verwendung verschiedener Wörter zwischen einer "Nachricht einschließlich ihrer Bedeutung" und der "Nachricht ohne ihre Bedeutung" zu unterscheiden. So spricht Weaver (Shannon, Weaver 1949) im ersten Fall von "Nachricht" und im zweiten von "Signal".

Das Bedürfnis nach einer solchen Unterscheidung entsteht wohl nur dann, wenn man als Nachrichtenempfänger einen Menschen im Auge hat. Tatsächlich ist es aber für die physikalische Beschreibung eines Datentransports belanglos, ob eine Person an irgendeiner Stelle beteiligt ist oder nicht. Und die Unterscheidung zwischen Daten mit und ohne Bedeutung trägt wahrscheinlich eher zur Verwirrung als zur Klarheit bei.

5. Die Genauigkeit der bit-Zahl

Die Formel, nach der man H berechnet, hat eine angenehme Eigenschaft: Der Wert von H ist sehr unempfindlich gegen Fehler in der Größe N. Man bekommt trotz großer Unsicherheiten in der Zeichenzahl Ergebnisse für H mit einer recht hohen Genauigkeit. Es lohnt sich oft gar nicht, viel Mühe in das Auffinden eines genauen Wertes für die Zeichenzahl zu investieren.

6. Wem ist die Größe" Datenmenge" zugeordnet?

Der in der Literatur übliche sprachliche Umgang mit dem shannonschen Informationsmaß gibt manchmal Anlass zu Verwirrung. Es kommt nämlich häufig nicht klar zum Ausdruck, wem der Wert der Größe zuzuordnen ist. Die Größe H wird meist "Information" genannt, und man findet oft sinngemäß die folgenden Aussagen: "Die Information dieser Situation ist ...", oder "Die dem Beobachter fehlende Information über das System beträgt ...".

H ist eine physikalische Größe, und wie jede andere physikalische Größe auch, ist sie einem physikalischen System zugeordnet – nicht einer Situation und nicht einem Beobachter. Der *Wert* einer Größe kann zwar vom Beobachter abhängen, genauer, von einem vom Beobachter gewählten Bezugssystem. So hängt der Impuls eines Autos vom Bezugssystem ab, in dem die Bewegung beschrieben wird. Diese Feststellung ändert aber nichts daran, dass es sich um den Impuls des Autos handelt, und nicht um den Impuls des Bezugssystems oder des Beobachters.

Man sollte daher im Unterricht mit dem Wort Datenmenge stets so umgehen, dass klar zu erkennen ist, in welchem System die Daten, von deren Menge man spricht, enthalten sind, bzw. von welchem System zu welchem sie strömen.

Daten können durchaus auch einmal zu einer Person strömen und in deren Gehirn gespeichert werden. Diese Person spielt hier aber nicht die Rolle eines Beobachters, sondern die eines gewöhnlichen physikalischen Systems. Ein Mensch kann auch Impuls haben, und auch das bedeutet nicht, dass dieser Mensch der Beobachter ist, d.h. derjenige, der das Bezugssystem festlegt.

7. Ausnutzen der Additivität

Bei der Berechnung von Datenmengen nutzen wir oft die Additivität von H aus, allerdings ohne die Schüler ausdrücklich darauf hinzuweisen. Es soll z.B. die Datenmenge eines gerasterten Bildes berechnet werden. Das Bild habe $20 \cdot 20 = 400$ Rasterpunkte, und jeder Rasterpunkt soll einen der 4 Farbwerte schwarz, dunkelgrau, hellgrau oder weiß annehmen können. Ein Weg, die Datenmenge des Bildes zu berechnen, geht über die gesamte Zeichenzahl, d. h. die Zahl aller möglichen Bilder. Diese beträgt 4^{400}. Es ist nicht sehr leicht, den Schülern zu erläutern, wie man auf diese Potenz kommt. Außerdem ist der Wert von N sehr groß, er ist nicht mehr in unserer Tabelle der Zweierpotenzen enthalten.

Wir verfahren daher anders: Man sieht leicht, dass die Datenmenge eines einzigen Bildpunktes 2 bit beträgt. Wegen der Additivität von H ergibt sich damit für das ganze Bild:

$$H = 400 \cdot 2 \text{ bit} = 800 \text{ bit}.$$

Könnten die Schüler mit dem Logarithmus umgehen, so hätten sie dieses Ergebnis auch anders berechnen können:

$$H = \text{ld}\,(4^{400}) \text{ bit} = 400 \cdot \text{ld}\, 4 \text{ bit} = 800 \text{ bit}.$$

8. Die Redundanz

Einen Binärcode nennt man *redundant*, wenn ein Zeichen weniger als ein bit trägt, d.h. wenn die beiden Zeichen nicht gleichwahrscheinlich sind. Da Datentransporte mit Zeichen ungleicher Wahrscheinlichkeit erst später behandelt werden, kann auch erst dort die Erscheinung der Redundanz betrachtet werden.

9. Literatur

HERRMANN, F., SCHMÄLZLE, P.: Daten und Energie. J. B. Metzler und B. G. Teubner, Stuttgart (1987).

SHANNON, C. E., WEAVER, W.: The mathematical Theory of communication. University Press, Urbana (1949).

16. Elektrizität und elektrische Ströme

1. Ruhende oder fließende Elektrizität zuerst?

Wenn man mit der Elektrizitätslehre beginnen will, muss man sich zunächst fragen, ob man zuerst elektrische Ströme behandelt oder zuerst die Elektrostatik. Der Unterricht wäre bequemer, wenn wir uns diese Frage nicht stellen müssten.

Wenn man eine hypothetische Person, die noch nie eine Flüssigkeit gesehen hat, mit den Eigenschaften von Wasser vertraut machen wollte, würde man sicher nicht auf die Idee kommen, seine Erklärungen zunächst entweder auf fließendes oder auf angehäuftes, unbewegtes Wasser zu beschränken. Man würde sofort zeigen, dass man Wasser in einem Behälter aufbewahren, und dass Wasser von einer Stelle zu einer anderen fließen kann.

Wenn wir Wärmelehre machen, betrachten wir auch von Anfang an sowohl Entropie, die in einem Körper gespeichert ist, als auch Entropieströmungen. Und in der Mechanik tut man gut daran, Impuls und Impulsströme, d.h. Kräfte parallel zueinander einzuführen.

Warum ist das Entsprechende in der Elektrizitätslehre nicht möglich? Weil die Natur so eingerichtet ist, dass sich die Strömungen der Elektrizität nur in solchen Experimenten deutlich manifestieren, bei denen sich nirgends Elektrizität anhäuft. Die Menge der angehäuften Elektrizität in den Experimenten der Elektrostatik ist immer so gering, dass man den Strom, der beim Abfließen in die Erde entsteht, nur sehr mühsam nachweisen kann. Die Methoden mit denen man solche nur für sehr kurze Zeiten fließende Ströme nachweist (z.B. mit einer Glimmlampe), sind ganz anders als die, mit denen man "ordentliche" Ströme nachweist, nämlich durch ihre Wärmeerzeugung oder ihre Magnetfelder.

Andererseits ist mit kräftigen elektrischen Strömen, also bei Stromstärken der Größenordnung 1 A, die auch für längere Zeiten fließen, keine Nettoaufladung irgendwelcher Körper oder Geräte verbunden. Die elektrische Ladung aller beteiligten Bauteile ist praktisch gleich Null.

Die elektrischen Phänomene zerfallen daher in zwei Klassen mit nur wenigen Berührungspunkten.

Wir haben uns entschieden, mit den Erscheinungen zu beginnen, mit denen jeder Schüler die meiste praktische Erfahrung hat: mit den elektrischen Strömen. Die Folge davon ist, dass wir im Unterricht von der Strömung von etwas sprechen, das wir zunächst gar nicht im nichtströmenden Zustand antreffen. Wir sprechen über Eigenschaften der Elektrizität, die nur in Erscheinung treten, wenn die Elektrizität strömt und nicht über Eigenschaften der ruhenden, nicht strömenden Elektrizität.

Es erscheint bei diesem Vorgehen sogar so, als habe die ruhende Elektrizität gar keine Eigenschaften, denn die Schüler lernen ja zunächst auch nicht, dass man von den Eigenschaften der Elektrizität, etwa in einem Draht, nur deshalb nichts merkt, weil der Draht ungeladen ist, weil sich die Wirkungen (die Felder) der positiven und der negativen Elektrizität gerade aufheben.

Um eine klare Vorstellung vom elektrischen Strom zu bilden, nennen wir aber im Unterricht das was fließt, nämlich die Elektrizität, von Anfang an beim Namen. Und um zu betonen, dass man mit der Maßeinheit Ampere die Stärke des Stroms misst, betonen wir, das Ampere sei nur eine Abkürzung für Coulomb pro Sekunde.

An dieser Stelle ist Sorgfalt wirklich notwendig. Nur zu leicht passieren sonst Verwechslungen der Stromstärke mit der Spannung oder dem Potenzial. Solche Verwechslungen werden ja stark gefördert durch Ausdrucksweisen wie: "Da ist Strom drauf", die sicher jeder Schüler kennt.

Wenn wir sagen, in einem Draht fließe Elektrizität, oder auch wenn wir einfach von der Elektrizität sprechen, die sich im Draht befindet, so meinen wir natürlich nur den beweglichen Teil der gesamten elektrischen Ladung. Wir vermeiden es hier, am Anfang der Elektrizitätslehre, davon zu sprechen, dass die Elektrizität zweierlei Vorzeichen haben kann. Insbesondere vermeiden wir es auch am Anfang, von der Bewegung der Ladungs*träger* zu sprechen. Da sich die Ladungsträger oft in die dem elektrischen Strom entgegengesetzte Richtung bewegen, ergäben sich nur unergiebige Vorzeichen- und Richtungsdiskussionen.

2. Das Wort "Strom"

"Strom" ist ein Wort der Umgangssprache. Abgesehen von seiner ursprünglichen Bedeutung, etwa im Sinne eines Wasserstroms, benutzt man es weitgehend in der Bedeutung dessen, was für den Physiker "elektrisch übertragene Energie" ist. Man erkennt dies etwa an den folgenden, umgangssprachlich üblichen Sätzen: "Der Strom kommt aus der Steckdose", oder "Wir liefern Strom zu günstigen Preisen". Man beachte, dass hier mit Strom offensichtlich die Energie selbst, und nicht etwa der Energiestrom (im Sinne der Physik) gemeint ist.

Diese umgangssprachliche Bedeutung des Wortes Strom liegt nun in bedenklicher Nähe zu dem, was der Physiker unter Strom versteht, nämlich zum elektrischen Strom. Es kann darum leicht zu Verwechslungen kommen. Wir empfehlen daher, das Adjektiv "elektrisch" nicht wegzulassen. Um noch stärker zu betonen, was hier eigentlich fließt, kann man auch hin und wieder vom "Elektrizitätsstrom" oder vom "Strom der Elektrizität" sprechen.

Es gibt in diesem Zusammenhang noch ein anderes Problem. Wir Physiker benutzen oft Ausdrucksweisen wie: "Der Strom beträgt 2 A." Wir bezeichnen also hier nicht die Erscheinung der strömenden Elektrizität als Strom, sondern die physikalische Größe I – ein weiterer Anlass zur Verwirrung. Man vergesse also nicht, dass die Größe *I* elektrische Strom*stärke* heißt. Es ist also besser zu sagen: "Die Stromstärke beträgt 2 A", oder "Die Stärke des Stroms ist 2 A". Akzeptabel wäre es wohl noch, wenn man sagt: "Ein elektrischer Strom von 2 A", etwa in dem Sinn wie man sagt "20 kg Kartoffeln".

3. "Elektrizität" oder "elektrische Ladung"?

Wir benutzen synonym die Wörter elektrische Ladung (oder kurz: Ladung) und Elektrizität. Für den Anfang ziehen wir allerdings das Wort Elektrizität vor. Das in der Umgangssprache gebräuchliche Wort Ladung legt ja die Frage nahe, was denn hier eigentlich beladen ist, und auf diese Frage, nämlich die Frage nach den Ladungsträgern, möchten wir am Anfang der Elektrizitätslehre noch nicht eingehen. Außerdem wurde früher in unserem Kurs von der Beladung des Energieträgers mit Energie gesprochen. Hier erschien, auch wenn es nicht auf diese Art formuliert wurde, die Energie als Ladung.

Wir führen daher das Wort Ladung für die Größe *Q* erst dann ein, wenn die Ladungsträger behandelt werden.

4. Elektrisches Potenzial und Spannung

Wir führen das elektrische Potenzial vor der elektrischen Spannung ein, d.h. wir sprechen erst dann von der Differenz der Werte einer Größe, wenn die Größe selbst vorgestellt wurde (Herrmann, Schmälzle 1984).

Das Problem, das entsteht, wenn man mit der Spannung beginnt, oder sich sogar auf die Spannung beschränkt, ist sicher den meisten Lehrern vertraut: Die Schüler versuchen, einem einzigen Punkt eines Stromkreises eine Spannung zuzuordnen, wie es sich etwa in dem folgenden, typischen Satz äußert: "Der Draht steht unter Spannung."

Es ist daher auch nützlich, im Unterricht zu betonen, dass in einem Satz, der das Wort "Spannung" enthält, eigentlich auch immer die Präposition "zwischen" vorkommen sollte. Während man sagen kann: "Das Potenzial dieses Drahtes beträgt…" muss es heißen: "Die Spannung *zwischen* diesen beiden Drähten beträgt… ".

Das Operieren mit dem elektrischen Potenzial ermöglicht auch erst die Anwendung der Methode des farbigen Kennzeichnens von Leiterabschnitten.

5. Der Potenzialnullpunkt

Ein praktisches Problem, das einem begegnet, wenn man mit dem elektrischen Potenzial arbeitet, besteht darin, dass die Potenzialwerte der verschiedenen Stellen eines nicht geerdeten Stromkreises nicht bekannt sind und von nur schwer kontrollierbaren Einflüssen abhängen. Um im Unterricht klare Verhältnisse zu schaffen, erden wir darum stets unsere Stromkreise an irgendeiner Stelle.

6. Knoten- und Maschenregel

Knoten- und Maschenregel sind zwei für die Berechnung elektrischer Netzwerke sehr nützliche Regeln. Ihr Gültigkeitsbereich ist sehr groß; sie sind nicht, wie das Ohmsche Gesetz, von Materialeigenschaften abhängig. Sie spielen deshalb in unserem Kurs eine besonders wichtige Rolle.

Dabei ist es gar nicht nötig, die Maschenregel explizit zu formulieren. Sie wird von den Schülern automatisch angewendet, sobald sie mit dem elektrischen Potenzial arbeiten. Wenn nämlich jedem Punkt eines Stromkreises ein Potenzialwert zugeordnet wird, gilt auch, dass die Summe der Potenzialdifferenzen zwischen den Enden aneinander hängender Abschnitte einer Masche Null ist.

Zu den Grenzen von Knoten- und Maschenregel:

Die Knotenregel ist ein Spezialfall der Kontinuitätsgleichung für die elektrische Ladung:

$$\frac{dQ}{dt} + \sum_i I_i = 0$$

Falls sich die Ladung im Innern eines Raumgebiets nicht ändert, bleibt:

$$\sum_i I_i = 0$$

d.h. die Gesamtstärke des Stroms durch die Oberfläche ist gleich 0 A. Die Knotenregel gilt also für ein Raumgebiet (in dem sich der Knoten befindet), solange sich dort der Wert der Ladung nicht ändert.

Die Maschenregel ist ein Spezialfall der zweiten Maxwellschen Gleichung:

$$\oint \boldsymbol{E} d\boldsymbol{r} = -\iint \dot{\boldsymbol{B}} d\boldsymbol{A}$$

Falls sich der magnetische Fluss durch eine geschlossene Kurve nicht ändert, bleibt

$$\oint \boldsymbol{E} d\boldsymbol{r} = 0$$

d.h. das Umlaufintegral über die elektrische Feldstärke ist auf dieser Kurve gleich Null. Die Maschenregel gilt also, solange sich der magnetische Fluss durch die Masche des betrachteten Netzwerks nicht ändert.

7. Das Ohmsche Gesetz

Das Ohmsche Gesetz wird im Rahmen unseres Kurses an zweierlei Gebilden beobachtet: erstens an einem beliebigen Stück Draht (dessen Temperatur sich durch das Fließen des elektrischen Stroms nicht zu stark ändern darf) und zweitens an technischen Widerständen.

Dass irgendwelche Drähte das Ohmsche Gesetz befolgen, ist nun aber für die meisten Fragen, die wir untersuchen, nicht wichtig. Schließlich gehen wir doch fast immer davon aus, dass man den Widerstand eines Drahtes ganz und gar vernachlässigen kann.

Dass ein technischer Widerstand das Ohmsche Gesetz befolgt, ist zwar wichtig, stellt aber sicher keine große Einsicht über die Natur dar, denn technische Widerstände werden ja absichtlich so hergestellt, dass sie das Ohmsche "Gesetz" befolgen, dass sie eine Ohmsche Kennlinie haben.

8. Kennlinien

Um zu betonen, dass beim Aufnehmen einer Kennlinie die Spannung die unabhängige Variable ist, d.h. die Variable, die wir willkürlich verändern können, und dass die Stromstärke die Variable ist, die wir nicht willkürlich einstellen, sondern die wir als Resultat der von uns eingestellten Spannung beobachten, gehen wir gern so vor, dass wir gar kein Voltmeter verwenden, sondern die Spannung am Einstellknopf des Netzgeräts ablesen.

Selbstverständlich könnte man auch den umgekehrten Eindruck vermitteln: dass wir die elektrische Stromstärke vorgeben, und dass sich die Spannung daraufhin einstellt. Man brauchte nur ein stromstabilisiertes Netzgerät zu verwenden (statt eines spannungsstabilisierten). Wir gehen nicht so vor, da wir uns entschlossen haben, die elektrische Potenzialdifferenz (allgemein: die Differenz der Werte der intensiven Variable) als "Antrieb" oder "Ursache" zu bezeichnen.

9. Parallel- und Reihenschaltung von Widerständen

Die Parallel- und Reihenschaltung von Widerständen tritt bei uns nur im Rahmen von Aufgaben auf. In diesen Aufgaben werden auch nur gleiche Widerstände kombiniert. Die entsprechenden Regeln werden nicht in die Reihe der wichtigen Gesetze aufgenommen. Hier die Gründe dafür, dass wir dem Thema weniger Gewicht geben als es sonst üblich ist: Geräte mit Ohmschen Kennlinien sind Sonderfälle. Der Gültigkeitsbereich der Kombinationsregeln ist daher sehr begrenzt. Außerdem ist zu bedenken, dass man konsequenterweise die entsprechenden Regeln auch für andere Ströme formulieren müsste: für Impuls- und Entropieströme, und schließlich auch für Wasserströme. Man tut das nicht, weil man das Thema wohl für nicht wichtig genug hält.

10. Literatur

HERRMANN, F., SCHMÄLZLE, P.: Das elektrische Potenzial im Unterricht der Sekundarstufe I. MNU 37/8, 476 (1984).

18. Das magnetische Feld

1. Felder als konkrete Gebilde

Es wird Wert darauf gelegt, Felder als ernstzunehmende physikalische Systeme einzuführen. Dies entspricht erstens der Auffassung der modernen Feldtheorie und ist zweitens leicht zu begreifen (Herrmann 1989, 1990).

Maxwell definierte das elektrische Feld als "...den Raum in der Umgebung eines elektrisierten Körpers, insofern sich in demselben die elektrischen Phänomene abspielen." Die Formulierungen, durch die man heute ein Feld zu definieren pflegt, erinnern noch sehr stark an Maxwells Definition. Sehr oft wird das Feld als ein *Raumbereich* beschrieben, in dem sich irgendetwas abspielt, oder in dem bestimmte Kräfte wirken.

Eine solche Beschreibung ist heutzutage aber sehr schwer verständlich. Zu Maxwells Zeiten war das ganz anders. Für Maxwell und seine Zeitgenossen war der ganze Raum von einem Medium, dem Äther, erfüllt. Raum und Äther waren identisch. Das Feld war daher einfach ein besonderer Zustand dieses Mediums. Da wir den Äther aber inzwischen aus der Physik verbannt haben, wird die zitierte Formulierung von Maxwell außerordentlich unanschaulich.

2. Magnetische und elektrische Fernwirkungen

Formulierungen wie "gleichnamige Pole stoßen sich ab, ungleichnamige ziehen sich an", stammen noch aus vorfaradayscher Zeit, aus einer Zeit, als man Wechselwirkungen noch als Fernwirkungen beschrieb. Obwohl seit mehr als 100 Jahren kein Naturwissenschaftler mehr an solche Wirkungen glaubt, benutzen wir immer noch die alten Formulierungen und fördern damit natürlich auch die alten Anschauungen.

Da die erwähnte Beschreibung der magnetischen Wechselwirkung fast jedem Schüler bekannt ist noch bevor der Mittelstufenunterricht beginnt, übernehmen wir sie zunächst, ersetzen sie dann aber gleich durch eine Nahewirkungsformulierung: "Gleichnamige Pole werden von ihrem magnetischen Feld voneinander weggedrückt, ungleichnamige werden zueinander hingezogen."

Entsprechendes gilt für elektrische Wechselwirkungen.

3. Zwei Arten magnetischer Pole

Die magnetische Ladung ist eine Größe, die sowohl positive als auch negative Werte annehmen kann. Dies drückt man gewöhnlich dadurch aus, dass man sagt, es gebe zwei Arten von magnetischen Polen: Nordpole und Südpole. Diese Ausdrucksweise ist irreführend. Sie legt nahe, die magnetische Ladung trete in zwei verschiedenen Qualitäten auf, die etwa so verschieden sind wie die Qualitäten "männlich" und "weiblich".

Auch wenn man Pole, deren magnetische Ladungen gleiches Vorzeichen haben, als "gleichnamig" und Pole mit magnetischen Ladungen entgegengesetzten Vorzeichens als "ungleichnamig" bezeichnet, fördert man die Auffassung, es gebe zwei Arten magnetischer Ladung. Man würde übrigens im Mathematikunterricht auch nicht den folgenden Satz formulieren: "Das Produkt aus zwei gleichnamigen Zahlen ist positiv, das Produkt aus zwei ungleichnamigen negativ."

4. Die graphische Darstellung von Feldern

Man benutzt Feldlinien, um ein unsichtbares Gebilde, ein Feld, zeichnerisch darzustellen. Die Feldliniendarstellung hat gegenüber anderen Darstellungen den Vorteil, dass sie viel quantitative Information über das Feld enthält. Sie hat den Nachteil, dass der Eindruck entsteht, das Feld sei ein Gebilde, das nur in einer Richtung, in Richtung der Feldlinien zusammenhängt. (Man könnte ein statisches Feld genauso gut durch die zu den Feldlinien orthogonal liegenden Äquipotenzialflächen darstellen. Dann entstünde wohl der Eindruck, das Feld hänge nur quer zu den Feldstärkerichtungen zusammen.) Um diesen Eindruck zu vermeiden, beginnen wir mit anderen Darstellungen: durch Grautönung, durch Punkte und durch Pfeile.

Es gibt übrigens im Rahmen des Unterrichts der Sekundarstufe I noch keinen überzeugenden Grund dafür, dass die Darstellung durch Feldlinien besser sei als die durch Pfeile, denn die quantitative Information, die die Feldlinien enthalten, liegt im Unterricht noch nicht vor. Die Feldlinien drücken ja das aus, was der Physiker die Divergenzfreiheit des Feldes nennt. Diese lässt sich aber auf dem Niveau der Sekundarstufe I noch gar nicht formulieren.

5. Magnetische Feldstärke oder Flussdichte?

Obwohl in der Sekundarstufe I das magnetische Feld nicht quantitativ, d.h. nicht durch eine der vektoriellen Größen $\boldsymbol{H}$ oder $\boldsymbol{B}$ beschrieben wird, muss sich der Lehrer darüber im Klaren sein, an welche der beiden Größen er denkt, wenn er über das Feld spricht, denn auch qualitative Aussagen über das Feld hängen von seiner Wahl ab.

Jede der beiden Größen $\boldsymbol{H}$ und $\boldsymbol{B}$ hat ihre Vorteile (Herrmann 1991).

Bei Verwendung von $\boldsymbol{H}$ wird die Behandlung der Magnetostatik bedeutend einfacher. Der Aufbau der Magnetostatik ist dann völlig analog zum Aufbau der Elektrostatik.

So wie man in der Elektrostatik sagen kann, die $\boldsymbol{E}$-Feldlinien beginnen an positiven und enden an negativen Ladungen, so gilt in der Magnetostatik, dass die $\boldsymbol{H}$-Feldlinien an Nordpolladungen beginnen und an Südpolladungen enden. Und genauso, wie Metalle in ihrem Innern $\boldsymbol{E}$-feldfrei sind, so sind weichmagnetische Stoffe in ihrem Innern $\boldsymbol{H}$-feldfrei (aber nicht $\boldsymbol{B}$-feldfrei).

Die Aussagen der Magnetostatik über die Flussdichte $\boldsymbol{B}$ sind komplizierter. Insbesondere kann man den $\boldsymbol{B}$-Feldlinien nur sehr schwer ansehen, wo sich die Pole eines Magneten befinden.

Es sei hier eine Bemerkung zur Farbgebung von Dauermagneten angebracht. Es ist üblich, die eine Hälfte eines Stabmagneten rot, die andere grün zu kennzeichnen. Dies suggeriert, die rote Hälfte sei der eine Pol und die grüne der andere, oder auch, die Oberfläche des roten Teils sei der eine Pol und die grüne Oberfläche der andere. Tatsächlich befinden sich die Pole aber an den Stirnflächen des Magneten. Nur diese sollten also farbig gekennzeichnet sein.

Dieser falschen Kennzeichnung mag ein Missverständnis zu Grunde liegen. Die Pole eines Magneten sind *nicht* die Stellen, an denen die $\boldsymbol{H}$- oder $\boldsymbol{B}$-Feldlinien in den Magneten eintreten (außerhalb des Magneten darf man die beiden Größen noch miteinander identifizieren), sondern die Stellen, wo das Magnetisierungsfeld $\boldsymbol{M}$ und demzufolge auch die magnetische Feldstärke $\boldsymbol{H}$ Divergenzen hat.

Während die Magnetostatik einfacher ist, wenn man das magnetische Feld mit der Feldstärke $\boldsymbol{H}$ beschreibt, wird die Beschreibung der Induktion einfacher bei Verwendung von $\boldsymbol{B}$. Der Wert einer induzierten Spannung hängt von der Änderung des Flusses des $\boldsymbol{B}$-Vektorfeldes ab. Da nun $\boldsymbol{B}$ gleich der Summe aus Feldstärke und Magnetisierung ist (bis auf einen konstanten Faktor),

$$\boldsymbol{B} = \mu_0 \boldsymbol{H} + \boldsymbol{M},$$

kann eine Induktionsspannung, falls man $\boldsymbol{B}$ nicht verwendet, zwei Ursachen haben, nämlich erstens eine zeitliche Änderung der Feldstärke $\boldsymbol{H}$, und zweitens eine zeitliche Änderung der Magnetisierung $\boldsymbol{M}$. In der Sekundarstufe II wird es sich sicher lohnen mit $\boldsymbol{H}$ und mit $\boldsymbol{B}$ zu operieren: in der Magnetostatik mit $\boldsymbol{H}$ und bei der Induktion mit $\boldsymbol{B}$. In der Sekundarstufe I dagegen ist das schlecht möglich, da man die Beziehung zwischen $\boldsymbol{H}$ und $\boldsymbol{B}$ nicht formulieren kann. Man muss sich also zwischen $\boldsymbol{H}$ und $\boldsymbol{B}$ entscheiden.

Wir haben uns zu Gunsten der Vorteile in der Magnetostatik entschieden, d.h. für $\boldsymbol{H}$. Die Induktion wird dabei nur unwesentlich komplizierter.

6. Die Magnetisierung

Die Magnetisierung $\boldsymbol{M}$ ist ein Vektorfeld, das den Magnetisierungszustand von Materie beschreibt. Die Quellen und Senken dieses Feldes sind das, was man als magnetische Pole bezeichnet. Das bedeutet, dass man diese Quellen und Senken auch als "magnetische Ladungsdichte" ρ_m interpretieren kann:

$$\rho_m = -\operatorname{div} \boldsymbol{M}$$

Wenn man das Magnetisierungsfeld eines Körpers kennt, weiß man, wo sich die Pole befinden. Aus der Kenntnis der Polverteilung dagegen kann man nicht eindeutig auf den Verlauf der Magnetisierungslinien schließen.

Der Zusammenhang zwischen Magnetisierungsfeld und Polverteilung ist so einfach, dass man ihn leicht im Unterricht diskutieren kann. Bei der Behandlung der Magnetisierung wird klar, dass sich beim Magnetisieren eines Körpers der ganze Körper verändert und nicht nur die Stellen, wo sich die Pole befinden. Es wird damit auch einleuchtend, dass beim Durchbrechen eines Magneten neue Pole entstehen. Außerdem ist die Behandlung der Magnetisierung wichtig in Hinblick auf den Unterricht der Oberstufe: magnetische Feldstärke und Magnetisierung bilden zusammen das, was später Flussdichte genannt wird.

7. Zwei Induktionsexperimente

Bei der Behandlung der Induktion unterscheidet man manchmal zwischen zwei Fällen: 1. Ein Dauermagnet wird in eine ruhende Spule geschoben. 2. Eine Spule wird über einen ruhenden Dauermagneten geschoben.

Selbstverständlich handelt es sich in den beiden Fällen um dasselbe Experiment. Es wird nur in verschiedenen Bezugssystemen beschrieben.

Nach unseren Unterrichtserfahrungen fällt es keinem Sek.-I-Schüler ein, dass es hier um verschiedene Experimente geht. Tatsächlich können logische Schwierigkeiten erst dann auftreten, wenn man das Problem mit Hilfe von Feldstärken, d.h. mathematisch zu beschreiben versucht. Erst dann scheinen die Experimente verschieden zu sein, da im einen eine zeitliche Ableitung der magnetischen Feldstärke auftritt, im anderen aber nicht. Man muss dann zeigen, dass sich die Feldstärken bei Bezugssystemwechsel so transformieren, dass die beobachtbaren Effekte dieselben bleiben. Solange man keine mathematische Beschreibung der Induktion vorhat, erscheint die Unterscheidung der beiden Experimente einfach unnatürlich.

8. Literatur

HERRMANN, F.: Energy density and stress: A new approach to teaching electromagnetism. Am. J. Phys. 57, 707 (1989).

HERRMANN, F.: Felder als physikalische Systeme. MNU 43/2, 114 (1990).

HERRMANN, F.: Teaching the magnetostatic field: Problems to avoid. Am. J. Phys. 59, 447 (1991).

19. Elektrostatik

1. Das elektrische Feld nach dem magnetischen

Es spricht einiges dafür und einiges dagegen, die Elektrostatik ans Ende der Elektrizitätslehre zu stellen. Ausschlaggebend dafür, dass wir die Elektrostatik am Ende behandeln, war für uns, dass wir den Feldbegriff an Hand des magnetischen und nicht des elektrischen Feldes einführen wollten. Die erste Begegnung der Schüler mit Feldern soll nicht die mit einem so kümmerlichen Gebilde wie dem elektrischen Feld sein, einem Feld dessen Wirkungen man nur erkennt, wenn man eine ganze Reihe Vorsichtsmaßnahmen trifft.

2. Ladung und Ladungsträger

Es wird Wert darauf gelegt, dass zwischen der *physikalischen Größe* "elektrische Ladung" und dem *physikalischen System* "Ladungsträger" zu unterscheiden ist. Es kommt sonst nur allzu leicht dazu, die elektrische Ladung und die Elektronen miteinander zu identifizieren. Elektronen, Ionen und andere Teilchen sind nicht nur Träger elektrischer Ladung. Sie tragen auch andere (mengenartige) physikalische Größen: Masse, Stoffmenge, Drehimpuls, Impuls, Entropie etc. So "trägt" ein freies Elektron

die elektr. Ladung	$Q = e = -1{,}602 \cdot 10^{-19}$ C,
die Masse	$m = m_e = 9{,}11 \cdot 10^{-31}$ kg,
den Drehimpuls	$L = h/4\pi = 0{,}527 \cdot 10^{-34}$ Js,
die Stoffmenge	$n = 1/N_A = 1{,}66 \cdot 10^{-24}$ mol.

Die Werte von Impuls und Entropie hängen vom Zustand ab, in dem sich das Elektron befindet.

3. Die merkwürdigen Apparate der Elektrostatik

In der Elektrostatik wird mit ganz anderen Apparaten experimentiert als im vorangehenden Unterricht: Mit Konduktorkugeln, mit dem Bandgenerator, mit Elektrometern und Glimmlämpchen. Abschnitt 19.3 soll verständlich machen, warum die alten Netzgeräte, Messinstrumente etc. hier nicht mehr brauchbar sind.

20. Datentechnik

1. Was der Verstärker verstärkt

Der Verstärker wird hier vorgestellt als ein Gerät, in dem der Energiestrom, der einen Datenstrom begleitet, vergrößert wird. Wir glauben, es ist besser, in dieser Weise anzufangen, als mit der Behandlung einer elektronischen Verstärkerschaltung. Im letzteren Fall, kann es nämlich leicht passieren, dass den Schülern die eigentliche Aufgabe des Verstärkers gar nicht klar wird. Erscheint der Verstärker nur als ein Gerät, das den elektrischen Strom oder die elektrische Spannung verstärkt, so muss man sich doch fragen, warum man statt des Verstärkers nicht auch einen Transformator benutzen kann. Auch ein Transformator kann den elektrischen Strom verstärken, allerdings auf Kosten der Spannung, und umgekehrt. Der Energiestrom bleibt dabei aber bestenfalls gleich.

2. Zur Datenreduktion im Computer

Wie die Unterrichtserprobung gezeigt hat, bereitet es den Schülern keine Schwierigkeiten einzusehen, dass der Computer Datenmengen vermindert. Probleme gab es dagegen manchmal, wenn man einen erfahrenen Mathematiker oder Physiker von diesem Sachverhalt überzeugen wollte. Das mag daran liegen, dass in diesen Fällen eine bestimmte Anschauung von der Größe Datenmenge (oder "Entscheidungsentropie") vorlag, die das Verständnis erschwerte. Die Tatsache, dass der Benutzer durch den Einsatz des Computers klüger wird, scheint nahezulegen, dass der Computer Datenmenge erzeugt. Um sich in jedem Einzelfall davon zu überzeugen, dass er das nicht tut (von der RANDOM-Anweisung abgesehen), muss man die vollständige shannonsche Formel auf das Problem anwenden, und das heißt, sich Klarheit über die Wahrscheinlichkeitsverteilung der Zeichen am Eingang und am Ausgang des Computers verschaffen. Man erleichtert sich die Sache von vornherein, wenn man sich vorstellt, die Daten, die der Computer liefert, werden nicht von irgendeinem wissensdurstigen Menschen gebraucht, sondern zur Steuerung einer Maschine weitergeleitet.

3. Codierungstheorie im Physikunterricht?

Es würde sich anbieten, im Unterricht mit Problemen der Codierungstheorie fortzufahren: Bestimmung der Redundanz von Sprachen und von Bildern, Ersinnen möglichst redundanzarmer Codes und vieles andere mehr. Diese Probleme sind interessant, sie sind dem Niveau des Mittelstufenunterrichts angemessen, und sie sind von praktischer Bedeutung. Wir glauben trotzdem, dass man diese Themen im Physikunterricht nicht weiter ausführen sollte. Sie passen im Grunde viel besser in die Mathematik. Wir sehen hier eine Möglichkeit, interessante informationstechnische Fragen in den Mathematikunterricht zu bringen.

21. Das Licht

1. Der Umfang der Optik im Unterricht der Sekundarstufe I

Die geometrische Optik hat als wichtigstes Ziel die Erklärung der optischen Abbildung und deren Anwendung in optischen Instrumenten. Sie ist damit eindeutig ein Stück angewandte Physik. Die Anwendungen, um die es hier geht, sind nun aber recht speziell. Wir müssen daher den Platz, den wir der geometrischen Optik im Unterricht einräumen, vergleichen mit dem Platz, den andere ebenso spezielle Anwendungen der Physik einnehmen. Wir sollten sie sehen in Konkurrenz zur Elektronik, zur Nachrichtentechnik, zur Hydrodynamik, zur Energietechnik und zu anderen technischen Disziplinen. Unserer Meinung nach schneidet die Optik bei einem solchen Vergleich viel zu günstig ab.

Man sollte sie auch sehen im Vergleich zu fundamentaleren Teilen der Physik, etwa der Thermodynamik. Tatsächlich ist die Seitenzahl die ein Sek.-I-Buch der Optik widmet, oft größer als die der Thermodynamik zugestandene.

2. Die Themen der geometrischen Optik

Es gibt eine Reihe interessanter Themen, die mit den Mitteln der geometrischen Optik behandelt werden können, die aber in der Schule gar nicht behandelt werden. Stattdessen beschränkt sich die Schuloptik auf einige sehr spezielle, untypische Erscheinungen. Es kann leicht der Eindruck entstehen, dass Lichtstrahlen und die Verteilung von Licht nur dort von Bedeutung sind, wo irgendjemand eine optische Abbildung macht. Das ist ja aber gerade eine Ausnahmesituation.

Themen, die auch in die geometrische Optik gehören, und die sich, was ihre Interessantheit betrifft, sicher mit den üblichen Themen messen können, sind etwa:

- die Untersuchung von Lichtverteilungen als Funktion von Ort und Richtung unter den verschiedensten Bedingungen (etwa Nebel, oder Sonnenschein);
- die Untersuchung nichtabbildender optische Systeme (nichtabbildende Lichtkonzentratoren haben im Allgemeinen sehr viel höhere Konzentrationsfaktoren als abbildende);
- die Beschreibung von Lichtgemischen unterschiedlicher Kohärenz.

3. Licht als Stoff

Wir sprechen über Licht wie über einen Stoff, der von der Lichtquelle zum Empfänger strömt, d. h. auch von Licht (als Spezialfall des elektromagnetischen Feldes) bilden wir uns eine sehr gegenständliche Vorstellung. Tatsächlich hat ein Lichtstrahl vieles mit einem Strahl von Materieteilchen gemeinsam. Wie ein Materiestrahl hat auch Licht Energie,

Impuls, Drehimpuls ("Spin"), Entropie etc. Genauso wie Materie kann man auch Licht atomistisch beschreiben. Seine Elementarbausteine sind die Photonen. Und genauso wie andere Materie, kann sich auch Licht in einen Behälter eingeschlossen befinden. Man spricht dann gewöhnlich von Hohlraumstrahlung.

Insbesondere sagen wir im Unterricht von Licht nicht, es breite sich aus, oder es pflanze sich fort, sondern wir sagen, es bewege sich.

4. Die lokale Verteilung von Licht

Betrachtet man das Licht an einem vorgegebenen Ort, so kann man etwas aussagen

- über die Verteilung der Richtungen des Lichts an diesem Ort:
- über die Verteilung der Wellenlängen des Lichts an diesem Ort.

Die erste Aussage bezieht sich auf das, was in der Fachphysik räumliche Kohärenz heißt, die zweite bezieht sich auf die zeitliche Kohärenz. Eine Aussage über die Kohärenz von Licht ist also immer eine Aussage über das Licht an einem einzigen Ort. Manche Lehrbücher lassen den Eindruck entstehen, Kohärenz sei eine Eigenschaft, die nur einem ausgedehnten Lichtfeld zukomme.

Tatsächlich wird sich aber die Kohärenz innerhalb eines Lichtfeldes im Allgemeinen von Ort zu Ort ändern. So nimmt etwa die räumliche Kohärenz des Lichts einer Glühlampe zu wenn man sich von der Glühlampe entfernt.

Man wird vielleicht einwenden, dass man doch sicher nicht von der Kohärenz des Lichts in einem *Punkt* sprechen kann. Das ist richtig. Der Punkt ist allerdings eine mathematische Abstraktion, die in der Physik stets zu Schwierigkeiten führt. Wir sagen auch, mit Recht, dass Druck, Temperatur und Dichte lokale, d.h. einem Ort zugeordnete Größen sind, und trotzdem ist es unmöglich, die Werte dieser Größen für einen Punkt im Sinn der Mathematik anzugeben.

Im Schülertext haben wir, um den Ort festzulegen, den "kugelförmigen Raumbereich R" benutzt.

Hier noch ein Gleichnis, das man den Schülern zur Klärung des Kohärenzbegriffs erzählen kann.

Wir haben eine sehr große Kiste mit vielen verschiedenen Äpfeln vor uns. Die Äpfel unterscheiden sich in zwei Eigenschaften: In der Größe und in der Farbe. Wir wollen die Äpfel sortieren. Wir beginnen damit, sie der Größe nach in 10 verschiedene Kisten einzuordnen, in jede Kiste ein anderes Größenintervall. Die Äpfel sind jetzt, was das eine der beiden Ordnungskriterien betrifft, einheitlich. Als nächstes ordnen wir die Äpfel jeder Kiste nach der Farbe, indem wir sie wieder auf je 10 verschiedene Kisten aufteilen. Ingesamt haben wir nun 100 Kisten, und in jeder dieser Kisten sind Äpfel, die nach beiden Ordnungskriterien, Größe und Farbe, einheitlich sind.

Die Übereinstimmung zwischen Äpfeln und Licht ist überraschend gut. So sieht man zum Beispiel, dass man sich aus dem gemischten Apfelhaufen nur dadurch geordnete Apfelmengen beschaffen kann, dass man alle Äpfel, die nicht passen, aussortiert. Man kann Apfelmischungen nicht in reine verwandeln, genauso wie man inkohärentes Licht nicht in kohärentes verwandeln kann.

Man kann aber Apfelbäume züchten, die von vornherein nur eine Äpfelsorte produzieren. Das Entsprechende geht beim Licht. Man kann eine Lichtquelle verwenden, die von vornherein nur kohärentes Licht erzeugt, nämlich den Laser.

5. Die Strahldichte

Wir untersuchen in Abschnitt 21.4 qualitativ die Lichtverteilung an einem gegebenen Ort als Funktion von Winkel und Wellenlänge. Die physikalische Größe, um die es hier geht, ist die so genannte spektrale *Strahldichte*: die Energiestromdichte pro Raumwinkel und pro Wellenlängenintervall. Dies ist eine für die Beschreibung von Strahlungsfeldern besonders geeignete Größe. Man denkt sie sich am besten als Feld in einem sechsdimensionalen Raum aufgetragen: als Funktion von drei Orts- und von drei Winkelkoordinaten. Noch konsequenter ist es, ihre Verteilung im Phasenraum – drei Orts- und drei Impulskoordinaten – anzugeben.

22. Die optische Abbildung

1. Einige Themen, die fehlen

Im Rahmen vorsichtiger Versuche, die geometrische Optik etwas abzuspecken, haben wir einige Themen und Begriffe aus dem Unterricht herausgenommen.

So fehlen bei uns etwa die Bezeichnungen *reelles* und *virtuelles Bild*, *Sammellinse* und *Zerstreuungslinse, Konkavlinse* und *Konvexlinse*.

Wir haben auch darauf verzichtet, die Bildkonstruktion mit Hilfe von Parallel-, Brennpunkts- und Mittelpunktsstrahl zu behandeln. Wir glauben, der Aufwand ist, gemessen an der Wichtigkeit des Themas, zu hoch. Außerdem haben wir die Erfahrung gemacht (mit vielen Physikstudenten in der Vordiplomprüfung), dass auch jemand, der die Methode im Prinzip beherrscht, oft schon an einfachsten praktischen Problemen scheitert.

2. Optische Systeme mit zwei Linsen

Es ist nicht leicht einzusehen, warum es zweckmäßig sein kann, für eine optische Abbildung mehr als eine Linse zu verwenden. Schließlich kann man doch mit einer einzigen Linse Abbildungen mit beliebiger Vergrößerung realisieren.

Auch wenn ein Schüler den Strahlengang des Mikroskops oder des Fernrohrs korrekt wiedergeben kann, ist zu befürchten, dass er die Gründe dafür, dass man zwei Linsen braucht, nicht verstanden hat.

Wir hätten auf die Behandlung von Mikroskop und Fernrohr verzichtet, wenn sie nicht von einigen Lehrplänen vorgeschrieben wäre.

23. Farben

1. Der unbekannte Farbraum

Wir haben es beim dreidimensionalen Farbraum mit einem erstaunlichen Phänomen zu tun: Obwohl man sich sehr leicht davon überzeugen kann, dass sich jeder Farbeindruck dadurch charakterisieren lässt, dass man die Ausprägung von drei Merkmalen angibt, ist es den meisten Menschen nicht bekannt, dass die Farbempfindungen einen dreidimensionalen Raum bilden. Das äußert sich z.B. darin, wie umständlich Farbeindrücke gewöhnlich beschrieben werden. Die Erwartung ist sehr verbreitet, dass man es, sobald man über Farben spricht, mit subjektiven Aussagen zu tun hat, und dass Aussagen über Farben nur sehr begrenzte Gültigkeit haben – unterliegen sie doch den verschiedensten optischen Täuschungen. Es scheint so, als ob man über Farbempfindungen gar keine exakten Aussagen machen kann.

Tatsächlich gibt es optische Täuschungen, und die Lehre von den Farbwahrnehmungen hat auch einen Aspekt, der sehr kompliziert ist. Sie hat aber auch einen anderen Aspekt, der frei ist von jeder Subjektivität. Hierzu gehört z.B. die Tatsache, dass zwei Farbeindrücke, die von einer Person als gleich beurteilt werden, auch von jeder anderen (nicht farbenblinden) Person gleich empfunden werden. Außerdem gehören hierzu die graßmannschen Gesetze (Lang 1978), welche implizieren, dass die Farbempfindungen einen dreidimensionalen Raum bilden.

Die Theorie des dreidimensionalen Farbraums ist besonders wichtig geworden seit es Farbphotographie und Farbfernsehen gibt. Und es ist besonders bequem geworden, mit dem Farbraum zu experimentieren, seitdem es Mikrorechner gibt, auf deren Bildschirm sich sehr viele verschiedene Farben erzeugen lassen.

2. Die Topologie der Farbskalen

Der Farbraum ist unter anderem deshalb besonders interessant, weil die eine seiner drei Koordinatenachsen, die Farbtonachse, in sich geschlossen ist. Wir kennen in der Physik nur wenige Skalen, die diese Eigenschaft haben. Ein anderes, aber etwas triviales Beispiel ist die Winkelskala. Ein weiteres, aber recht unanschauliches Beispiel stellen die Raumdimensionen in einem geschlossenen Universum dar.

3. Eigennamen für Farben

Dass der dreidimensionale Farbraum so unbekannt ist, erkennt man daran, dass Farben sehr oft durch Eigennamen charakterisiert werden. Oft kommt der Farbname vom Herstellungsrezept eines Farbstoffs her, wie etwa Cadmiumgelb, Chromoxidgrün oder Sepiabraun, und oft bezeichnet der Name Gegenstände, die diese Farbe haben, wie Olivgrün, Enzianblau, Weinrot, Anthrazit oder Aubergine. Für eine neue Modefarbe erfindet man häufig sogar einen neuen Namen.

Für die Schüler ist es daher überraschend, dass man auch ganz "undefinierbare" Farbeindrücke durch drei Angaben eindeutig festlegen kann.

4. Additive und subtraktive Farbmischung

Wir benutzen nicht die Bezeichnungen "additive" und "subtraktive" Farbmischung, da wir glauben, dass diese Wörter nicht zur Klärung beitragen, suggerieren sie doch, es handle sich dabei um verwandte Prozesse. Tatsächlich ist das so genannte additive Farbmischen ein Zusammensetzen von Licht aus zwei oder mehreren Komponenten, also ein Vorgang, den man besser als das Mischen von Licht bezeichnen sollte. Für den Zusammenhang zwischen den Farbeindrücken der einzelnen Komponenten und des resultierenden Lichts gelten dabei eindeutige Regeln. Beim so genannten subtraktiven Farbmischen wird dagegen gar nichts gemischt, es werden nur Filter hintereinander gesetzt.. Einen eindeutigen Zusammenhang zwischen den Farbeindrücken des Lichts, das nur durch ein Filter geht, und desjenigen Lichts, das mehrere hintereinander gesetzte Filter durchlaufen hat, gibt es nicht. So kann das Hintereinandersetzen eines blauen und eines gelben Filters bei Durchstrahlung mit Sonnenlicht ebenso gut Grün, wie Schwarz, oder noch eine andere Farbe ergeben, je nachdem, welche Absorptionsspektren die beiden Einzelfilter haben.

Wenn man einfach vom (additiven oder subtraktiven) Mischen von Farben spricht, entsteht auch leicht der Eindruck, es handle sich um das Mischen von Farbstoffen. Tatsächlich spielt beim Zustandekommen des Farbtons einer Farbstoffmischung sowohl das Mischen von Licht, als auch die Filterwirkung der Pigmente eine Rolle.

5. Die Metrik des Farbraums

Unsere Darstellung des Farbraums ist qualitativ, d.h. wir geben keine Metrik des Farbraums an. Das wäre einerseits zu kompliziert, ist aber andererseits auch gar nicht nötig, denn die wichtigsten Aussagen erhält man auch ohne Metrik. Die 12 Farbtöne, die wir ausgewählt und durch Namen gekennzeichnet haben, müssten eigentlich durch eine farbmetrische Betrachtung genauer festgelegt werden. Stattdessen wird die Farbtonskala im Unterricht einfach dadurch festgelegt, dass man die entsprechenden Farben vorführt. (Mit den Filtern, die als Zubehör zum Farbprojektor der Sammlung vorhanden sind, hat man schon sechs dieser Farben zur Verfügung).

Dass wir gerade 12 Farben auf dem Kreis mit Namen versehen haben, hat die folgenden Gründe. Die Zahl sollte auf jeden Fall durch drei teilbar sein, damit die drei Fernsehgrundfarben eigene Namen bekommen. Mit sechs Farben hätte man gerade einen eigenen Namen für die drei Fernsehfarben und jede ihrer Kompensationsfarben gehabt: Gelbgrün - Blau - Rot und Türkis - Purpur - Orange (das sind die den Filtern der Sammlung entsprechenden Farben). Dies hätte aber den Nachteil, dass sich die wichtigen Farben Gelb und Grün nicht unter den ausgezeichneten Farbtönen befänden. Wir haben daher die Zahl der Farbtonnamen noch einmal verdoppelt.

6. Literatur

LANG, H.: Farbmetrik und Farbsehen, Oldenbourg Verlag, München (1978).

24. Stoffumsatz und chemisches Potenzial

1. Die Analogie zu Mechanik, Elektrizitätslehre und Wärmelehre

Wir behandeln die physikalische Chemie nach denselben Gesichtspunkten, wie Mechanik, Elektrizitätslehre und Wärmelehre: Vorgänge werden durch Ströme beschrieben. Wenn ein Strom dissipativ ist, sagen wir, er werde durch einen Widerstand behindert. Die Differenz der Werte der entsprechenden intensiven Größe wirkt als natürlicher Antrieb eines Stroms. Der Antrieb ist notwendig, um den Widerstand zu überwinden.

Im Fall der Chemie tritt die Umsatzrate an die Stelle der Stromstärke. Als Antrieb einer chemischen Reaktion fungiert die chemische Spannung, d.h. eine Differenz der chemischen Potenziale.

Selbstverständlich hätte man auch echte Stoffmengenströme einbeziehen können. Man hätte so Diffusionsvorgänge behandeln können: Eine chemische Potenzialdifferenz wäre als Ursache eines Stoffmengen-(Diffusions-)Stroms in Erscheinung getreten.

Genauso wie es mechanische, elektrische und thermische Widerstände gibt, so gibt es hier in der Chemie einen Reaktionswiderstand.

2. Das chemische Potenzial als physikalische Größe

Es ist nahe liegend, das chemische Potenzial als physikalische Größe einzuführen. Tatsächlich geistert es ja sowieso in den Schulchemiebüchern herum – allerdings ohne beim Namen genannt zu werden, und ohne dass man ihm Werte zuordnet.

So ordnet man die Metalle nach ihrem Bestreben, sich mit Sauerstoff zu verbinden, und bezeichnet sie als mehr oder weniger edel. Redoxpaare ordnet man in der Redoxreihe an. Die Fähigkeit eines Atoms, mit Elektronen zu reagieren, wird durch die "Elektronegativität" beschrieben. In allen diesen Fällen handelt es sich begrifflich um dasselbe: um die qualitative oder quantitative Angabe einer chemischen Spannung (Job 1981). Alle diese Eigenschaften oder Werte können aus einer einzigen Tabelle abgelesen werden, der Tabelle der chemischen Potenziale.

3. Die Fragen der Chemie

Die Unterrichtseinheit hat das Ziel, einige einfache und wichtige Fragen zu beantworten, die sich dem praktisch arbeitenden Chemiker im Zusammenhang mit einer bestimmten, vorgegebenen Reaktion stellen:

In welche Richtung läuft die Reaktion?

Wie schnell läuft die Reaktion und wie kann man den Reaktionsablauf beschleunigen oder hemmen?

Wie viel Energie lässt sich beim Reaktionsablauf gewinnen?

Wie viel Entropie ("Wärme") wird beim Reaktionsablauf aufgenommen oder abgegeben?

Eine weitere Frage gehört eigentlich noch in diese Reihe: Wie kann man die Richtung, in die die Reaktion läuft, beeinflussen? Sie ist äquivalent zu der Frage: Wie lässt sich die Lage eines chemischen Gleichgewichts verschieben? Auf die Beantwortung dieser Frage verzichten wir im vorliegenden Unterrichtsentwurf. Man müsste, um sie zu beantworten, die Druck- und Temperaturabhängigkeit des chemischen Potenzials behandeln, ein Thema das zwar nicht schwierig ist (Job 1978), aber die Unterrichtseinheit "Physikalische Chemie" im Rahmen des Physikunterrichts zu umfangreich werden lassen würde.

4. Die Werte des chemischen Potenzials

Wie kommt man zu den Werten des chemischen Potenzials?

Die Antwort auf diese Frage ist ganz ähnlich wie die Antwort auf die allgemeinere Frage: Wie kommt man zu den Werten einer beliebigen physikalischen Größe? Es ist die Frage nach einem Messverfahren. Man muss aber deutlich unterscheiden zwischen der Angabe eines Messverfahrens, das auf die Definition der Größe zurückgeht, und das daher einer operationalen Definition der Größe gleichwertig ist, und der Angabe von praktischen, technischen Messverfahren.

So ist die Temperatur definiert über die Beziehung

$P = T I_S$

Ein daraus resultierendes Messverfahren besteht darin, dass man die Stärke eines Entropiestroms I_S misst, außerdem die Stärke P des mit dem Entropiestrom verknüpften Energiestroms, und dass man P durch I_S teilt.

Praktische Temperaturmessverfahren funktionieren aber ganz anders: Man misst etwa die Verlängerung einer Flüssigkeitssäule, einen elektrischen Widerstand oder eine Thermospannung. Die Skalen der entsprechenden Messgeräte müssen natürlich mit Hilfe der Definitionsgleichung der Temperatur geeicht werden.

Ganz ähnlich ist es bei der Messung von chemischen Spannungen. Prinzipiell sind sie messbar über die Definitionsgleichung

$P = (\mu(A) - \mu(B)) \cdot I_{n(R)}$

Praktisch werden sie aber anders gemessen. Die praktischen Messverfahren sind allerdings sehr vielfältig (Job 1981). Das liegt daran, dass man es mit einer sehr großen Zahl verschiedener Reaktionen zu tun hat.

Wir beschränken uns im Unterricht der Sekundarstufe I auf die Diskussion der Definitionsgleichung.

Die Werte von μ, die wir im Unterricht brauchen, entnehmen wir Tabellen. (Das entsprechende gilt übrigens auch für die Werte der Stoffmenge. Wir bestimmen sie ja über die molare Masse m/n, und diese entnehmen wir dem Periodensystem.)

Dieses Vorgehen ist nicht sehr verschieden von dem bei anderen physikalischen Größen. Oft bestimmen wir die Werte physikalischer Größen zwar nicht aus Tabellen, aber mit Hilfe von Messgeräten, nach deren Funktionsweise wir im Unterricht nicht fragen: Wir messen die Temperatur mit einem modernen digitalen Temperaturmessgerät, wir bestimmen Massen mit einer magnetischen Analysenwaage und messen Zeitintervalle mit einer Quarzuhr. Von keinem dieser Messgeräte wird die Funktionsweise im Unterricht besprochen.

Es ist allerdings wichtig, dass man bei den Schülern Vertrauen in diese Geräte erzeugt. Man macht das dadurch, dass man zunächst viele Messungen in Situationen durchführt, in denen die Schüler schon eine wohlbegründete Erwartung über das Ergebnis haben. Die Erwartung wird dann durch die Messung bestätigt.

Ganz ähnlich erzeugen wir auch Vertrauen in die Tabelle der chemischen Potenziale. Wir verwenden die Tabellenwerte zunächst, um die Richtung von Reaktionen zu bestimmen, die die Schüler schon kennen.

5. Der Nullpunkt des chemischen Potenzials

Das chemische Potenzial ist eine Größe, die, etwa wie die Temperatur, einen absoluten Nullpunkt hat. Solange man allerdings nur chemische Reaktionen, d.h. keine Kern- und Elementarteilchenreaktionen betrachtet, ist es zulässig und vorteilhaft, so viele Nullpunkte frei zu wählen, wie es chemische Grundstoffe gibt.

Damit man auch Reaktionen beschreiben kann, an denen Ionen beteiligt sind, muss man zu den Grundstoffen außer den chemischen Elementen noch ein elektrisch geladenes Teilchen hinzunehmen. Es ist üblich, das chemische Potenzial des Wasserstoffions H^+ in einmolarer wässriger Lösung als 0 Gibbs festzulegen.

6. Die Stoffmenge als fundamentale Größe

Die Größe Stoffmenge n ist für den Chemiker eine fundamentale Größe. Trotzdem wird sie im herkömmlichen Unterricht der Sekundarstufe I eher halbherzig eingeführt. Man braucht sie zwar als Mengenmaß. Sie tritt aber in keiner physikalischen Relation auf.

Im vorliegenden Kurs spielt sie dagegen eine sehr wichtige Rolle. Es ist daher nötig, sie mit großer Sorgfalt einzuführen.

7. Literatur

JOB, G.: Das chemische Potenzial im Physik- und Chemie-Elementarunterricht. Konzepte eines zeitgemäßen Physikunterrichts, Heft 2, S. 67. Hermann Schroedel Verlag KG, Hannover 1978.

JOB, G.: Die Werte des chemischen Potenzials. Konzepte eines zeitgemäßen Physikunterrichts, Heft 4, S. 95. Hermann Schroedel Verlag KG, Hannover 1981.

25. Stoffmenge und Energie

1. Elektrochemische Zellen

Elektrochemische Zellen sind unter vielen verschiedenen Namen bekannt. Manche Namen deuten die Funktionsweise an, etwa der Name Brennstoffzelle, andere Namen erinnern an den Erfinder, etwa der Name Leclanché-Element, noch andere sagen etwas über den Aufbau der Zelle, wie Alkalizelle, und wieder andere deuten mit dem Namen an, dass man sie in zwei Richtungen betreiben kann: die Akkumulatoren.

Wir haben versucht, Ordnung in die Vielfalt der Bezeichnungen dieser Geräte zu bringen: Der Oberbegriff ist "elektrochemische Zelle". Wenn die Zelle elektrische Energie aufnimmt (Energie mit dem Träger Elektrizität), so nennen wir sie "Reaktionspumpe". Wenn sie elektrische Energie abgibt, nennen wir sie "Elektrizitätspumpe".

Damit soll der Namenszoo nicht noch um einige weitere Exemplare vergrößert werden. Diese neuen Namen dienen lediglich dazu, das Verständnis der Funktion der Zellen zu erleichtern. Es sind nur Namen für den Hausgebrauch.

Diese Namen helfen natürlich, Verbindungen zu erkennen. Die Bezeichnung Elektrizitätspumpe hatten wir schon früher, in der Elektrizitätslehre benutzt, zur Beschreibung aller Geräte, die Energie mit dem Träger Elektrizität abgeben. Auch der Dynamo und die Solarzelle sind Elektrizitätspumpen. Entsprechend hatten wir in der Wärmelehre eine Entropiepumpe kennen gelernt. Der technische Ausdruck hierfür ist Wärmepumpe. Und in der Mechanik hatten wir gesehen, dass Motoren als Impulspumpen wirken.

2. Die Irreversibilität elektrochemischer Zellen

Wir sehen bei der Beschreibung elektrochemischer Zellen von der Entropieerzeugung ab; wir tun so, als arbeiteten die Zellen reversibel. Wir tun es aus demselben Grund, aus dem wir zunächst von der Entropieerzeugung in einer Spule, in einem Elektromotor oder in einem Flaschenzug absehen: Die Entropieerzeugung ist für das Funktionieren dieser Geräte nicht wesentlich, und die Beschreibung der Funktionsweise wird einfacher.

Die Entropieerzeugung geht zum größten Teil auf den Leitungsvorgang im Elektrolyten zurück. Man kann sie dadurch fast beliebig vermindern, dass man die Zelle in der Nähe des Leerlaufs betreibt: Der Widerstand des äußeren Teils des Stromkreises muss groß gegen den Innenwiderstand der Zelle sein.

26. Wärmebilanz von Reaktionen

1. Die Entropiebilanz reversibel geführter Reaktionen

Die Diskussion der Entropiebilanz einer Reaktion wäre viel leichter, wenn wir sie an Hand von reversibel ablaufenden, elektrochemischen Reaktionen durchführen könnten. Man brauchte dazu aber auch eine elektrochemische Reaktion, bei der die Temperatur abnimmt.

Im Prinzip gibt es solche Reaktionen. Allerdings müsste man eine solche Reaktion sehr langsam ablaufen lassen. Dann wird aber die Temperaturabnahme unmessbar klein. Lässt man sie mit einer vernünftig hohen Umsatzrate laufen, so nimmt die Temperatur nicht ab, sondern zu, wegen der größeren Entropieerzeugung.

2. Exotherme und endotherme Reaktionen

Die Einteilung chemischer Reaktionen in exotherme und endotherme geschieht zwar nach einem sehr auffällige Kriterium, nämlich danach, ob die Reaktionsprodukte wärmer sind als die Ausgangsprodukte. Dieses Kriterium ist aber, wie jeder Chemiker weiß, sehr oberflächlich.

Es sagt nicht viel darüber, ob man beim Ablauf einer Reaktion Energie gewinnen kann, und es sagt auch nichts darüber, in welche Richtung die Reaktion freiwillig abläuft. Der Grund hierfür ist, dass die Wärmetönung einer Reaktion zwei ganz verschiedene Ursachen hat. Sie hängt zum einen ab von den spezifischen Wärmekapazitäten von Ausgangs- und Endstoffen, und zum anderen von der chemischen Spannung der Reaktion.

Da endotherme Reaktionen, wenn man gewöhnliche Phasenübergänge ausnimmt, recht selten sind, könnte man daher auf ihre Behandlung im Unterricht einfach verzichten. Wenn man sie aber behandelt, sollte man die beiden Beiträge zur Wärmetönung deutlich auseinanderhalten.

3. Phasenübergänge

Es würde sich anbieten, auch Phasenübergänge als chemische Reaktionen zu behandeln, sie mit dem Werkzeug "chemisches Potenzial" zu beschreiben. Das wäre besonders deshalb interessant, weil hier endotherme Reaktionen an der Tagesordnung sind. So ist die "Verdunstungskälte" eine jedem bekannte Erscheinung.

Wir haben von der Behandlung der Phasenübergänge auf diese Art aus zwei Gründen abgesehen.

Erstens wäre eine Voraussetzung hierfür, dass man die Temperaturabhängigkeit des chemischen Potenzials behandelt – was im vorliegenden Kurs aber nicht geschieht.

Zweitens sind diejenigen Phasenübergänge, die jeder kennt, schlechte Beispiele dafür, die chemische

Spannung als Antrieb einer Reaktion zu beschreiben. Die bekannten Phasenübergänge fest–flüssig und flüssig–gasförmig, sowie deren Umkehrungen, sind nämlich praktisch völlig ungehemmt. Der Reaktionswiderstand ist so niedrig, dass sich nie eine chemische Spannung aufbaut. Die beiden Phasen stehen also immer im chemischen Gleichgewicht. Um plausibel zu machen, dass es auch hier einen Antrieb und einen Widerstand gibt, müsste man also die etwas exotischen Erscheinungen Siedeverzug und Unterkühlung behandeln.

27. Relativistische Physik

1. Relativistische Kinematik und relativistische Dynamik

Das wichtigste Ziel dieses Kapitels ist es, zu zeigen, dass Masse und Energie dieselbe Größe sind. Dies ist eine der wichtigsten Aussagen der relativistischen Dynamik.

Was die Relativitätstheorie für viele so faszinierend macht, ist aber etwas ganz anderes: Erscheinungen der relativistischen Kinematik wie Längenkontraktion, Zeitdilatation, Zwillingsparadoxon etc. Wir behandeln diese Themen nicht, und zwar aus zwei Gründen.

Erstens ist die relativistische Kinematik zu verwickelt – so verwickelt, dass auch erfahrene Physiker noch ihre Probleme mit ihr haben. Sie ist also für die Sekundarstufe I einfach zu schwer.

Zweitens ist sie aber auch zu unergiebig. Es gibt kaum eine Erscheinung, die hinreichend wichtig ist, um die Behandlung der relativistischen Kinematik zu rechtfertigen.

Die Erscheinungen der relativistischen Dynamik, die hier behandelt werden, sind dagegen einfach und haben wichtige Konsequenzen, auf die in späteren Kapiteln zurückgegriffen wird.

2. Die Exergie

Das in Abschnitt diskutierte Thema wird von einigen Autoren mit Hilfe des Exergiebegriffs behandelt. Wir sind entschieden gegen die Einführung dieser Größe.

Im Gegensatz zur Energie ist die Größe Exergie nicht lokalisierbar: Man kann von ihr nicht sagen, in welchem System sie gespeichert ist.

Außerdem ist ihr Wert von der Umgebung des jeweils betrachteten Systems abhängig. Welche Umgebung man in Betracht zieht, ist aber stets das Ergebnis einer willkürlichen Entscheidung (Herrmann 1987).

3. Literatur

HERRMANN, F: “Plädoyer für die Abschaffung der Exergie”, DPG-Tagungsband, Fachausschuss Didaktik der Physik, 1987.

28. Wellen

1. Die Welle als periodischer Vorgang

Wellen werden oft eingeführt als zeitlich und räumlich periodischer Vorgang. Auch wird oft betont, dass eine Welle betrachtet werden kann als ein Ensemble vieler gekoppelter Schwingungen. Die aus vielen gekoppelten Pendeln bestehende Wellenmaschine der Sammlung suggeriert diese Vorstellung besonders stark. Wir meinen, diese Einführung der Welle betont eine weniger wichtige Eigenschaft der Welle zu stark und lässt eine wichtige Eigenschaft unklar.

Tatsächlich ist die Periodizität nur eine Eigenschaft einer speziellen Art von Wellen. Viele, sehr wichtige, in der Natur vorkommende Wellen sind ganz und gar nicht periodisch. Die Kohärenzlänge von Sonnenlicht und von Glühlampenlicht zum Beispiel ist nicht größer als die mittlere Wellenlänge. Von Periodizität ist hier also nicht viel zu erkennen. Auch die meisten Schallwellen, die zu unseren Ohren dringen, sind absolut nicht periodisch. Dass der Physiker sofort überall Periodizitäten sieht, liegt wohl vor allem an seiner Gewohnheit, von einer Welle sofort in Gedanken eine Fourierzerlegung zu machen. Man bedenke aber, dass man eine Welle auch auf beliebig viele andere Arten in Komponenten zerlegen kann.

Was uns viel wichtiger erscheint als die Periodizität mancher Wellen, ist die Tatsache, dass es sich bei einer Welle um ein selbständiges physikalisches System handelt. Mit der "Ausbreitung" einer Welle ist der Transport der verschiedensten physikalischen Größen verbunden: Energie, Impuls, Drehimpuls, Entropie. Im Unterricht der Sek. I wird von diesen zwar nur die Energie diskutiert. Wir sprechen aber über die Welle schon so wie wir über einen Körper sprechen, etwa wenn wir lieber sagen, die Welle "bewege" sich, statt sie "breite sich aus" oder "pflanze sich fort".

2. Der Träger der Welle

Um zu betonen, dass es sich bei einer Welle um ein eigenständiges Gebilde handelt, legen wir bei mechanischen Wellen Wert auf die Unterscheidung zwischen der Bewegung der Welle und der des Trägers der Welle. Die Geschwindigkeit, mit der sich bei einer Schallwelle die Luft bewegt, nennt man üblicherweise Schallschnelle. Wir ziehen es vor, zu sagen, dies sei die *Geschwindigkeit des Trägers* der Schallwelle.

Die Betonung der Rolle des Trägers einer Welle bei mechanischen Wellen legt die Frage nahe, welches der Träger der elektromagnetischen Wellen ist. Gewöhnlich wird diese Frage im Unterricht (nicht nur der Schule, sondern auch der Hochschule) verdrängt, damit man nicht in Diskussionen über den Äther verwickelt wird. Wir sprechen dieses Problem bewusst an und geben, so gut es in der Sek. I geht, die Antwort der modernen Physik: nämlich dass elektromagnetische Wellen angeregte Zustände des "Vakuums" sind. Oder in anderen Worten: das Vakuum ist der Grundzustand des Systems "elektromagnetisches Feld".

Das Wort Vakuum, das "Leere", ist allerdings für diesen Zustand etwas ungeschickt. Es trifft die Sache nur insofern, als dieser Zustand die Abwesenheit von Anregungen bedeutet. Es wäre aber viel suggestiver, man hätte ein Wort zur Verfügung, das nicht die Abwesenheit, sondern die Präsenz von etwas zum Ausdruck bringt. Früher hatte man es leichter: der Träger der Welle hieß bis noch weit ins 20. Jahrhundert hinein "Äther" (Mie 1942). Leider trägt dieses Wort ein Stigma, das man ihm trotz aller Anstrengungen nicht mehr nehmen konnte: Elektromagnetische Wellen wurden bis zur Jahrhundertwende als mechanische Wellen des Äthers gedeutet. Statt den Äther durch seine von der Relativitätstheorie geforderten Eigenschaften neu zu beschreiben, hat man das Wort aus der Physik gänzlich verbannt. Und man benutzt das Wort Vakuum, um etwas zu beschreiben, worauf es gar nicht so gut passt.

3. Elektromagnetische Wellen in der Sekundarstufe I

Elektromagnetische Wellen werden gewöhnlich als ein Thema betrachtet, das für die Sekundarstufe I zu schwierig ist. Es ist tatsächlich schwierig, wenn man versucht, diese Wellen so einzuführen, wie es von den Hochschulbüchern vorgezeichnet wird. Wegen der Wichtigkeit der elektromagnetischen Wellen in Natur und Technik ist es aber sicher wünschenswert, nach einer elementaren Unterrichtsversion zu suchen, so dass das Thema schon in der Sekundarstufe I behandelt werden kann.

Die hier vorgeschlagene Behandlung des Themas verdankt ihre Einfachheit den folgenden Unterschieden gegenüber der oberstufen- oder hochschulüblichen Fassung (die ja im wesentlichen die hertzsche Darstellung ist).

- Wir beschränken uns bei der Diskussion der Erzeugung der Wellen auf die Betrachtung des magnetischen Feldes.
- Wir wählen als Antenne nicht den kurzen Dipol, sondern einen langen Draht.
- Wir setzen nicht voraus, dass die Antenne selbst ein Resonator ist. Es ist auch leichter, die Schallerzeugung durch einen Lautsprecher (ohne Eigenschwingungen) zu erklären als durch eine Orgelpfeife (mit Eigenschwingungen).

4. Interferenzversuche

Wir führen die Interferenz von Licht mit dem einfachsten Experiment vor, das es gibt: mit dem fresnelschen Doppelspiegelversuch. Wir zeigen die Interferenz nicht mit Hilfe des Doppelspaltversuchs, denn der ist in zweierlei Hinsicht komplizierter als der fresnelsche Versuch:

- Man hat es nicht mit ebenen Wellen, sondern mit Kugelwellen zu tun. Der geometrische Ort der Auslöschung ist daher nicht, wie beim fresnelschen Doppelspiegelversuch, eine Ebenenschar, sondern eine Schar von Hyperboloiden.
- Die Erzeugung der beiden Kugelwellen beruht auf Beugung, einer Erscheinung, die im Sek.-I-Unterricht nicht behandelt wird.

Es ist nahe liegend, und wird tatsächlich manchmal von einem Schüler vorgeschlagen, statt des Doppelspiegels eine noch einfachere experimentelle Anordnung zu wählen: Man benutze einfach zwei Laser, deren Strahlen sich im spitzen Winkel durchkreuzen.

Der Versuch funktioniert natürlich nicht: Da die Schwingungen der beiden Laser unabhängig voneinander sind, geraten die Laser immer wieder "aus dem Takt". Die Zeit, die sie im Mittel im Takt bleiben, ist gerade

Kohärenzlänge/Lichtgeschwindigkeit,

größenordnungsmäßig 1 ns. Jedes Mal wenn die Laser aus dem Takt geraten,verschiebt sich das Interferenzbild. Diesen schnellen Bewegungen kann das Auge natürlich nicht folgen.

Falls ein Schüler diese Anordnung vorschlägt, sollte man also sagen, dass der Vorschlag gut ist, und dass er nur aus technischen Gründen nicht realisiert werden kann: Die Laser sind einfach nicht gut genug.

Mit zwei Radioparabolantennen, die von demselben Hochfrequenznetzgerät versorgt werden, würde der Versuch tatsächlich funktionieren.

5. Literatur

MIE, G.: Lehrbuch der Elektrizität und des Magnetismus. Ferdinand Enke Velag, Stuttgart, 1948. S. 55.

29. Photonen

1. Licht als Stoff

Im Zusammenhang mit dem Licht und seinen Elementarportionen, den Photonen, hört man oft eine Auffassung, die mindestens irreführend, genau genommen sogar falsch ist: Licht sei eine Energieform, elektromagnetische Strahlung sei reine Energie und Photonen seien Energiequanten. Solche Äußerungen zeugen davon, dass der, der sie macht, eine *physikalische Größe*, nämlich die Energie, mit einem *physikalischen System*, nämlich dem elektromagnetischen Feld verwechselt. Ein physikalisches System wird stets beschrieben durch einen ganzen Satz physikalischer Größen und den Beziehungen zwischen ihnen. Die Aussage, derzufolge Licht oder elektromagnetische Strahlung reine Energie ist, ist genauso inkorrekt wie etwa die Aussage, ein ideales Gas sei reine Energie, oder Elektronen seien reine Energie. Genauso wie ein ideales Gas oder irgendein anderes System, hat auch Licht außer Energie noch Impuls, Drehimpuls, Entropie und Stoffmenge, und es hat einen Druck, eine Temperatur und ein chemisches Potenzial.

Es ist wichtig, im Unterricht klarzumachen, dass Licht etwas ist, das eine große Ähnlichkeit mit einem Stoff hat, ja man kann eigentlich sagen, dass es ein Stoff ist. Genauso, wie die Elementarportionen des Stoffs Helium die Heliumatome sind oder die des Wassers die Wassermoleküle, so sind die Elementarportionen des "Lichtstoffs" die Photonen. Um das deutlich zu machen, beginnen wir das Kapital Photonen mit einem Unterrichtsabschnitt über photochemische Reaktionen. Hier soll klar werden, dass Licht als genauso ernstzunehmender Reaktionspartner auftreten kann wie andere, "materielle" Stoffe.

Dass beim Einrichten einer Reaktionsgleichung das Licht, das wir mit dem Symbol γ beschreiben, nicht auf beiden Seiten der Gleichung auftritt, so wie es die chemischen Elemente tun, darf uns nicht stören. Die Ursache hierfür ist, dass bei den Reaktionen Licht erzeugt oder vernichtet wird. Bei Kernreaktionen werden sich die Schüler ohnehin daran gewöhnen müssen, dass auf der rechten und linken Seite einer Reaktionsgleichung nicht mehr dieselben Atomanzahlen stehen.

Um das Entstehen der falschen Vorstellung, Licht sei reine Energie, zu vermeiden, ist es auch wichtig, dass man in einer Reaktionsgleichung das Licht nicht durch das Symbol $h\nu$ darstellt, denn $h\nu$ ist nicht ein Stoffname, sondern ein Energiewert.

2. Die Größe der Photonen

Was versteht man unter der Größe eines Objekts? Die Antwort scheint einfach zu sein: den Abstand zwischen Anfang und Ende. Die Frage lässt sich noch etwas verallgemeinern: Was versteht man unter der Form eines Objekts? Die Antwort auf diese Frage lautet: Die Form seines Randes. Wenn wir im

Folgenden von der Größe eines Objekts sprechen, meinen wir es immer in diesem Sinn. Wir meinen also auch: Welche Form hat das Objekt.

Welche Form hat nun das Photon? Um die Frage zu beantworten, müssen wir wissen, wo Anfang und Ende des Photons sind, bzw. wo sein Rand ist. Man wird nun sagen, Anfang und Ende eines Photons lassen sich nicht angeben, und schon gar nicht ein Rand. Also hat ein Photon keine Größe. Der Begriff Größe, im Sinn von Ausdehnung, stammt aus der Erfahrung unser makroskopischen Welt. Der Begriff lässt sich in der Mikrophysik, und besonders in der Quantenphysik nicht anwenden. Die Frage nach der Größe von Photonen ist demnach so sinnlos wie etwa die nach der Farbe eines Atomkerns.

Wenn wir uns dieser Auffassung anschließen, müssen wir allerdings konsequenterweise eine ganze Reihe anderer Fragen und die zugehörigen Antworten auch aus dem Repertoire unserer Lehrbehauptungen streichen. Immer wenn man über Photonen spricht, benutzt man ein Modell. So sagt man zum Beispiel, das Photon werde von einer Lichtquelle emittiert, und später von irgendeinem anderen Körper absorbiert. Das Modell, von dem hier Gebrauch gemacht wird, ist das sich durch den Raum bewegende, verfolgbare Individuum. Wir möchten nicht dafür plädieren, auf dieses Modell zu verzichten. Wenn man dieses Modell aber akzeptiert, unterstellt man, dass das Photon eine gewisse Größe hat – genauer, dass es sehr klein ist.

Die Aussage, ein Photon bewege sich von einer Lichtquelle zu einem Absorber, hat nämlich nur dann einen Sinn, wenn das Photon kleiner ist als der Abstand zwischen Quelle und Absorber. Haben Quelle und Absorber einen Abstand von 10 cm, so folgt, dass das Photon kürzer als 10 cm ist. Quelle und Absorber können sich aber auch in einem Abstand von 1 mm oder 1 μm befinden. Also unterstellt man, ohne es explizit auszusprechen, dass das Photon kürzer als 1 μm ist.

In manchen Lehrbüchern kann man sogar lesen, Elementarteilchen seien punktförmig. Diese Aussage ist nicht sehr sinnvoll. Auch wenn man in einer Messung ein Elektron nachweisen sollte, dessen Durchmesser weniger als 10^{-30} m beträgt: Ein Gebilde mit einem Durchmesser von 10^{-30} m ist noch längst kein Punkt. Der Punkt ist ein metaphysischer Begriff, er ist ein Produkt unseres Geistes. Dass ein Teilchen punktförmig ist, lässt prinzipiell weder verifizieren noch falsifizieren.

Hier unsere Schlussfolgerung: Auch wenn man es nicht zugibt, man kolportiert die Theorie, dass die Photonen sehr klein sind. Auf jeden Fall spricht man so, dass Schüler und Studenten es glauben müssen. Denn wenn man das Modell vom fliegenden Individuum benutzt, so ist die Frage nach Form und Größe legitim. Und wenn wir sie nicht beantworten, so beantworten sie die Schüler selbst. Wir geben also die Kontrolle über den Lernprozess aus der Hand, und zwar an einer wichtigen Stelle.

Wenn wir die Photonen herumfliegen lassen, müssen wir unseren Schülern daher auch sagen, welche Form und Größe sie haben.

Welche Größe haben sie denn aber? Oder besser: Gestattet es das Modell, dem Photon eine Größe zuzuordnen?

Diese Frage ist für den Physiker gar nicht schwer zu beantworten. Auch wenn wir in Verlegenheit kommen, wenn wir Anfang und Ende oder den Rand des Photons, im Sinne makroskopischer Erfahrungen angeben sollen, so können wir doch eine andere Antwort geben, die der Frage durchaus gerecht wird. Welche für das Photon charakteristische Größe mit der Dimension einer Länge liefert uns die Theorie des Photons? Sie liefert gleich zwei Kandidaten: die Wellenlänge und die Kohärenzlänge.

Die Wellenlänge können wir aber von vornherein ausschließen. Unserem Modell entsprechend ist das Photon ein in den drei Raumdimensionen ausgedehntes Gebilde. Die Wellenlänge ist aber eine eindimensionale Größe.

Die Kohärenzlänge ist dagegen ein sehr geeignetes Maß für die Größe des Photons, oder genauer: der dreidimensionale Kohärenzbereich. Dieser hat eine eindeutige, messbare Form. Wir interpretieren also den Kohärenzbereich eines Teilchens als den Raumbereich, den das Teilchen einnimmt. Die Form des Kohärenzbereichs ist die Form des Teilchens. Wir wenden diese Festlegung später auch auf Elektronen an.

Diese Interpretation der Teilchengröße ist keine Caprice des Karlsruher Physikkurses, sie ist unter Experten durchaus geläufig, – wenngleich man sie auch selten so explizit ausgedrückt findet, wie wir es tun (Greenberger 1983).

Eine andere Art, dasselbe auszudrücken ist: Die Form oder Gestalt eines Teilchens, eines Photons oder Elektrons, ist gegeben durch die Unschärfebeziehung. Der Bereich der Ortsunschärfe wird interpretiert als der Raumbereich, den das Teilchen einnimmt.

Die Ortsunschärfe eines Teilchens ist ein Maß für die Größe des Teilchens.

Eine Konsequenz dieser Festlegung:

Die Größe eines Photons (oder Elektrons) hängt vom Zustand ab, in dem es sich befindet.

Hier einige Beispiele für die Form von Photonen in unserem Sinn. Die Photonen von Sonnenlicht auf der Erde und bei nicht bewölktem Himmel haben eine Länge von etwa 1 μm und eine Ausdehnung quer zur Bewegungsrichtung von etwa 40 μm. Die Photonen von Licht, das aus einem Laser kommt, sind dagegen lang und dünn: so breit wie der Laserstrahl, also etwa 1 mm, und so lang wie die Kohärenzlänge, also z.B. 10 cm. Die Photonen der elektromagnetischen Wellen, die ein Radiosender emittiert, sind noch sehr viel größer: Sie überdecken das ganze Sendegebiet.

3. Der Welle-Teilchen-Dualismus

Das Problem, dass bei der traditionellen Interpretation der Quantenmechanik ein “Mikroobjekt” manchmal als Welle und manchmal als Teilchen in Erscheinung tritt, stellt sich bei uns nicht mehr. Wir betrachten zur Erläuterung als Mikroobjekt das Elektron, da es das den meisten Physikern vertrauteste Teilchen ist. Das Gesagte gilt aber ebenso für Photonen und andere Teilchen.

Nach der Quantenmechanik äußert sich der Wellencharakter eines Elektrons am deutlichsten, wenn es sich in einem Zustand mit scharfem Impuls (und das heißt auch mit scharfer Wellenzahl) befindet. Der Ort ist dann extrem unscharf. Der Teilchencharakter äußert sich am deutlichsten, wenn das System in einem Zustand scharfen Orts und mit völlig unscharfem Impuls vorliegt.

Teilchen und Welle sind aber zwei Modellbegriffe. Das perfekte Teilchen ist punktförmig. Es hat einen Ort, der durch einen einzigen Punkt im Raum festgelegt wird. (Das ist ganz anders als bei makroskopischen Körpern. Deren Ort kann nicht durch einen Punkt festgelegt werden, da sie immer einen ganzen Raumbereich einnehmen.)

Die perfekte Welle dagegen ist sinusförmig und unendlich ausgedehnt. Damit ist ihr Impuls durch einen einzigen Punkt im Impulsraum festgelegt.

In einem beliebigen Zustand des Elektrons passt nun weder das eine noch das andere Modell. Und wenn mit dem Elektron auch noch ein Prozess abläuft, bei dem es seinen Zustand ändert, sodass es etwa von einem Zustand scharfen Impulses in einen Zustand scharfen Orts übergeht, so entsteht natürlich ein Problem, wenn man versucht eines der Extremmodelle Teilchen (Punkt im Ortsraum) oder Welle (Punkt im Impulsraum) anzuwenden. Man versucht dem Konflikt auszuweichen mit Hilfe der Krücke “Welle-Teilchen-Dualismus”.

Das Problem verschwindet, wenn man von vornherein gar nicht erst die unpassenden Modelle “punktförmiges Teilchen” und “unendlich ausgedehnte Sinuswelle” verwendet, sondern als Größe des Teilchens den Raumbereich bezeichnet, der von der Zustandsfunktion eingenommen wird.

Das Wort “Teilchen” steht bei uns übrigens nicht für ein punktförmiges Gebilde. Wir benutzen es, egal in was für einem Zustand sich das Elektron oder Photon befindet.

4. Literatur

GREENBERGER, Daniel M.: Reviews of Modern Physics 55, 898 (1983).

30. Atome

1. Das traditionelle Atommodell

Nach dem traditionellen Modell besteht das Atom aus einem schweren Kern, in dessen Umgebung sich die Elektronen bewegen. Diese Bewegung erfolgt aber so, dass die Elektronen nicht auf bestimmten Bahnen laufen, der Bahnbegriff verliere seine Bedeutung, sagt man gelegentlich. Wir halten dieses Modell, für die Schule mindestens, für untauglich. Es ist durchaus akzeptabel, dass ein Modell die Wirklichkeit nicht korrekt wiedergibt, ja, es ist sogar eine ganz normale Eigenschaft jeden Modells, dass es nur bestimmte Aspekte der Wirklichkeit richtig beschreibt. Was man allerdings von einem Modell verlangen darf, ist, dass es in sich stimmig ist. Das Modell selbst darf keine logischen Widersprüche enthalten. Und diese bescheidene Forderung erfüllt das traditionelle Modell des Atoms nicht. Man soll sich ein Elektron als kleines Körperchen vorstellen, das sich bewegt, gleichzeitig aber akzeptieren, das es keine Bahn durchläuft. Wie soll man sich dann die Bewegung dieses Körperchens vorstellen?

2. Elektronium und Elektron

Für das Elektron verwenden wir dasselbe Modell wie für das Photon: Das Elektron ist ein ausgedehntes Gebilde. Seine Form wird durch seine Zustandsfunktion beschrieben. Die Form ist demzufolge vom Zustand abhängig. In einem Zustand scharfen Ortes ist das Elektron sehr klein, in einem Zustand scharfen Impulses ist es sehr groß. Um ein solches Elektron zu beschreiben, braucht man einen Namen für etwas, das es im traditionellen Modell nicht gibt: einen Namen für den Stoff, aus dem das Elektron besteht. Wir haben diesen Stoff *Elektronium* genannt.

Die Einführung dieses Namens erleichtert die Beschreibung des Atomaufbaus: Das Atom besteht aus einem kleinen, schweren Kern und einer großen, leichten Hülle. Die Hülle besteht aus Elektronium. Das Elektronium hat im Zentrum eine hohe Dichte. Nach außen hin nimmt seine Dichte kontinuierlich ab. Es hat keinen scharfen Rand. Wenn man versucht, etwas von dem Elektronium aus dem Atom herauszunehmen, so beobachtet man, dass man immer bestimmte Portionen erhält: eine bestimmte Menge Elektronium (als Mengenmaß nimmt man die Masse) oder ganzzahlige Vielfache dieser Menge. Wir nennen diese Elementarmenge ein Elektron.

In den Zuständen des Atoms, die die Quantenmechanik Eigenzustände der Energie nennt, ist die Verteilung, und damit die Form des Elektroniums zeitlich konstant: Das Elektronium bewegt sich nicht.

Wir glauben, dass diese Art des Umgangs mit den Elektronen im Grunde gar nichts Neues darstellt. Atomphysiker, Chemiker und Kristallographen arbeiten ständig mit diesem Modell. Statt von Elektronium sprechen sie allerdings von Orbitalen oder Elektronendichteverteilungen. Man erkennt an ihrer Art zu sprechen, dass hier eigentlich nur ein Wort fehlt, das den Stoff bezeichnet, über den gesprochen wird.

3. Aufenthaltswahrscheinlichkeit und Übergangswahrscheinlichkeit

Das Quadrat der Einelektronenzustandsfunktion ψ wird traditionell als Dichte der Aufenthaltswahrscheinlichkeit des Teilchens interpretiert. Wie kommt man zu dieser Deutung?

Wir wollen den Vorgang, den man traditionell Ortsmessung nennt, beschreiben, und zwar zunächst in der Sprache der Theorie, dann in den Worten des traditionellen Modells und schließlich mit den Worten unseres Elektroniummodells.

Bei der Ortsmessung eines Elektrons (zum Beispiel des Elektrons in einem Wasserstoffatom) geht das Elektron aus einem Zustand scharfer Energie und unscharfen Ortes, etwa der 1s-Wasserstofffunktion, über in einen Zustand scharfen Ortes und unscharfer Energie. In diesem Zustand ist das Betragsquadrat der Zustandsfunktion $|\psi(x, y, z)|^2$ eine Deltafunktion.

Nun die Interpretation nach dem traditionellen Modell: Wenn man eine Ortsmessung eines Elektrons im 1s-Grundzustand macht und oft wiederholt, erhält man verschiedene Ortswerte mit einer Häufigkeitsverteilung, die durch $|\psi_{1s}|^2$ beschrieben wird. Da man annimmt, die Teilchen waren auch schon vor der Messung punktförmig, ist man zur folgenden Deutung des Messvorgangs gezwungen: Vor der Messung wimmeln die Teilchen um den Kern herum (wobei sie, wie schon gesagt, keine bestimmte Bahn durchlaufen). Sie befinden sich an den verschiedenen Orten mit bestimmten Wahrscheinlichkeiten. Die Ortsmessung sagt uns dann, wo sich ein Teilchen im Augenblick der Messung tatsächlich befindet. Das Teilchen gibt seinen Ort zu erkennen.

Und schließlich die Interpretation im Elektroniummodell: In diesem Modell sollte man den Vorgang gar nicht als Ortsmessung bezeichnen, sondern als Übergang aus einem Zustand, in dem das Elektron groß ist in einen Zustand, in dem es klein ist. Bei dem Übergang zieht es sich auf einen kleinen Raumbereich zusammen. Wiederholt man den Vorgang sehr oft, so stellt man fest, dass sich das Elektron auf die unterschiedlichsten Stellen zusammenzieht. Die Wahrscheinlichkeit für die verschiedenen Orte an denen sich das kleine Elektron nach dem Übergang befindet, wird durch $|\psi_{1s}|^2$ beschrieben, d.h. durch die Dichte des Elektronium vor dem Übergang. $|\psi_{1s}|^2$ wird also als Dichte einer Übergangswahrscheinlichkeit gedeutet.

4. Das Schalenmodell

Zur Erklärung der Eigenschaften der Atome, insbesondere der Periodizität von Atomradien und Ionisierungsenergien mit zunehmender Ordnungszahl, zieht man gern das Schalenmodell des Atoms heran. Baut man ein Mehrelektronenatom nach und nach auf, indem man schrittweise immer den Kern um ein Proton (und auch um ein oder zwei Neutronen) vergrößert und zur Hülle jeweils ein Elektron hinzufügt, so wird nach dem Schalenmodell das Atom schalenweise vergrößert. Jedes neue Elektron stellt man sich als Individuum vor, das außen an das Atom angelagert wird, und dieses Anlagern geschieht so, dass eine Schale nach der anderen gefüllt wird. Immer wenn eine Schale voll ist, erreicht die Ionisierungsenergie ein Maximum, Atome mit lauter abgeschlossenen Schalen sind besonders stabil. Für Atome mit einer abgeschlossenen äußeren Schale sollte der Atomradius ein Minimum haben, für Atome mit einem einzigen Elektron in der äußeren Schale ein Maximum. Die Maxima beobachtet man tatsächlich, die Minima dagegen liegen an der falschen Stelle. Trotzdem ist das Modell sicher als ein recht gutes Modell zu betrachten.

Manche Autoren scheinen aber mit den beobachteten positiven Belegen zugunsten des Modells nicht zufrieden zu sein. Es werden Beweisstücke angeführt die keine sind, und es werden sogar Beweisstücke gefälscht, – mit dem Ergebnis, dass sich unsere Schüler eine falsche Vorstellung vom Aussehen des Atoms machen. Genauer: von der Elektronendichteverteilung, oder Elektroniumverteilung, wie wir es nennen.

Offenbar möchte man gern beweisen, dass die Elektronendichte in einem Mehrelektronenatom von innen nach außen oszilliert, dass sich die Schalen also am fertig aufgebauten Atom beobachten lassen. Oder in anderen Worten: dass man, wenn auch in begrenztem Ausmaß, im Atom noch die einzelnen Elektronen erkennt.

Die Elektronendichteverteilung eines Atoms ist eine vom Kern nach außen monoton stark abnehmende Funktion, Abb.30.1a. Von Schalen ist nichts zu erkennen. Man kann aber Schalen durch einen mathematischen Trick erzeugen. Statt die Elektronendichte ρ über dem Radius aufzutragen, also die Funktion $\rho(r)$, integriert man diese Funktion über den vollen Raumwinkel und stellt das Ergebnis über r dar. Da die Atome praktisch immer kugelsymmetrisch sind, ist dieses Ergebnis einfach das Produkt $r^2 \cdot \rho(r)$. Diese Funktion zeigt nun in der Tat für Atome höherer Ordnungszahl einige Oszillationen, Abb.30.1b. Tatsächlich vermittelt sie aber ein trügerisches Bild von der Elektronendichteverteilung. Das sieht man besonders deutlich, wenn man das Verfahren auf ein anderes Gebilde als ein Atom anwendet: auf eine massive Kugel. Die Dichte als Funktion des Radius $\rho(r)$ ist für die Kugel konstant. In Abb.33.2a kommt das klar zum Ausdruck. Abb.30.2b zeigt die Funktion $r^2 \cdot \rho(r)$. Die wirkliche Dichtverteilung ist in dieser Abbildung nur

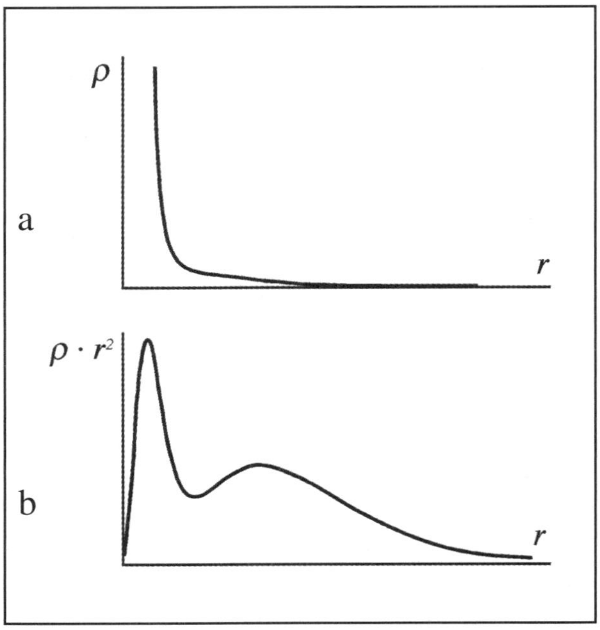

Abb. 30.1. (a) Elektroniumdichte ρ als Funktion des Abstands vom Kern für ein Kohlenstoffatom. (b) Die Größe $\rho \cdot r^2$ als Funktion des Abstands vom Kern für ein Kohlenstoffatom.

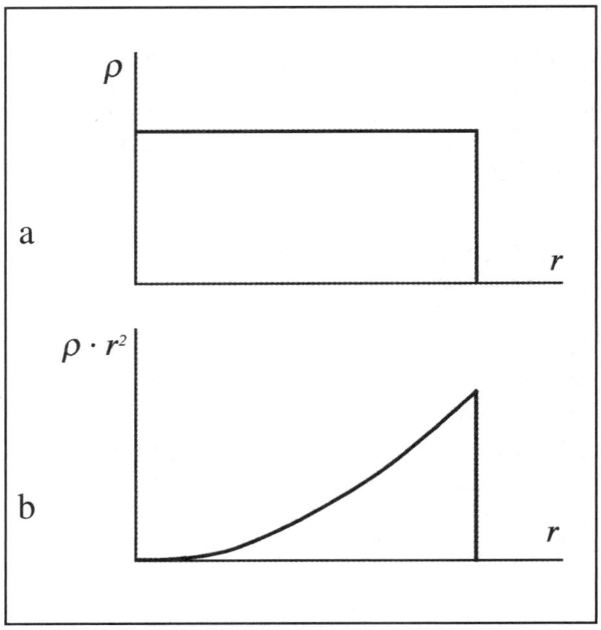

Abb. 30.2. (a) Die Massendichte ρ als Funktion des Abstands vom Mittelpunkt für eine massive, homogene Kugel. (b) Die Größe $\rho \cdot r^2$ als Funktion des Abstands vom Mittelpunkt für dieselbe Kugel.

schwer zu erkennen. Vielmehr bringt die Abbildung die triviale Tatsache zum Ausdruck, dass bei einer Kugel außen mehr Masse sitzt als innen.

Ganz und gar falsch sind Darstellungen, bei denen nachträglich die Funktion $r^2 \cdot \rho(r)$ wieder als dreidimensionaler Körper dargestellt wird.

5. Elektroniumdichte und Wellenfunktion

Für Einelektronensysteme, also etwa das Wasserstoffatom, ist die Elektronendichte (oder in unserer Sprache Elektroniumdichte) $\rho(r)$ einfach das Betragsquadrat der Wellenfunktion:

$$\rho(\boldsymbol{r}) = |\psi_{1s}(\boldsymbol{r})|^2$$

Die Elektronendichteverteilung enthält im Wesentlichen dieselbe Information wie die Wellenfunktion. Das ist ganz anders für Mehrelektronensysteme. Hier ist die Wellenfunktion von so vielen Ortsvariablen abhängig wie es Elektronen gibt. Die Elektronendichte dagegen ist nach wie vor eine Funktion einer einzigen Ortsvariablen. Die Wellenfunktion enthält daher viel mehr Information als die Elektronendichte. Viele Eigenschaften des Atoms, etwa welche Bindungen es mit anderen Atomen eingeht, sind daher aus der Elektroniumdichte nicht zu entnehmen.

6. Das leere Atom

Das Modell der punktförmigen Elektronen hat noch eine andere Unstimmigkeit zur Folge. Es wird oft betont, dass der größte Teil des Bereichs, den ein Atom einnimmt, leerer Raum sei. Diese Aussage ist vielleicht erbaulich, aber eher von zweifelhafter Bedeutung. Die Wellenfunktion der Elektronen sagt uns nichts derartiges. Die Leere kommt erst durch die Interpretation der Elektronen als punktförmige Gebilde zustande. Wenn aber die Elektronen punktförmig sind, so sind es doch sicher auch alle anderen Elementarteilchen, also auch die Quarks. Dann ist aber ohnehin der ganze Raum leer. Was sollen die Schüler mit einer solchen Aussage anfangen?

Nach dem Elektroniummodell ist der Raum, den das Atom einnimmt, durchaus nicht leer. Es befindet sich dort ein Stoff, das Elektronium, mit einer wohldefinierten Massendichte und Ladungsdichte.

7. Exponentielles Abklingen

Das exponentielle Wachstum und die exponentielle Abnahme sind sicher sehr wichtige und universelle Erscheinungen. Das Paradebeispiel für die Anwendung der Exponentialfunktion in der Physik ist der radioaktive Zerfall. Für viele Schüler ist es wohl auch das einzige Beispiel, dem sie im Physikunterricht begegnen. So entsteht der kuriose Eindruck, die Exponentialfunktion komme in der Natur nur im Zusammenhang mit der Radioaktivität vor. Um diesem Eindruck entgegenzuwirken, führen wir sie schon zur Beschreibung des Abklingens der angeregten Zustände von Atomen ein.

Auch die Tatsache, dass der Verlauf eines Prozesses durch Wahrscheinlichkeiten bestimmt sein kann, ist eine sehr fundamentale Erscheinung in der Physik. Und auch diese Tatsache wird normalerweise nur im Zusammenhang mit der Randerscheinung Radioaktivität behandelt. Um die Wichtigkeit von Wahrscheinlichkeitsaussagen stärker ins Bewusstsein der Schüler zu bringen, behandeln wir den Abklingvorgang angeregter Atome recht ausführlich.

8. Anwendungen der Atomphysik

Eine der Anwendungen der Atomphysik, die wir behandeln, ist natürlich die Spektralanalyse. Eine wichtigere, weil lebensnähere Erscheinung, für deren Erklärung die Atomphysik zuständig ist, ist aber das Leuchten von Gasen. Wir behandeln daher recht ausführlich Gasentladungslampen, sowie leuchtende Flammen.

31. Feste Stoffe

1. Das Elektronium von Feststoffen

Das Elektroniummodell lässt sich ganz ungezwungen auf Feststoffe übertragen. Auch hier kann man wohl sagen, dass die Vorstellung, die man sich in der Fachphysik von der mikroskopischen Struktur von Feststoffen macht, diesem Modell entspricht. Elektroniumdichteverteilungen von Feststoffen werden gemessen mit Hilfe von Röntgenbeugung und sie werden von den Theoretikern berechnet.

Wir stellen noch einmal das traditionelle Bild vom punktförmigen Elektron dem Elektroniumbild gegenüber. Wir sehen dabei von der thermischen Bewegung der Atomkerne ab.

Im traditionellen Bild sieht der Festkörper so aus: Um die Atomkerne herum bewegen sich punktförmige Elektronen. Sie bewegen sich auf merkwürdige Art, so dass sie den ganzen Raum in der Umgebung des Kerns überstreichen, mit höchster Aufenthaltswahrscheinlichkeit am Kern selbst. Bahnen soll man sich nicht vorstellen. Und wenn man es doch tut, dann kommen nur sehr verschlungene Zick-Zack-Bahnen in Frage. Da die Elektronen punktförmig sind, ist der Feststoff leer.

Im Elektroniummodell bewegt sich nichts. Zwischen den Atomkernen befindet sich das Elektronium. Es hat bei den Kernen seine höchste Dichte. Entfernt man sich von einem Kern, so nimmt die Dichte stark ab. Trotzdem ist das ganze Innere des Feststoffs mit Elektronium gefüllt.

2. Bändermodell und Energieleiter

Wie beim Einzelatom, so sind auch beim Feststoff die Anregungen mit einer Veränderung der Elektroniumdichte verknüpft. Während aber beim Atom nur ganz bestimmte, voneinander sehr verschiedene Formen angenommen werden können, gibt es beim Feststoff ganze Bereiche von Formen, die kontinuierlich ineinander überführt werden können. Entsprechend gibt es auch kontinuierliche Bereiche von Anregungsenergien. Solche Bereiche mit erlaubten Energien (und Formen) wechseln sich ab mit verbotenen Energien: Energien, die der Feststoff nicht aufnehmen kann.

Wir beschreiben einen Feststoff durch sein Energiespektrum oder seine *Energieleiter*, wie wir sagen. Auf Grund der Energieleiter lassen sich, genauso wie beim Atom, viele wichtige Aussagen machen.

Mit den erlaubten Energien der Energieleiter sind alle Energien gemeint, die der Festkörper speichern kann. Das heißt wir fragen nicht danach, ob es sich bei den zugehörigen Zuständen um Einelektronenanregungen oder um kollektive Anregungen handelt. Die Energieleiter ist also nicht modellabhängig. Sie gibt die Energien wieder, die man experimentell bestimmt.

Die Energieleiter ist eine einfachere und beschränktere Beschreibung des Feststoffs als das Bänderschema. Das Bänderschema besteht in der Auftragung der Energie über dem Ort.

3. Die optischen Eigenschaften von Feststoffen

Es wäre wünschenswert, im Rahmen eines Kapitels über Festkörperphysik die optischen Eigenschaften der Materie vollständig zu beschreiben: Alles was man mit den Augen wahrnimmt, wenn man auf die Oberfläche eines Körpers schaut.

Zur vollständigen Beschreibung der optischen Eigenschaften der Materie braucht man zwei Funktionen: Real- und Imaginärteil der komplexen Brechzahl. Uns steht im Rahmen unseres Kurses aber nur eine einzige Funktion zur Verfügung, und diese auch nur in der rudimentären Form der Energieleiter. Wir können daher nicht alle optischen Eigenschaften erklären. Was wir insbesondere mit der Energieleiter nicht erklären können, sind die Erscheinungen der Reflexion und der Brechung.

Viele andere Phänomene lassen sich aber gut beschreiben, und wir haben von dieser Möglichkeit Gebrauch gemacht. So wird erklärt, warum Metalle das sichtbare Licht absorbieren, warum die meisten Nichtmetalle durchsichtig sind, warum andere Nichtmetalle, wie etwa Cadmiumsulfid, durchsichtig und farbig sind, warum Halbleiter im Infraroten durchlässig sind, warum schwarze Stoffe schwarz und weiße Stoffe weiß sind.

4. Feststoffe als Lichtquellen

Genauso wie Gase können auch feste Stoffe Licht emittieren, wenn das Elektronensystem aus einem höher angeregten in einen niedriger angeregten Zustand übergeht. Das Anregen kann, ebenfalls wie bei Gasen, auf verschiedene Arten geschehen:

1. durch schnelle Elektronen (Beispiel Fernsehbildröhre);
2. durch Photonen (Beispiel: Leuchtstoff an der inneren Oberfläche einer Leuchtstoffröhre);
3. bei einer chemischen Reaktion (Beispiel: die Reaktion von Elektronen und Löchern in der p-n-Grenzschicht einer Leuchtdiode;
4. durch Erhitzen (Beispiel: Glühen).

Wenn die Zeit zur Verfügung steht, lohnt es sich, diese verschiedenen Mechanismen zu behandeln und daran zu erinnern, dass Gase auf dieselben vier Arten zum Leuchten gebracht werden können. Wir haben uns im Schülertext auf die Behandlung des Glühens beschränkt.

Glühende Körper gehören zu unseren wichtigsten Lichtquellen: der Glühdraht einer Glühlampe oder die glühenden Kohlenstoffteilchen einer Kerzenflamme.

Merkwürdigerweise wird diesem Thema gewöhnlich recht wenig Platz eingeräumt. Man erwartet von einem Abiturienten, dass er erklären kann, wie ein Laser funktioniert. Die entsprechende mikroskopische Beschreibung des Glühens dagegen wird im Unterricht nicht behandelt.

5. Die elektrischen Eigenschaften von Feststoffen

Das am weitesten verbreitete Modell der elektrischen Leitfähigkeit ist das Drude-Modell: Man beschränkt sich auf die Betrachtung der freien Elektronen und beschreibt diese als Gas, d.h. als herumfliegende kleine Körperchen. Das Drude-Modell ist sehr brauchbar. Überraschenderweise, kann man sagen, denn es ist schwer, sich vorzustellen, warum sich die Elektronen im Festkörper frei bewegen sollen. Einer der Nachteile des Modells ist es, dass man nicht sieht, wie es zu den Modellen passt, die man an anderer Stelle benutzt: zur Beschreibung elektrischer Erscheinungen in Halbleitern und zum Bändermodell. Wir wollten uns im Rahmen der Physik für die Sekundarstufe I auf jeden Fall auf ein einziges Modell beschränken. Wir beschreiben daher auch die metallische Leitung im Elektroniummodell.

Ein Ladungstransport wird in diesem Modell so beschrieben: In Metallen lässt sich mit beliebig wenig Energie ein Verformung des Elektroniums, d.h. eine Abweichung der Dichteverteilung von der des Grundzustands erreichen. Eine solche Abweichung besteht aus einer Verdichtung und einer Verdünnung (immer verglichen mit der Dichteverteilung des Grundzustandes). Sowohl die Verdichtung als auch die Verdünnung lässt sich mit Hilfe eines elektrischen Feldes durch den Festkörper hindurchschieben, und dabei wird Elektronium, und damit auch elektrische Ladung, transportiert.

Für den im Umgang mit Elektronen und Defektelektronen ungeübten mag sich hier die Frage stellen, wie unsere Verdichtungen und Verdünnungen mit den bekannten Elektronen und Löchern des gewöhnlichen Bändermodells zusammenhängen.

Zunächst einige allgemeine Bemerkungen zu Elektronen und Löchern. Die Begriffe werden gebraucht, um den Transport von elektrischer Ladung zu beschreiben. Wir betrachten ein bestimmtes Band, das für den Transport zuständig ist. Man hat immer die Wahl, den Transport mit Hilfe von Löchern oder von Elektronen zu beschreiben, das Ergebnis ist dasselbe. Nun ist aber die effektive Masse der Elektronen von der Energie abhängig. Sie hat am unteren Bandrand einen anderen Wert als am oberen. Insbesondere ist die effektive Masse der Elektronen am unteren Bandrand positiv und am oberen negativ. Für die Löcher gilt das entgegengesetzte: Ihre Masse ist am oberen Bandrand positiv und am unteren negativ.

Die Tatsache, dass die effektive Masse nicht konstant ist, macht die Beschreibung des Transportvorgangs im Allgemeinen kompliziert. Es gibt aber Situationen, in denen sie einfach wird.

Ist ein Band nur schwach mit Elektronen besetzt, so ist deren Masse positiv und im Wesentlichen konstant. Die Elektronen verhalten sich daher so wie freie Elektronen. Man wird also den Elektrizitätstransport in einem solchen Band mit Elektronen beschreiben.

Eine Beschreibung mit Löchern würde zwar dasselbe Ergebnis liefern, wäre aber sehr viel komplizierter: Zum einen gibt es viel mehr Löcherzustände, deren Beitrag zum Transport berücksichtigt werden muss, zum anderen haben diese Löcher die unterschiedlichsten Massen, darunter auch negative.

Entsprechend beschreibt man den Ladungstransport in einem fast vollständig mit Elektronen besetzten Band zweckmäßigerweise mit Löchern: Diese sind weniger zahlreich als die Elektronen und haben eine einheitliche, positive effektive Masse.

Man sieht an diesen Betrachtungen, dass es nicht ganz korrekt ist, zu sagen, über den Hall-Effekt erfahre man, ob man es mit einem Elektronen- oder einem Löcherleiter zu tun hat. Jeder Transport kann wahlweise mit Elektronen oder mit Löchern beschrieben werden. Was uns der Hall-Effekt vielmehr sagt, ist, ob das Band stark oder schwach mit Elektronen besetzt ist.

Nun zum Elektroniummodell: Man kann den Transport elektrischer Ladung nicht nur entweder durch Elektronen oder durch Löcher beschreiben, sondern auch mit einer Mischung aus beiden. Dies ist es, was wir mit unseren Verdichtungen und Verdünnungen tun. Auch diese Beschreibung liefert den korrekten Gesamtstrom durch den Festkörper. (Laukenmann 1996)

6. Die Halbleiterdiode

Die Halbleiterdiode ist ein schwieriges Thema, eigentlich ist es zu schwierig für die Sekundarstufe I. Unsere Behandlung ist daher eher eine Beschreibung als eine Erklärung der Vorgänge in der Diode. Eine echte Erklärung der Funktionsweise ist mit den Mitteln der Elektrizitätslehre allein nicht möglich. Der Strom der Ladungsträger in der Diode wird nicht allein durch einen Gradienten des elektrischen Potenzials, sondern auch noch durch einen Gradienten des chemischen Potenzials bestimmt: Für den Gesamtstrom verantwortlich ist der Verlauf des elektrochemischen Potenzials.

7. Der Transistor

Wir beschränken uns auf die Behandlung des Feldeffekttransistors. Dass sonst dem Bipolartransistor der Vorzug gegeben wird, liegt wohl daran, dass dieser früher entwickelt wurde, und dass er sich in den Anwendungen durchgesetzt hatte, längst bevor der Feldeffekttransistor erschien. Nun ist aber auch der Feldeffekttransistor schon lange kein exotisches Bauelement mehr, und auch in Computerprozessoren setzt er sich mehr und mehr durch. Die Behandlung des Feldeffekttransistors ist also, von den Anwendungen her gesehen, genauso gerechtfertigt wie die des Bipolartransistors. Man sollte sich daher für denjenigen der beiden Transistortypen entscheiden, der didaktisch vorteilhafter ist – und das ist bestimmt der Feldeffekttransistor.

Im Gegensatz zum Bipolartransistor und zur Diode beruht die Funktionsweise des Feldeffekttransistors auf rein elektrischen Erscheinungen, sie kann mit den Mitteln der Elektrizitätslehre allein verstanden werden.

Es kommt noch hinzu, dass, selbst wenn man die Diode verstanden hat, die Erklärung der Funktionsweise des Bipolartransistors etwas Unbefriedigendes behält. Man möchte doch bei der Erarbeitung der Wirkungsweise eines Geräts dem Schüler das Gefühl vermitteln, er hätte im Grunde das Gerät auch selbst erfinden können. Wir glauben, dass der Bipolartransistor ein Bauelement ist, bei dem sich dieses Gefühl kaum einstellen wird.

Man hört gelegentlich, auch von Lehrern, dass doch die Erklärung der guten alten Röhrentriode einfacher gewesen sei als die des (Bipolar-) Transistors. Was zu dieser Auffassung führt, ist wohl die Tatsache, dass über das Gitter der Röhre kein Strom fließt. Um den Anodenstrom zu steuern, braucht man nur das Potenzial des Gitters zu ändern. Genauso einfach verhält es sich beim Feldeffekttransistor, ja im Grunde noch einfacher, denn man braucht hier keine Kathode mehr zu heizen. Der Feldeffekttransistor ist sozusagen die ideale Realisierung eines Schalters, den man durch Verändern eines Potenzialwertes öffnen und schließen kann.

Dass der Strom einfach durch Verändern des Gate-Potenzials gesteuert wird, hat auch eine Vereinfachung der Schaltungen zur Folge: Man braucht weniger Widerstände. Die Schaltungen werden damit durchsichtiger.

Wir haben keine Anwendungen behandelt, bei denen der Transistor im Verstärkerbereich arbeitet. Der Aufwand wäre dabei erheblich größer, da man Kennlinien diskutieren müsste. In den meisten Anwendungen, nämlich in allen Anwendungen der Digitaltechnik, werden Transistoren als Schalter, d.h. als binäre Bauelemente eingesetzt.

8. Literatur

LAUKENMANN, M.: Dissertation, Universität Karlsruhe, 1995.

32. Atomkerne

1. Die Analogie zwischen Kernphysik und Chemie

Zwischen Kernphysik und Chemie und zwischen der Physik des Kerns und der Physik der Atomhülle existiert eine Analogie, die weitergeht als es die Lehrbücher vermuten lassen. Oft werden Konzepte, die es in der Chemie schon gibt, unter neuem Namen in der Kernphysik eingeführt. Vorgänge, die im Chemieunterricht schon behandelt worden sind, werden in der Kernphysik noch einmal behandelt, und zwar so, dass man nicht erkennt, dass es sich um dieselben, bereits aus der Chemie bekannten Vorgänge handelt. Hier einige Beispiele:

Die Größe, die in der Chemie Umsatzrate heißt, und in mol/s gemessen wird, heißt in der Kernphysik – allerdings nur im Zusammenhang mit bestimmten Reaktionen – Aktivität und wird in Becquerel gemessen.

Was in der Kernphysik eine Kettenreaktion ist, ist in der Chemie unter dem Namen autokatalytische Reaktion bekannt.

Reaktionsgleichungen werden in den beiden Gebieten unterschiedlich symbolisch dargestellt. Die in der Chemie durch

$A + B \rightarrow C + D$

dargestellte Reaktion würde nach kernphysikalischer Konvention beschrieben durch

A(B,C)D,

eine Schreibweise, die suggeriert, dass die beiden Edukte A und B unterschiedliche Rollen spielen, ebenso wie die beiden Produkte C und D. Der historische Ursprung dieser aus heutiger Sicht unglücklichen Schreibweise ist leicht zu erkennen: Sie stammt aus der Zeit, in der man Kernreaktionen als Elementumwandlungen unter Beteiligung von Strahlungen verstand. Die Teilchen der Strahlung wurden nicht als Reaktionspartner betrachtet.

Das exponentielle Abklingen einer Menge von angeregten Kernen oder von Kernen, die zerfallen, hat im Abklingen angeregter Zustände der Atomhülle oder im Abklingen der Konzentration eines chemisch zerfallenden Stoffs sein Analogon.

Im Erfinden von Eigennamen für spezielle Vorgänge war die Kernphysik besonders eifrig. So werden die Reaktionen Zerfall, Spaltung und Fusion als fundamental unterschiedliche Vorgänge dargestellt. Dadurch wird verschleiert, dass sich alle diese Vorgänge mit denselben Mitteln beschreiben lassen.

2. Altlasten des historischen Entwicklungsprozesses

Der komplizierte historische Werdegang, der schließlich zu einem recht einfachen neuen Fachgebiet "Kernphysik" geführt hat, hat in der Lehre viele Spuren hinterlassen. Viele historische Umwege werden im Unterricht nachgegangen, überflüssige Konzepte, deren Entstehung nur aus der Geschichte heraus verständlich ist, werden eingeführt.

Die ersten Schritte der Kernphysik wurden gemacht, als eine neue Strahlung entdeckt worden war – und dies in einer Zeit, in der Strahlungen ein Modethema der physikalischen Forschung waren. Eine neu entdeckte Strahlung bekam, verständlicherweise, noch bevor man sie identifiziert hatte, einen Namen. So ist zu erklären, dass wir noch heute von α-, β- und γ-Stahlung sprechen, obwohl wir doch wissen, um was es sich handelt: um schnell bewegte Heliumkerne, um schnelle Elektronen bzw. um elektromagnetische Strahlung. Jeder der drei Stoffe ist nichts weiter als eines der Reaktionsprodukte bestimmter Kernreaktionen. Solche Reaktionsprodukte gibt es aber noch unzählig viele andere.

3. Strahlungsmessgeräte

Gewöhnlich wird im Rahmen der Kernphysik recht viel Zeit darauf verwendet, die Funktionsweise von Strahlungsmess- und nachweisgeräten zu erklären. Wir glauben, dass dieses Thema, insbesondere in für die Sekundarstufe I, nicht wichtig genug ist. Die Erklärung von Strahlungsmessgeräten steht in Konkurrenz zur Behandlung unzähliger anderer Messgeräte. Wichtigere Messgeräte sind sicher die Quarzuhr, das Thermoelement, der Infrarotsensor und viele andere, und über alle diese Geräte lernen unsere Schüler nicht viel.

4. Experimente mit Alpha-, Beta- und Gammastrahlen

Es ist üblich, im Kernphysikunterricht die Natur und die Eigenschaften verschiedener Strahlungstypen zu untersuchen: die Ladung der Teilchen und die Reichweite der Strahlung in verschiedenen Materialien.

Als Begründung mag man anführen, dies seien doch wichtige Fragen. Zum einen geben sie Auskunft über die Natur der ablaufenden Kernreaktion. Zum anderen sind sie wichtig, wenn man die biologischen Wirkungen der Strahlung verstehen will. Wir glauben, dass der wahre Grund die historische Entwicklung ist. Strahlungen waren in der Anfangszeit der Kernphysik einfach das einzige, was man überhaupt kannte.

Man vergesse nicht, dass wir die weitaus meisten Reaktionsprodukte von Kernreaktionen im Unterricht ohnehin nicht nachweisen können.

Was die Untersuchung der Reichweite der Strahlung betrifft: Es gibt zahlreiche andere "Strahlungen", um deren Reichweite wir uns auch nicht kümmern. Wäre es nicht mindestens ebenso interessant, die Reichweite von Infrarotstrahlung, Röntgenstrahlung oder Mikrowellen zu untersuchen?

5. Kernmaterie

Im Karlsruher Physikkurs wird in den verschiedensten Zusammenhängen von einem Modell Gebrauch gemacht: dem Modell des kontinuierlich verteilten Stoffs. Von elektrischen Feldern, magnetischen Feldern, von Licht, von Elektronen ("Elektronium"), aber auch von den extensiven (mengenartigen) physikalischen Größen bilden wir eine Anschauung, indem wir uns einen Stoff vorstellen.

Es liegt nahe, bei der Materie, aus der der Atomkern besteht, genauso zu verfahren. Wir betonen dabei, dass der Stoff homogen ist, dass also im Kern Protonen und Neutronen nicht voneinander getrennt vorliegen. Es wäre nahe liegend, auch diesem Stoff einen eigenen Namen zu geben, etwa Nukleonium. Wir haben darauf verzichtet, da wir ihn im Unterricht nicht sehr oft brauchen, und den Gewinn durch Sparsamkeit bei der Einführung neuer Begriffe höher bewerten.

6. Die Form angeregter Kerne

Genauso, wie wir bei der Atomhülle die herkömmlich Aufenthaltswahrscheinlichkeitsdichte genannte Funktion als Dichteverteilung des Elektroniums interpretieren, so wird die Dichteverteilung, und damit Größe und Form des Kerns bei uns durch die "Aufenthaltswahrscheinlichkeitsdichte" der Nukleonen bestimmt. Eine Konsequenz davon ist es, dass angeregte Kerne nicht, wie im Tröpfchenmodell, als schwingende oder rotierende Tröpfchen beschrieben werden. Vielmehr hat ein angeregter Kern, wie andere stationäre Zustände auch, eine feste, zeitlich konstante Form. Genauso wie die Atomhülle, rastet der Kern in verschiedene Formen ein. Zu jeder Form gehört eine andere Energie.

7. Größe und Dichte von Atomhülle und Atomkern

Die Dichteverteilungen von Atomhülle und Atomkern unterscheiden sich sehr stark voneinander.

Die Dichte des Elektroniums der Atomhülle nimmt von innen nach außen stark ab. Die Dichte des Kerns dagegen ist näherungsweise räumlich konstant.

Sehr unterschiedlich ist auch das Verhalten von Größe und Dichte, wenn man von Atomen niedriger Ordnungszahl zu Atomen hoher Ordnungszahl geht. In grober Näherung kann man die Atomdurchmesser, d.h. die Durchmesser der Elektronenhüllen als konstant betrachten. Sie fluktuieren zwar recht stark. Im Mittel ist aber der Durchmesser von Atomen hoher Ordnungszahl kaum größer als der von Atomen niedriger Ordnungszahl. So hat ein Goldatom etwa denselben Durchmesser wie ein Lithiumatom. Das bedeutet natürlich, dass sich das Elektronium von Gold- und Lithiumatomen sehr stark in der Dichte unterscheidet.

Ganz anders ist es bei der Kernmaterie. Hier ist die Dichte ist für alle Atomkerne näherungsweise gleich. Das bedeutet aber, dass das Kernvolumen einfach proportional zur Anzahl der Nukleonen ist.

8. Bindungsenergie oder Trennenergie

Wir glauben, dass das Wort Bindungsenergie Ursache für Verständnisschwierigkeiten ist. Es suggeriert, es handele sich um die Energie, die man zum Binden der Teile eines Kerns braucht. Tatsächlich ist es aber die Energie, die beim Binden abgegeben wird. Die Bindungsenergie eines Kerns ist also Energie, die der Kern nicht hat. Ist sie also negative Energie? Um solche Fragen zu vermeiden, benutzen wir den Namen Trennenergie: die Energie, die man braucht, um die Teile eines Kern voneinander zu trennen. Bei dieser Bezeichnungsweise ist es klar, dass die Energie positiv ist.

Außerdem ist der Name gebildet in Analogie zu dem Begriff Ionisierungsenergie: die Energie, die man braucht, um ein Atom zu ionisieren.

9. Die Tabelle der Trennenergien

Um voraussagen zu können, ob eine Kernreaktion ablaufen kann oder nicht, oder genauer: in welche Richtung sie laufen kann, müssen die Bindungsenergien der beteiligten Kerne bekannt sein. Den Schülern muss also eine Tabelle mit den entsprechenden Werten zur Verfügung stehen. Es gibt nun verschiedene Möglichkeiten, eine solche Tabelle anzulegen. Man listet auf:

- die Ruhenergien der Nuklidkerne;
- die Bindungsenergien pro Nukleon;
- die Trennenergie, d.h. die Energie, die gebraucht wird, um den Kern vollständig in Protonen und Neutronen zu zerlegen.

Wir haben uns für die dritte Möglichkeit entschieden. Die erste Möglichkeit, nämlich das Arbeiten mit den Ruhenergien ist zwar die begrifflich einfachste Methode. Sie hat aber den Nachteil, dass die entsprechende Tabelle Zahlen mit sehr vielen Ziffern enthalten müsste. In allen Bilanzen träten Differenzen von zwei sehr großen Zahlen auf. Das Vorgehen wäre also sicher nicht sehr ökonomisch.

Von der Einführung einer Tabelle mit der "Bindungsenergie pro Nukleon" (oder Trennenergie pro Nukleon) haben wir abgesehen, weil uns die Größe zu unanschaulich erschien. Wenn man einen Kern zerlegt, zerlegt man ihn ja sicher schrittweise, und für jedes Nukleon, das man vom Kern abtrennt, wird eine andere Trennenergie gebraucht.

Unsere Tabelle enthält daher die gesamte Trennenergie, die man einem Kern zuführen muss, um ihn vollständig in Protonen und Neutronen zu zerlegen.

10. Das Bestimmungswort "anti"

Mit dem Namen Antiteilchen wird eine Beziehung zum Ausdruck gebracht: Ein bestimmtes Teilchen ist das Antiteilchen zu einem anderen. Das Antiproton ist das Antiteilchen zum Proton, das Proton ist aber auch das Antiteilchen zum Antiproton. Das Wort Antiteilchen hat also eine ähnliche Bedeutung, wie das Wort Partner. Einen Partner allein gibt es nicht, es gibt nur einen Partner zu irgendjemand anderem.

Das Bestimmungswort "anti-" hat aber auch eine absolute Bedeutung, nämlich wenn sie vor einem Teilchennamen steht, wie im Fall des Antiprotons, des Antineutrons, des Antineutrinos...

11. Namen von Teilchenklassen

Mit der Entstehung eines neuen Fachgebiets geht die Bildung neuer Fachausdrücke einher. Je mehr solcher Fachausdrücke es gibt, desto kürzer kann man einen bestimmten Sachverhalt ausdrücken. Je mehr solcher Fachausdrücke es gibt, desto mehr Definitionen müssen aber auch gelernt werden.

In der Kernphysik war die Proliferation von Namen, die der Klassifizierung von Teilchen dienen, besonders ausgeprägt. Jedes Teilchen hat einen Eigennamen. Einige haben aber auch zwei Eigennamen, einen ursprünglichen und einen, der seine Eigenschaft als Antipartner zum Ausdruck bringt, z.B. Positron und Antielektron. Außerdem werden Teilchen zu Klassen zusammengefasst.

Wenn sie an der starken Wechselwirkung teilnehmen, heißen sie Hadronen. Wenn bestimmte Quantenzahlen (Baryonenzahl und Leptonenzahl) bestimmte Werte haben, heißen sie Baryonen, Mesonen, Leptonen, Teilchen oder Antiteilchen. Diejenigen Baryonen, die an der Bildung von Atomkernen beteiligt sind, aber auch ihre Antiteilchen, heißen Nukleonen.

Von den hier erwähnten Namen von Teilchenklassen benutzen wir nur die Namen Teilchen und Antiteilchen. Den Namen Meson brauchen wir nicht, weil Reaktionen, an denen Mesonen teilnehmen, nicht behandelt werden. Der Name Hadron wird nicht gebraucht, weil wir die starke Wechselwirkung nicht behandeln. Wir haben aber auch auf die Benutzung der Namen Nukleon, Baryon und Lepton verzichtet.

Das Nukleon wäre bei uns nur der Oberbegriff für die beiden Teilchensorten Proton und Neutron. Die Zusammenfassung dieser beiden zu einer neuen Klasse schien uns aber nicht durch die damit einhergehende Vereinfachung in der Beschreibung des Atomkerns gerechtfertigt zu sein. Entsprechendes gilt für die Namen Baryon und Lepton.

12. Baryonenzahl und Leptonenzahl

Um zu entscheiden, ob eine Kernreaktion möglich ist oder nicht, prüfen wir unter anderem, ob bei der Reaktion die Baryonenzahl und die Leptonenzahl erhalten ist. Für jede der beiden mengenartigen Größen Baryonen- und Leptonenzahl gilt ein Erhaltungssatz. Die Namen Baryonen- und Leptonenzahl legen allerdings nicht nahe, dass es sich um mengenartige Größen handelt, ja eigentlich, dass es sich überhaupt um physikalische Größen handelt. Die Namen suggerieren, es handele sich um Anzahlen: um die Anzahl der Baryonen bzw. der Leptonen. Tatsächlich haben die Größen aber für manche Teilchen negative Werte, sodass sie keine Anzahlen darstellen können.

Wir ziehen daher andere Namen vor, nämlich baryonische und leptonische Ladung. Diese Namen sind gebildet in Analogie zur elektrischen Ladung, mit der die Schüler schon hinreichend viel Erfahrung haben, sodass die Tatsache, dass die Größen auch negative Werte annehmen können, als recht natürlich erscheint.

Ein Unterschied zur elektrischen Ladung besteht darin, dass die baryonische und leptonische Ladung keine Maßeinheit haben, dass man ihre Werte stets in Vielfachen der baryonischen und leptonischen Elementarladung angibt. Um die Analogie trotzdem deutlich werden zu lassen, geben wir gelegentlich, etwa in Tabelle 32.3, auch die Werte der elektrischen Ladung in Vielfachen der Elementarladung an.

13. Antimaterie

Die so genannte Antimaterie wird oft, auch in Science-Fiction-Darstellungen, mystifiziert: Es wird die Erwartung geweckt, sie sei in jeder Hinsicht das Gegenteil der Materie. Insbesondere wird oft die Frage diskutiert, ob sie vielleicht auch eine negative Masse haben könnte. Der Name Antimaterie, an dem sich leider nichts mehr ändern lässt, trägt hierzu sicher bei. Wir bestehen daher besonders darauf, dass der Unterschied zwischen Teilchen und Antiteilchen lediglich im Vorzeichen einiger physikalischer Größen besteht. Statt des Eindrucks, dass ein Antiteilchen sozusagen die Verneinung des entsprechenden Teilchens ist, versuchen wir eine andere Vorstellung zu vermitteln: Teilchen und Antiteilchen bilden ein Pärchen von zwei Teilchen, die sich in vieler Hinsicht gleichen.

14 . Kernreaktor und Fusionsreaktor

Gewöhnlich werden diese Anlagen so dargestellt, dass der Eindruck entsteht, es handele sich um sehr eigenartige, trickreiche Methoden, bei zwei prinzipiell sehr verschiedenen Kernreaktionen Energie "freizusetzen".

Wir versuchen dagegen, die Vorgänge in den beiden Reaktortypen als etwas sehr ähnliches einzuführen. In beiden laufen Kernreaktionen ab, und zwar aus denselben Gründen: Weil die Ruhenergie der Edukte höher ist als die der Produkte. Die Vorgänge beider Reaktortypen sind aber sehr stark gehemmt, der Reaktionswiderstand ist so hoch, dass die Reaktionen unter normalen Umständen gar nicht ablaufen. Um die Reaktionsgeschwindigkeit zu erhöhen, bedient man sich der aus der Chemie bekannten Methoden: Im Kernreaktor benutzt man Neutronen als Katalysator, im Tokamak-Fusionsreaktor beschleunigt man die Reaktion durch Erhöhung der Temperatur. Auch die Kernfusion lässt sich katalytisch beschleunigen, etwa mit Myonen.

15. Die Sonne

Die Sonne ist für alles, was auf der Erde vor sich geht, so wichtig, dass man eigentlich schließen könnte, ihre Behandlung sollte eines der wichtigsten Themen des naturwissenschaftlichen Unterrichts überhaupt sein. Tatsächlich wird sie aber recht stiefmütterlich behandelt: manchmal wie eine Lampe, die das Geschehen auf der Erde beleuchtet, manchmal immerhin als wichtige Energiequelle.

Die Ursachen für eine solche Fehlbewertung der Wichtigkeit eines Themas sind auch hier sicher historischer Art. Unsere Kenntnis über die Vorgänge in der Sonne sind noch relativ jung und entstammen Arbeiten, die im Rahmen einer fortgeschrittenen Kern- und Teilchenphysik gemacht wurden. Dies hat wohl zu der Einschätzung geführt, dass die Aussagen, die man über die Sonne machen kann, schwierig sind, und nur im Rahmen eines fortgeschrittenen Unterrichts vermittelt werden können. Das trifft nun aber gar nicht zu. Tatsächlich haben die Arbeiten zur Physik der Sonne zu Ergebnissen geführt, die sehr einfach sind:

– Die Dichteverteilung der Sonne ist sehr interessant und selbstverständlich leicht zu vermitteln.

– Der Grund dafür, dass die Sonne so heiß ist wie sie ist, ist überraschend und leicht zu erklären. Der Vergleich der Sonne mit einer Wasserstoffbombe suggeriert die falsche Vorstellung, die Sonne sei aus demselben Grund heiß, aus dem es bei einer Bombenexplosion heiß wird. Tatsächlich unterscheiden sich die Reaktionen in der Sonne in einer Hinsicht ganz extrem von denen in der Wasserstoffbombe: Sie laufen außerordentlich langsam ab. Nur so kann man verstehen, dass die Sonne so lange existiert.

– Oft wird suggeriert, die Funktionsweise der Sonne verstehe man erst richtig, wenn man den Bethe-Weizsäcker-Zyklus versteht. In der Chemie dagegen gibt man sich fast immer damit zufrieden, eine Nettoreaktion zu kennen. Wer weiß schon, welche Einzelreaktionen etwa bei der Verbrennung von Benzin ablaufen?

16. Kernreaktionen und chemische Reaktionen

In der Kernphysik wie in der Chemie stehen einige Fragen immer im Vordergrund. Man hat eine bestimmte Reaktion im Auge und fragt erstens, ob die Reaktion überhaupt stattfinden kann, und zweitens, wie schnell sie abläuft (falls sie überhaupt ablaufen darf). Um diese Fragen zu beantworten, verfährt man in Chemie und Kernphysik ganz ähnlich. Da dies in den üblichen Darstellungen der beiden Fachgebiete oft nicht deutlich wird, wollen wir das Vorgehen in Chemie und Kernphysik gegenüberstellen.

Das Einrichten der Reaktionsgleichung

Um eine chemische Reaktionsgleichung einzurichten, müssen bestimmte Regeln befolgt werden: Die Zahlen der Atome jeder Elementsorte auf der linken und der rechten Seite der Gleichung müssen übereinstimmen. In den Worten der Physik handelt es sich hier darum, einen Erhaltungssatz zu befriedigen. In der Tat gilt im Rahmen der Prozesse, auf die sich die Chemie beschränkt, die Erhaltung der Atomzahlen. Dies ist kein allgemeiner Erhaltungssatz. Er gilt nur für die Chemie und wird, wohl wegen dieses Mangels an Allgemeingültigkeit, auch nicht als Erhaltungssatz formuliert.

Tatsächlich operieren wir in der Physik aber sehr oft mit beschränkt erhaltenen Größen. So nutzen wir in der Mechanik oft die Erhaltung der mechanischen Energie bei dissipationsfreien Vorgängen aus. Bei vielen thermodynamischen Vorgängen kann man die Entropie als Erhaltungsgröße betrachten, etwa bei der Betrachtung von Luftbewegungen in der Atmosphäre. Sogar von denjenigen Größen, von deren allgemeiner Erhaltung wir zunächst überzeugt waren, müssen wir gewärtig sein, dass eines Tages Prozesse gefunden werden, bei denen sie nicht erhalten sind. Ein Beispiel ist die Baryonenzahl. Sie wurde bisher überall als streng erhaltene Größe beobachtet: Es wurde noch kein Zerfall des Protons mit Baryonenerhaltungsverletzung beobachtet. Trotzdem ist man noch auf der Suche nach solchen Vorgängen, da sie von der Theorie zugelassen werden.

Es ist also legitim, bei chemischen Vorgängen von der Erhaltung der Atomzahlen zu sprechen.

Beim Einrichten einer chemischen Reaktionsgleichung achtet man auf die Respektierung eines weiteren Erhaltungssatzes, nämlich auf die Erhaltung der elektrischen Ladung.

Beim Einrichten einer Kernreaktionsgleichung verfährt man nun ganz ähnlich. Hier sind zwar die Atomzahlen der Element nicht mehr erhalten, dafür gelten aber andere Erhaltungssätze und diese gestatten uns das Einrichten der Reaktionsgleichungen. Die Erhaltungssätze der Kernphysik sind die der elektrischen Ladung, der Baryonenzahl und der Leptonenzahl (oder der elektrischen, der baryonischen und der leptonischen Ladung).

In welche Richtung kann die Reaktion laufen?

In der Chemie vergleicht man die chemischen Potenziale von Edukten und Produkten. Die Reaktion läuft von selbst vom hohen zum niedrigen Potenzial.

Bei Kernreaktionen kann man genauso verfahren. Während man aber für die Zwecke der Chemie die Nullpunkte von so vielen chemischen Potenzialen willkürlich festlegen darf wie es chemische Elemente gibt, muss man bei Kernreaktionen mit den Absolutwerten der chemischen Potenziale operieren. (Der Grund hierfür ist gerade, dass sich die chemischen Elemente ineinander umwandeln lassen).

Nun sind die Absolutwerte der chemischen Potenziale aber in guter Näherung gleich der molaren Ruhenergie der Stoffe. Und die Differenz der chemischen Potenziale bei einer Kernreaktion ist im Wesentlichen gleich der Differenz der molaren Ruhenergien der Stoffe der linken und rechten Seite einer Reaktionsgleichung. Nur unter sehr extremen Bedingungen kommen Abweichungen auf Grund hoher Temperaturen oder hoher Drücke zur Wirkung. Statt die Reaktionsrichtung über die chemischen Potenziale, kann man sie also auch gleich über die Ruhenergien berechnen.

Wir standen vor der Wahl zwischen den beiden Verfahren. Für die Benutzung der chemischen Potenziale würde sprechen, dass das Verfahren identisch mit dem in der Chemie benutzten ist. Wir haben uns trotzdem dafür entschieden, mit den Ruhenergien zu arbeiten. Das chemische Potenzial erscheint dann als natürliche Größe, wenn man die Reaktion von sehr vielen Teilchen betrachtet, was in der Chemie fast immer der Fall ist. In der Kernphysik dagegen sind die Umsatzraten meist sehr gering, und es steht der elementare Reaktionsprozess im Mittelpunkt. Die Energiebilanz zur Entscheidung über die Reaktionsrichtung heranzuziehen, ist auch deshalb nahe liegend, weil bei der Diskussion von Kernreaktionen ohnehin die Erhaltung von mengenartigen Größen eine wichtige Rolle spielt. Die Energiebilanz einer Reaktion ist also einfach eine weitere Bilanz neben der der elektrischen Ladung, der Baryonenzahl und der Leptonenzahl. Verloren geht dabei natürlich die Einsicht, dass bei einer von selbst ablaufenden Reaktion prinzipiell Entropie erzeugt wird, dass Entropieerzeugung der eigentliche Antrieb jedes von selbst ablaufenden Prozesses ist.

Die Umsatzrate

Die Umsatzrate der Chemie, gemessen etwa in mol/s gibt an, wie ergiebig eine Reaktion abläuft. Auch für Kernreaktionen braucht man ein solches Maß. Leider hat sich hier ein anderer Begriff eingebürgert: die Aktivität. Benutzt wird die Aktivität allerdings nur zur Beschreibung eines bestimmten Reaktionstyps: der so genannten radioaktiven Zerfälle – in den Symbolen der Chemie A → B + C. Als Maßeinheit wird auch nicht das Mol pro Sekunde, sondern das Becquerel oder die Zahl der Zerfälle pro Sekunde verwendet.

Wir ziehen es vor, auch hier das Wort Umsatzrate zu benutzen. Die Maßeinheit Becquerel erscheint dann einfach als eine kleinere Maßeinheit derselben physikalischen Größe. Dass wir für Kernreaktionen überhaupt noch eine zweite Maßeinheit verwenden, liegt daran, dass die Umsatzraten häufig so klein sind, dass man auch mit den bekannten Bestimmungswörtern wie "pico" und "femto" nicht mehr auskommt.

Nun verwendet man in der Kernphysik aber sowieso noch ein zweites Maß für die Umsatzrate einer Reaktion: die Halbwertszeit. Mit den Symbolen n für die Stoffmenge des zerfallenden Stoffes, dn/dt für die Umsatzrate und $T_{1/2}$ für die Halbwertszeit wird

$$\frac{dn}{dt} = -n \cdot \frac{\ln 2}{T_{1/2}}$$

Durch die Einführung einer Halbwertszeit in der Kernphysik entsteht leicht der Eindruck, diese Größe sei etwas für die Kernphysik charakteristisches und auch das damit zusammenhängende exponentielle Abklingen einer Stoffmenge sei eine Besonderheit der Kernphysik. Um diesen Eindruck zu vermeiden, führen wir den Begriff Halbwertszeit und das exponentielle Abklingen bereits in der Atomphysik ein. Tatsächlich handelt es sich ja beim Übergang der Atomhülle von einem angeregten Zustand in den Grundzustand um dieselbe Art von Prozess wie beim Übergang des Kern aus einem angeregten Zustand in den Grundzustand.

17. Die Nuklidkarte

Es mag überraschen, dass wir die Nuklidkarte so früh einführen. Schließlich können ja die Schüler noch gar nicht wissen, wo die zahlreichen verschiedenen Nuklide überhaupt vorkommen. Außerdem wird ihnen gesagt, dass die meisten Nuklide instabil sind. Wie kommt es denn, dass die Nuklide überhaupt existieren? Falls Schüler danach fragen, kann man sie mit Recht auf später vertrösten mit der Bemerkung, dass sehr viele Moleküle instabil sind gegen chemische Reaktionen, und dass man sich darüber auch zunächst nicht wundert. Und wenn man fragt, wie diese Moleküle entstanden sind, so heißt die Antwort: sie wurden auf unzählige verschiedene Arten synthetisiert, und zwar zum größten Teil durch die Natur, zum kleineren Teil durch die Menschen im Labor, oder in Fabriken. Einige wenige Syntheseprozesse werden im Chemieunterricht behandelt. Ähnlich ist es bei den Atomkernen. Auch die instabilen Kerne entstehen auf die verschiedensten Arten, natürlich und künstlich, und einige dieser Prozesse werden im Unterricht angesprochen werden.

18. Stabile und instabile Nuklide

Was man unter einem stabilen Nuklid versteht, ist in gewissem Sinn eine Ermessensfrage. Einige der Nuklide, vor allem die leichten, können nicht zerfallen. Jede Reaktion, bei der elektrische Ladung, Baryonenzahl und Leptonenzahl erhalten ist, führt zu Reaktionsprodukten, deren Ruhenergie höher ist als die des Ausgangskern. Die Reaktion ist daher ohne Energiezufuhr, d.h. "von selbst", nicht möglich. Viele andere der in den Nuklidkarten als stabil eingestuften Nuklide sind in diesem Sinn aber nicht stabil. Sie zerfallen nur deshalb nicht, weil der Reaktionswiderstand sehr hoch ist. In anderen Worten, ihre Halbwertszeit ist einfach sehr, sehr groß.

C. Versuche

1. Energie und Energieträger

Abschnitt 1.2

Mit Geräten aus der Sammlung oder aus dem eigenen Haushalt baut man Quelle-Empfänger-Systeme auf, z.B.

Batterie - Kabel - Glühlampe

Gasflasche - Schlauch - Campinglampe (oder Campingkocher)

Fön (oder Ventilator) - Windrädchen

Elektromotor - Schnur (Treibriemen) - irgendeine Spielzeugmaschine

Elektromotor - lange Antriebswelle - irgendeine Spielzeugmaschine

Glühlampe - Solarzelle

pneumatische Energieübertragung mit Fischertechnik oder Lego

pneumatische oder hydraulische Energieübertragung mit zwei Kolbenprobern, die durch einen Schlauch verbunden sind

Damit die Struktur "Quelle - Leitung - Empfänger" klar zu erkennen ist, sollte in den Experimenten die Länge der Leitung immer groß sein gegen die Ausdehnung der Quelle und des Empfängers. Man wird also ein elektrisches Lämpchen über ein mehrere Meter langes Kabel an eine Batterie anschließen oder eine Camping-Lampe über einen mehrere Meter langen Schlauch an die Gasflasche.

Abschnitt 1.3

Soweit es mit den vorhandenen Mitteln möglich ist, wird aus mehreren Energieumladern eine Kette aufgebaut.

2. Strömungen von Flüssigkeiten und Gasen

Abschnitt 2.1

Es werden verschiedene Drücke gemessen oder Druckwerte abgelesen:
- Autoreifen (Druckmesser aus dem Kaufhaus)
- Wasserleitungsnetz (Manometer mit Messbereich von etwa 10 bar)
- Gasflasche (aus der Chemiesammlung)
- Vakuumglocke
- Normaldruck der Luft (mit Barometer)

Abschnitt 2.3

1. In einen etwa 3 m langen, dünnen Schlauch werden im Abstand von etwa 1 m feine Löcher (Durchmesser 1 mm) gebohrt. Der Schlauch wird an den Wasserhahn angeschlossen, und der Wasserhahn wird geöffnet. Aus jedem Loch spritzt eine kleine Fontäne heraus. Die Höhe der Fontäne ist ein Maß für den Druck im Schlauch. Der Druck nimmt, vom Wasserhahn ausgehend, ab. Das Wasser fließt also von Stellen höheren zu Stellen niedrigeren Drucks.

2. Man lässt Luft in die evakuierte Vakuumglocke einströmen.

3. Zwei möglichst verschieden große Autoreifen, die auf unterschiedlichen Druck aufgepumpt wurden, werden über einen Schlauch miteinander verbunden. Es strömt solange Luft über, bis die Drücke gleich sind. Man braucht zwei Ventilanschlüsse (aus Autozubehörgeschäft).

Abschnitt 2.4

Verschiedene Pumpen werden vorgeführt. Man lässt sie laufen und zeigt sie im demontierten Zustand, z. B. eine Kreiselpumpe aus einer alten Waschmaschine oder eine Pumpe, die man als Zusatzgerät zur Schlagbohrmaschine kaufen kann.

Abschnitt 2.5

1. Die Wasserstromstärke bei geöffnetem Wasserhahn wird gemessen (mit Messglas und Stoppuhr).

2. Die Stromstärke der Luft, die aus einem Autoreifen ausströmt, wird gemessen, indem man die Luft in eine Plastiktüte, deren Fassungsvermögen man kennt, strömen lässt.

Abschnitt 2.6

Zur qualitativen Untersuchung der Abhängigkeit der Stromstärke vom Druckunterschied, sowie von Länge und Durchmesser der Leitung, wird eine Plastiktüte über einen Schlauch mit der Luft aus einem Autoreifen gefüllt. Ein Strömungswächter aus der Chemiesammlung ist geeignet, die Stromstärke sichtbar zu machen.

Abschnitt 2.7

1. Die Zeit, die zum Füllen der Plastiktüte nötig ist, ist ein Maß für die Stromstärke. Sie wird mit der Stoppuhr gemessen. Es werden jeweils zwei Experimente (a) und (b) miteinander verglichen:

- Luft aus einem Reifen mit hohem Druck (a) und aus einem Reifen mit niedrigem Druck (b); es genügt, zwischendrin etwas Luft abzulassen; beide Male derselbe Schlauch.
- Langer Schlauch (etwa 3 m) (a) und kurzer Schlauch (etwa 0,2 m) (b); die Schläuche sollen sehr dünn sein (etwa 3 mm Innendurchmesser); sie haben beide denselben Durchmesser; der Druck im Reifen ist beide Male derselbe.
- Dünner Schlauch (a) und dicker Schlauch (b); Schläuche gleichlang (etwa 3 m); der Druck im Reifen ist beide Male derselbe.

2. Um die Abhängigkeit des Widerstandes von Länge und Querschnitt der Leitung zu zeigen, kann man auch einfach die Schüler durch verschieden dicke und verschieden lange Trinkhalme pusten lassen.

Abschnitt 2.8

1. Falls in Kapitel 1 noch nicht gemacht: hydraulische oder pneumatische Energieübertragung mit Lego, Fischertechnik oder mit zwei Kolbenproben, die durch einen Schlauch verbunden sind.

2. Bei einer Spielzeugdampfmaschine wird je ein Schlauch an der Wassereinfüllöffnung des Kessels und am Dampfauslass am Zylinder angeschlossen. Man lässt die Maschine laufen zwischen

- einem aufgepumptem Autoreifen und der Umgebung;
- einem aufgepumpten und einem nichtaufgepumpten Autoreifen;
- der Umgebung und der evakuierten Vaku-umglocke.

Man lässt die Maschine jeweils solange laufen, bis sich Druckgleichgewicht eingestellt hat.

3. Impuls und Impulsströme

Die wichtigsten Requisiten für eine große Zahl von Versuchen der Anfangsphase der Mechanik sind drei Arten von "Fahrzeugen". Sie unterscheiden sich vor allem in ihrem Reibungsverhalten:

1. Mehrere kleine Fahrzeuge mit sehr wenig Reibung. Am besten geeignet sind Gleiter auf einer Luftkissenschiene. Wenn wir uns in den folgenden Versuchsbeschreibungen auf diese reibungsarmen Fahrzeuge beziehen, sprechen wir immer von "Gleitern".

2. Zwei Fahrzeuge, deren Reibung im Experiment nicht vernachlässigt zu werden braucht, die aber möglichst groß sein sollen, damit der Impuls als eine wirklich fühlbare Größe erscheint. Es wäre schön, wenn sich auf einen solchen Wagen ein Schüler setzen oder stellen könnte. Wenn wir uns auf diese Fahrzeuge beziehen, sprechen wir kurz von "Wagen". Notfalls kann man natürlich auch für diese Experimente kleine Fahrzeuge verwenden. Eine andere Notlösung stellen die fahrbaren Lehrertische dar. Der Nachteil der Lehrertische besteht darin, dass sie oft nicht geradeaus rollen, wenn man sie anstößt.

3. Die dritte Art von bewegtem Körper, die wir benutzen, kann man gar nicht als Fahrzeug bezeichnen: Ein Körper der absichtlich eine große Reibung mit der Unterlage hat. Man verwendet zum Beispiel einen großen mit Büchern gefüllten Pappkarton.

Abschnitt 3.2

1. Demonstration von Körpern, die viel und die wenig Impuls enthalten.

2. Ein Gleiter läuft von links nach rechts, ohne seine Geschwindigkeit zu ändern.

3. Elastischer Stoß eines Gleiters gegen einen zweiten ruhenden Gleiter.

4. Inelastischer Stoß eines Gleiters gegen einen zweiten ruhenden Gleiter.

5. Inelastischer Stoß eines Gleiters gegen zwei aneinander gekoppelte ruhende Gleiter.

6. Inelastischer Stoß eines Gleiters gegen 3, 4, etc. ruhende Gleiter.

7. Inelastischer Stoß eines Gleiters gegen das Schienenende. (Inelastischer Stoß eines Wagens gegen eine Wand.)

8. Ein Gleiter läuft auf der Schiene. Bevor er das Ende erreicht, schaltet man das Gebläse ab, sodass der Gleiter aufsetzt.

9. Man lässt einen Wagen ausrollen.

10. Inelastischer Stoß zwischen zwei Gleitern, die sich mit entgegengesetzt gleicher Geschwindigkeit aufeinander zu bewegen.

Abschnitt 3.3

1. Eine Person (Lehrer, Schüler) zieht über ein Seil an einem Wagen, so dass sich dieser nach rechts in Bewegung setzt.

2. Eine Person sitzt auf einem Wagen und zieht über ein Seil an einem anderen Wagen, der etwa so schwer ist wie der erste Wagen einschließlich Person.

3. Eine Person steht auf einem Skateboard und zieht mit Hilfe von zwei Seilen zwei Wagen zu sich heran.

4. Ein Spielzeugauto mit Fernsteuerung steht auf einem Stück Pappe, das auf Rollen (z.B. Trinkhalmen) gelagert ist. Der Automotor wird eingeschaltet. Das Auto setzt sich in die eine Richtung, die Pappunterlage in die andere Richtung in Bewegung.

5. Zwei Gleiter, von denen der eine mit einem elastischen Puffer, z.B. einer Feder, ausgerüstet ist, werden mit einem dünnen Faden aneinander gekoppelt, und zwar so, dass die Feder komprimiert ist. Der Faden wird durchgeschnitten oder durchgebrannt.

Abschnitt 3.4

1. Ein Wagen wird über eine Stange nach rechts in Bewegung gesetzt, d. h. er wird mit (positivem) Impuls geladen. Einmal zieht man von vorn, einmal schiebt man von hinten.

2. Ein Wagen wird über ein Seil mit Impuls geladen, indem man von vorn zieht. Schieben von hinten ist erfolglos.

3. Auf einen Gleiter wird ein Stab- oder Hufeisenmagnet montiert. Man setzt den Gleiter in Bewegung, indem man mit einem anderen Magneten von hinten schiebt (gleichnamige Pole benachbart).

4. Auf einen Wagen wird eine schwere Stange (oder ein Brett) gelegt. Die Stange steht nach links über. Man lädt den Wagen mit Impuls, indem man an dem überstehenden Ende der Stange schiebt. Dabei soll die Stange über den Wagen hinweggleiten.

5. Auf ein kleines Fahrzeug (Gleiter oder kleiner Wagen) wird ein aufgeblasener Luftballon montiert. Der Ballon wird geöffnet. Der Wagen setzt sich durch den Rückstoß der ausströmenden Luft in Bewegung.

Abschnitt 3.6

In einen Behälter mit einem Loch lässt man Wasser hineinfließen. Der Wasserspiegel steigt zunächst. Schließlich ist der durch das Loch abfließende Wasserstrom genauso stark wie der zufließende.

Abschnitt 3.7

Ein Holzklotz wird so auf ein auf Rollen gelagertes Brett geworfen, dass sich das Brett in Bewegung setzt.

Abschnitt 3.8

1. Noch einmal wird ein Wagen mit einer Stange, die am Wagen befestigt ist, in Bewegung gesetzt.

2. Der Wagen wird über ein Expandergummiseil durch Ziehen in Bewegung gesetzt.

3. Der Wagen wird über eine Stahlfeder durch Drücken in Bewegung gesetzt.

Abschnitt 3.9

1. Ein Karton wird mit einem Seil über den Erdboden gezogen.

2. Karton und ziehende Person stehen auf einem auf Rollen gelagerten Brett. Als Rollen eignen sich abgesägte Besenstielstücke oder kurze Wasserrohrstücke.

3. Karton und ziehende Person stehen auf zwei Brettern. An einem der Bretter ist ein Stück Schaumgummi befestigt. Ins Seil ist eine Feder eingebaut. Während der Karton mit etwa konstanter Geschwindigkeit über sein Brett gezogen wird, ist die Feder im Seil deutlich sichtbar verlängert und das Schaumgummi zusammengedrückt.

4. Man blockiert den Karton, z. B. indem man einen Nagel ins Brett schlägt.

5. Man blockiert das Seil, indem man es mit einem Nagel am rechten Brett befestigt.

6. Man zeigt an mehreren statischen Anordnungen, dass stets ein Teil der Anordnung unter Zug, ein anderer unter Druck steht.

Beispiele:

- Ein Schüler hält einen auseinandergezogenen Expander (Zug im Expander, Druck im Körper des Schülers).
- Zwei Schüler, die je auf einem fahrbaren Versuchstisch sitzen, ziehen sich mit den Händen aufeinander zu, während sie sich mit den Beinen voneinander wegdrücken (Zug in den Händen, Druck in den Beinen).
- Anordnung aus Stativmaterial und einer Feder, die einen geschlossenen, unverzweigten Impulsstromkreis darstellt, Abb. 3.1.

Abschnitt 3.10

1. Vorführen von Federkraftmessern. Man lässt die Schüler mit (nicht zu empfindlichen) Kraftmessern herumspielen.

2. Ein langes Seil läuft quer durch den Klassenraum, Abb. 3.2. Rolle und Gewicht auf der einen Seite die-

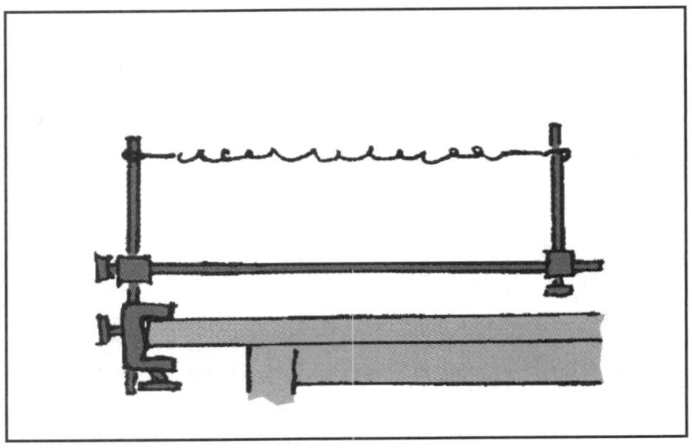

Abb. 3.1. Geschlossener, unverzweigter Impulsstromkreis aus Stativmaterial

nen dazu, das Seil zu spannen, d.h. einen x-Impulsstrom aufrechtzuerhalten. Sie sind nicht Gegenstand der Betrachtung. Der Impulsstrom im Seil wird gemessen. Dabei wird betont, dass auf die folgende Art vorgegangen wird: Zuerst wird die Leitung, durch die der zu messende Strom fließt, durchgetrennt. Die beiden dabei neu entstehenden Enden werden mit den beiden Anschlüssen des Stromstärkemessgeräts verbunden. (Entsprechend verfährt man bei der Messung der Stromstärke jeder beliebigen anderen mengenartigen Größe).

3. Man beschleunigt einen Wagen mit möglichst konstanter Kraft. Die Kraft wird dabei gemessen.

4. In die Anordnung von Abb. 3.2 werden zwei Kraftmesser hintereinander eingebaut. Der angezeigte Impulsstromstärkewert ist derselbe wie vorher.

5. In das Seil von Abb. 3.2 wird eine Verzweigung eingebaut (entsprechend Abb. 3.47b im Schülertext). Die Impulsstromstärken werden gemessen.

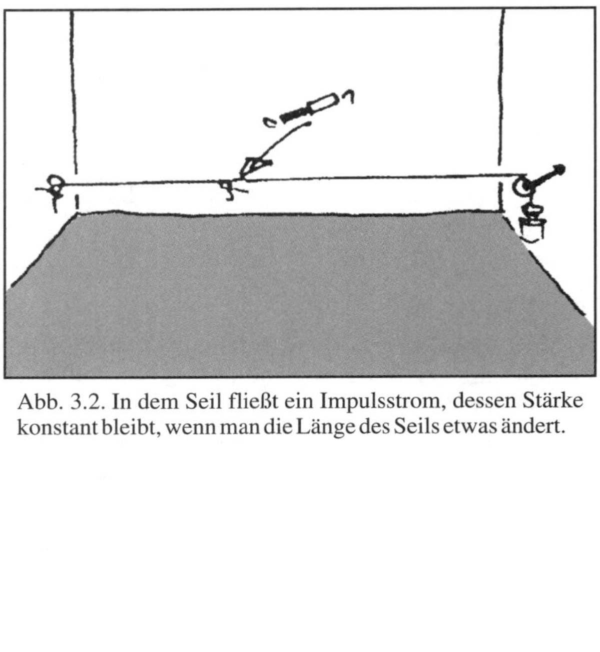

Abb. 3.2. In dem Seil fließt ein Impulsstrom, dessen Stärke konstant bleibt, wenn man die Länge des Seils etwas ändert.

Abschnitt 3.12

1. Mit einem Gummiring und einem Lineal wird eine Stromstärkeeinheit definiert. Mit weiteren Gummiringen werden Vielfache der Einheit realisiert.

2. Mit Hilfe von Stromstärkeeinheiten wird ein Expanderseil geeicht.

3. Mit dem Expanderseil wird ein Wagen beschleunigt. Aus der Verlängerung des Seils wird die Stärke des in den Wagen fließenden Impulsstroms ermittelt.

4. Mit Hilfe von Stromstärkeeinheiten wird der F-s-Zusammenhang für eine Stahlfeder aufgenommen.

Abschnitt 3.14

1. Verschiedene Geschwindigkeitsmesser werden betrachtet, untersucht und diskutiert, z.B.

– Tachometer an einem Fahrrad

– Windgeschwindigkeitsmesser einer Wetterstation

– Windsack am Hubschrauberlandeplatz

2. Mit einem Technikbaukasten baut man ein Fahrzeug mit einem Geschwindigkeitsmesser, der nach dem Prinzip des Zentrifugalregulators arbeitet.

3. Die zeitlich konstante Geschwindigkeit eines Gleiters auf der Luftkissenbahn wird über eine Weg-Zeit-Messung bestimmt. Dabei können die Schüler zum ersten Mal Bekanntschaft mit Lichtschranken machen.

Abschnitt 3.15

Die Versuche sind im Schülertext beschrieben.

4. Das Schwerefeld

Abschnitt 4.1

Ein Impulsstromkreis, wie ihn Abb. 4.1 im Schülertext zeigt, wird aufgebaut.

Abschnitt 4.2

1. Man lässt Gegenstände fallen, und man hängt Gegenstände an einem Kraftmesser auf.

2. Man zeigt noch einmal einen Versuch zur Impulsübertragung durch ein Magnetfeld.

3. Man befestigt eine kräftige Feder oder ein Expanderseil in Erdbodenhöhe. Ein Schüler, der evtl. noch auf einem Stuhl steht, spannt die Feder bzw. das Seil mit einer Hand in senkrechter Richtung. In die andere Hand nimmt er ein Gewichtsstück. Alles ist so aufeinander abgestimmt, dass die Kräfte, die der Schüler rechts und links spürt, gleich sind. Man kann ihn noch bitten, die Augen zu schließen, und sich in Gedanken einzureden, Feder und Gewichtsstück seien gegeneinander vertauscht. Es ist überraschend, wie gut das gelingt. (Das merkt natürlich nur die Versuchsperson.)

Das Ziel der Operation ist es, dass sich die Schüler eine möglichst konkrete Vorstellung vom Schwerefeld bilden.

Abschnitt 4.3

An einen Federkraftmesser wird ein Gewichtsstück bekannter Masse gehängt, dann zwei, drei etc. Der Ausschlag des Kraftmessers wird abgelesen.

Abschnitt 4.4

1. Zwei deutlich verschieden schwere, aber nicht zu leichte Gegenstände werden aus nicht zu großer Höhe gleichzeitig fallengelassen. Man hört den gleichzeitigen Aufschlag.

Abb. 4.1. Im freien Fall werden die Gewichte von den Gummiringen ins Innere der Dose gezogen.

2. Ein aufwendiger Versuch: Man lässt eine Kugel frei fallen und misst an einer beliebigen Stelle ihres Fallweges:

1. ihre Geschwindigkeit
2. die Fallzeit.

Man wiederholt den Versuch bei anderen Werten der Fallhöhe. Die Ergebnisse sollen die Gleichung $v = g \cdot t$ befriedigen.

3. Man macht die bekannten Versuche mit dem Fallrohr aus der Sammlung.

Abschnitt 4.5

1. Ein aufgeblasener Luftballon und ein schwerer Gegenstand werden gleichzeitig fallengelassen.

2. Eine sehr leichte und eine schwere Kugel vom gleichen Durchmesser werden gleichzeitig aus derselben Höhe fallengelassen.

Abschnitt 4.6

1. Man macht das im Schülertext beschriebene Experiment mit den beiden Klötzen, zwischen denen ein Brettchen eingeklemmt ist.

2. Jemand (Lehrer, Schüler) springt vom Tisch und hat dabei zwei schwere Koffer in den Händen. Während des Fallens ist das Gewicht der Koffer nicht zu spüren.

3. Man macht ein Experiment mit dem in Abb. 4.1 dargestellten Gebilde, das man leicht selbst bauen kann: In einer Konservendose werden innen am Boden zwei Gummiringe befestigt. Am jeweiligen anderen Ende der Ringe werden zwei kleine Metallgegenstände befestigt. Die Länge der Gummiringe ist so eingerichtet, dass sie im entspannten Zustand nicht über den oberen Rand der Dose hinausreichen. Man kann aber die beiden an ihren Enden hängenden Gewichte über den Rand der Dose hängen, so dass die Gummiringe etwas gespannt sind. Lässt man die so präparierte Dose frei fallen, so werden die Gewichtsstückchen deutlich hörbar ins innere der Dose gezogen. Der Effekt tritt natürlich auch dann schon ein, wenn man die Dose nach oben wirft.

4. Ein Versuch, den man im Freien macht: Ein 1-Liter-Milchbehälter aus Pappe wird mit Wasser gefüllt. Man wirft ihn, mit der Öffnung nach unten, in die Luft. Beim Werfen hält man die Öffnung zu. Während der Milchkarton durch die Luft fliegt, fließt das Wasser nicht heraus.

Abschnitt 4.7

1. Man bestimmt die Dichte einiger geometrisch einfacher fester Körper durch Wägen und Abmessen der Lineardimensionen.

2. Man bestimmt die Dichte von Flüssigkeiten durch Wägen und Volumenmessung.

3. Man bestimmt die Dichte eines geometrisch unregelmäßigen festen Körpers. Man erhält sein Volumen, indem man ihn unter Wasser drückt und das Volumen des verdrängten Wassers misst.

4. Man bestimmt die Dichte von Luft unter Normalbedingungen. Ein evakuierbarer Behälter bekannten Volumens wird zweimal gewogen: einmal vor und einmal nach dem Evakuieren.

Abschnitt 4.8

1. Man untersucht, welche Körper oder Stoffe auf welchen anderen schwimmen. Dabei realisiert man alle möglichen Kombinationen von festen, flüssigen und gasfömigen "Körpern".

2. Man schichtet, wie im Schülertext beschrieben (Abb. 4.18), in einem Behälter Tetrachlorkohlenstoff (oder Trichlorethylen), Wasser und Benzin übereinander, und bringt in den Behälter noch Festkörper hinein, die an den beiden Grenzflächen schwimmen, sowie einen Festkörper, der ganz oben schwimmt und einen, der ganz untergeht. (Als Körper, die an der Grenzfläche zwischen Wasser und Benzin schwimmen, eignen sich Körper aus verschiedenen Kunststoffen. An der Grenzfläche zwischen Trichlorethylen und Wasser schwimmt zum Beispiel das Material, aus dem elektrische Buchsen gefertigt werden.)

3. Man untersucht, ob eine mit Wasser mischbare Flüssigkeit, z.B. Alkohol, auf Wasser schwimmt, indem man sie in ein kleines Plastiksäckchen gießt und dieses in das Wasser legt.

Abschnitt 4.9

1. Man zeigt, dass der Schweredruck nach unten hin zunimmt, etwa mit dem Experiment von Abb. 4.19 im Schülertext.

2. Ein Schlauch wird an einem Ende verschlossen und dann mit Wasser gefüllt. Am verschlossenen Ende ist ein Manometer angeschlossen. Der Schlauch wird senkrecht gehalten. Je mehr Platz (in senkrechter Richtung) zur Verfügung steht, desto eindrucksvoller ist der Überdruck des Wassers.

3. Mit einem empfindlichen Druckmessgerät wird der Luftdruck zwischen dem höchsten und dem niedrigsten Stockwerk des Schulgebäudes verglichen.

5. Impuls und Energie

Abschnitt 5.1

Man führt den in Abb. 5.4 im Schülertext dargestellten Versuch aus. Man schließt auf die Geschwindigkeiten, mit denen sich die drei Seilstücke bewegen.

Abschnitt 5.2

1. Eine Feder wird gespannt und mit beiden Enden festgehakt. Man löst sie dann von einer ihrer Befestigungen. Die Feder macht eine heftige ungeordnete Bewegung. Diese Bewegung wird als Zeichen dafür interpretiert, dass die Feder Energie enthalten hatte.

2. Eine lange Feder ist mit einem Ende an der Wand, mit dem anderen an einer Schnur befestigt. Die Feder wird gespannt, indem die Schnur mit Hilfe eines Elektromotors aufgewickelt wird. Dann lässt man die Feder sich entspannen, wobei der Motor als Dynamo arbeitet. An diesen Dynamo ist ein Lämpchen angeschlossen.

3. Ein Fahrzeug fährt gegen die Wand und zerstört dabei irgendetwas: einen Pappkarton oder einen Gegenstand aus Glas. Diese Zerstörung wird als Zeichen dafür interpretiert, dass das Fahrzeug Energie enthalten hatte.

4. Eine Person fährt Fahrrad. Sie lässt das Fahrrad ausrollen während der Dynamo eingekuppelt ist. Das Leuchten der Fahrradlampe ist ein Zeichen für Energieabgabe des Fahrrads.

5. Ein ausrollendes Fahrzeug spannt eine Feder, siehe Abb. 5.8 im Schülertext. Das Fahrzeug bewegt sich einmal nach rechts und einmal nach links.

6. Das eine Ende einer gespannten Feder wird an einem Fahrzeug festgehakt, das Fahrzeug wird losgelassen. Die Feder entspannt sich, und das Fahrzeug setzt sich in Bewegung.

7. Mit Hilfe eines Elektromotors und einer Schnurrolle wird ein Gegenstand hochgehoben. Dann lässt man den Gegenstand sich wieder hinunterbewegen, wobei der Motor als Dynamo arbeitet. An diesen Dynamo ist ein Lämpchen angeschlossen.

8. Ein Gewichtsstück wird an eine Feder gehängt. Das Gewichtsstück bewegt sich nach unten und spannt dabei die Feder.

Abschnitt 5.3

Ein Schwinger, wie in Abb. 5.12 im Schülertext, wird aufgebaut.

6. Der Impuls als Vektor

Abschnitt 6.1

Man lässt zwei kleine Fahrzeuge, z.B. Spielzeugautos, herumfahren. Die beiden Fahrzeuge haben einmal Geschwindigkeiten gleichen Betrages, und gleicher Richtungen, einmal sind die Richtungen gleich, aber die Beträge verschieden, dann sind die Beträge gleich und die Richtungen verschieden und schließlich sind Beträge und Richtungen verschieden. Nur im ersten Fall sind die beiden Geschwindigkeiten gleich.

Abschnitte 6.2 - 6.3

1. Um die hier diskutierten Experimente zu machen brauchte man ein Gerät, das Impuls zweier verschiedener Richtungen aufnehmen kann. Ein Fahrzeug wie der Experimentiertisch mit Rädern, die sich in jede Richtung einstellen, ist nicht sehr gut geeignet, da sich ein solches Fahrzeug leicht verdreht: Es kann neben den verschiedenen Impulssorten auch Drehimpuls aufnehmen, und das stört in unseren Experimenten.

Ein Luftkissentisch ist besser geeignet, da die störende Reibung hier nicht existiert. Das Problem, dass die Körper Drehimpuls aufnehmen, besteht allerdings hier auch. Lässt man zwei Gleiter inelastisch zusammenstoßen, so dass sie nach dem Stoß aneinanderhängen, so wird sich das Gleiterpaar nach dem Stoß, falls man nicht mit sehr viel Geschick operiert, drehen.

2. Es ist nicht allzu schwer, ein Gerät zu bauen, das für unsere Zwecke geeignet ist: Eine Sperrholzplatte ist auf zwei aufeinander senkrecht stehenden Schienenpaaren so gelagert, dass sie leicht in x-Richtung und in y-Richtung rollt, sich aber nicht verdrehen kann, Abb. 6.1.

Auf der Platte kann man kleine Fahrzeuge fahren lassen: Eine Spielzeugeisenbahn oder ein ferngesteuertes Spielzeugauto. Oder man lässt eine Kugel oder mehrere Kugeln auf Schienen auf der Platte rollen.

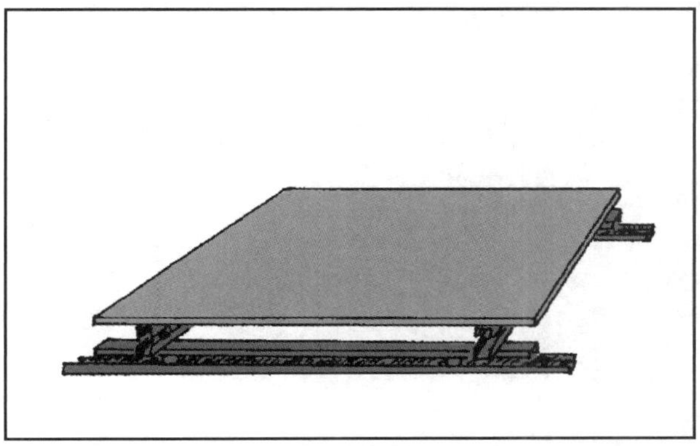

Abb. 6.1. Die Platte ist bezüglich Linearimpuls von der Erde isoliert. Drehimpuls dagegen wird in die Erde abgeleitet.

3. Um zu demonstrieren, dass der fließende Impuls relativ zur Richtung der Impulsleitung verschiedene Richtungen haben kann, reichen auch einfachere Experimente: Ein Fahrzeug, dessen Räder fest in eine Richtung orientiert sind, wird über einen Stab mit Impuls geladen. Man macht im Wesentlichen die Experimente der Abbildung 6.5 im Schülertext. Man muss nur darauf achten, dass man das Fahrzeug vor jedem Versuch so orientiert, dass es dieselbe Richtung wie der ankommende Impuls hat.

4. Man lädt ein Fahrzeug mit Impuls, indem man mit Hilfe einer nichtgeraden Stange schiebt oder zieht. Eine solche Stange lässt sich aus Stativmaterial zusammensetzen.

Abschnitt 6.5

1. Man zieht mit Hilfe einer Schnur, in die ein Federkraftmesser eingebaut ist, an einem nicht zu leichten Fahrzeug, einmal in Fahrtrichtung, einmal quer dazu und schließlich in eine beliebige schräge Richtung, und beobachtet qualitativ die Reaktion des Fahrzeugs.

2. Die Fahrbahn der Sammlung wird etwas schräg gestellt. Ein Fahrzeug bzw. Gleiter bewegt sich beschleunigt die Bahn hinunter. Die Geschwindigkeit wird über der Zeit aufgenommen.

Abschnitt 6.6

Der Versuch, der hierher passt, ist zwar trivial, aber trotzdem nicht überflüssig: An irgendeinen Gegenstand, der leicht gleitet, wird eine Schnur befestigt. Der Gegenstand wird auf der ebenen Tischfläche durch kurzes ziehen an der Schnur mit Impuls geladen. Man sieht, dass die Richtung des Impulses, den der Klotz bekommt, dieselbe ist wie die Richtung der Schnur.

Abschnitt 6.7

In drei gespannte Seile, die in einem Knoten zusammenlaufen, wird je ein Federkraftmesser eingebaut. Die drei Impulsstromstärkevektoren addieren sich zu null.

7. Drehmoment und Schwerpunkt

Abschnitt 7.1

1. Man baut die Anordnungen der Abbildungen 7.1, 7.3, 7.4 und 7.6 im Schülertext auf.

2. Man baut Flaschenzüge mit den Mitteln der Sammlung auf und misst die Impulsstromstärke in Zug- und Lastseil.

3. In Kaufhäusern oder im Baufachhandel bekommt man für nicht zu viel Geld einen richtigen Flaschenzug. Man hebt mit einem solchen Flaschenzug eine schwere Last. Wegen der großen Reibung solcher Flaschenzüge lassen sich die im Unterricht erarbeiteten Beziehungen hieran aber nicht quantitativ nachweisen.

Abschnitt 7.3

1. Man baut eine Anordnung ähnlich wie in Abb. 7.16 im Schülertext auf. Die Anordnung kann leicht verschiebbar auf dem Tisch liegen. Lässt man sie nach unten hängen, so ist darauf zu achten, dass das Eigengewicht vernachlässigbar ist.

2. Es wird eine Anordnung ähnlich wie die in Abb. 7.21 im Schülertext aufgebaut (natürlich mit geringerer Last). Um die Impulsstromstärken in den Punkten B und C zu messen, hängt man den Stab in diesen Punkten an zwei Federkraftmessern auf.

3. Ein Umlenkhebel wie der in Abb. 7.25 im Schülertext kann mit Material eines Märklin-Baukastens gebaut werden. In die beiden Schnüre werden Federkraftmesser eingebaut.

Abschnitt 7.4

1. Es wird mit einer Anordnung ähnlich wie der in Abb. 7.32 experimentiert: gleiche Hebelarme und gleiche Gewichte, gleiche Hebelarme und verschiedene Gewichte, Gleichgewicht bei verschiedenen Hebelarmen.

2. Man zeigt, dass eine um ihren Mittelpunkt drehbare Hantel bei jeder Orientierung im Gleichgewicht ist. (Die Hantel baut man mit den Mitteln der Schulsammlung, oder mit Märklin, Legotechnik oder Fischertechnik)

3. Man bestimmt den Schwerpunkt eines Körpers, indem man eine Achse sucht, bei der der Körper unabhängig von der Orientierung im Gleichgewicht bleibt. Der Körper soll die Möglichkeit bieten, dass Achsen auf viele Arten durch ihn hindurchgesteckt werden können. Geeignet ist Legotechnik.

Abschnitt 7.5

Man bestimmt den Schwerpunkt eines Körpers, indem man ihn an verschiedenen Punkten drehbar aufhängt und jeweils vom Aufhängepunkt aus das Lot markiert.

Abschnitt 7.6

1. Man stellt einen möglichst schweren Gegenstand auf, der im Wesentlichen quaderförmig ist, und der viel länger als breit ist, z. B. ein geeignetes Möbelstück. Man zeigt, dass es leichter ist, den Gegenstand umzukippen, wenn er "steht" als wenn er "liegt".

2. Man zeigt, wie man mit einer Balkenwaage umgeht.

8. Drehimpuls und Drehimpulsströme

Abschnitt 8.1

1. Man zeigt zwei verschieden große, sich etwa gleich schnell drehende Schwungräder, z.B. das Schwungrad aus er Sammlung und ein kleines Märklinrad.

2. Für dieses Experiment braucht man zwei Schwungräder, die mit einer Rutschkupplung verbunden werden können. Geeignet sind Schwungräder wie die aus der Schulsammlung. Da man normalerweise nur ein solches Rad hat, muss man ein zweites ausleihen. Eine "Kupplung" lässt sich recht leicht selbst bauen. Man macht die im Schülertext beschriebenen Experimente.

3. Man lässt Drehimpuls in die Erde abfließen, indem man ein rotierendes Rad mit der Hand abbremst.

Abschnitt 8.2

Man macht die im Schülertext beschriebenen Versuche mit Drehschemel und Schwungrad.

Abschnitt 8.3

Aus Märklinteilen baut man eine Hantel, die um eine Achse rotieren kann, siehe Abb. 8.15 im Schülertext. Man führt die im Schülertext beschriebenen Experimente aus.

Abschnitt 8.4

Man befestigt am Schwungrad der Sammlung axial einen flachen elastischen Stab, etwa ein Plastiklineal. Man lädt das Rad mit Drehimpuls, indem man am Ende des Lineals dreht. Man beobachtet die Verdrillung.

Abschnitt 8.5 und 8.6

Man zeigt, dass für den Drehimpuls, der zwischen einem Motor und einer vom Motor angetriebenen Maschine fließt, eine Rückleitung gebraucht wird. Es gibt viele Möglichkeiten, ein solches Experiment aufzubauen. Ein Beispiel: Man braucht eine elektrische Handbohrmaschine und eine kleinen Elektromotor, den man als Dynamo betreibt. Am Dynamo ist ein Lämpchen befestigt, das Lämpchen ist am Dynamo elektrisch angeschlossen. Die Antriebswelle des Dynamos wird in das Bohrfutter der Bohrmaschine eingeklemmt. Dynamo und Lämpchen müssen gut zentriert sein, damit die Erde kein Drehmoment auf das Gehäuse des Dynamos ausübt. Lässt man die Bohrmaschine laufen, so dreht sich der Dynamo samt Lämpchen als Ganzes. Das Lämpchen leuchtet nicht. Da der Drehimpulskreislauf nicht geschlossen ist, kann kein Energietransport stattfinden. Hält man das Dynamogehäuse dagegen fest, so hat der Drehimpuls eine Rückleitung und der Transport funktioniert.

9. Druck- und Zugspannungen

Abschnitt 9.1

In eine Schraubzwinge wird eine Art Sandwich hineingeklemmt, bestehend aus drei kleinen Holzplatten und zwei flachen Styroporstücken. Die Reihenfolge ist Holz - Styropor - Holz - Styropor - Holz. Das eine Styroporstück hat eine kleine Querschnittsfläche, das andere eine große. Zieht man die Schraubzwinge an, so wird zunächst nur das Styroporstück mit der kleineren Querschnittsfläche zerquetscht. Der Druck ist dort offenbar höher als in dem anderen Styroporstück.

Abschnitt 9.2

1. Man klemmt einen kleinen kubischen Körper so ein, dass in drei aufeinander senkrechten Richtungen drei verschiedene Drücke herrschen, etwa mit Hilfe von Schraubzwingen.

2. Ein länglicher Schaumgummiklotz wird als Brücke benutzt, Abb. 9.12 im Schülertext. Bei Belastung in der Mitte sieht man, dass das Schaumgummi in Längsrichtung oben komprimiert und unten gedehnt wird. Zur Not tut es auch der Tafelschwamm.

3. Man zeigt, dass Holz in verschiedenen Richtungen verschieden stark belastbar ist.

Abschnitt 9.3

Man bestimmt die Dichte verschiedener Stoffe nach verschiedenen Methoden.

Abschnitte 9.5 bis 9.7

Mit den Mitteln der Sammlung werden die bekannten Versuche ausgeführt.

Abschnitt 9.8

1. An einen Kolbenprober wird ein Manometer angeschlossen, das Drücke unterhalb Normaldruck anzeigen kann. Der Kolben ist zu Anfang ganz in den Zylinder hineingeschoben. Man zieht nun den Kolben heraus. Der Druck nimmt dabei ab, bleibt aber positiv.

2. In einem geschlossenen Kolbenprober befindet sich nur Wasser, also keine Luft. Das Wasser hat man vorher abgekocht, um gelöste Gase zu entfernen. Man zieht kräftig am Kolben und sieht, dass es unter Anstrengung gelingt, den Kolben etwas herauszuziehen. Dabei bildet sich eine Blase. Lässt man den Kolben wieder los, so verschwindet die Blase wieder.

3. Man zeigt eine Saugpumpe.

4. Man zeigt die Effekte, die Gegenstand der Aufgaben 2 und 3 sind.

Abschnitt 9.9

1. Man realisiert einen hydraulischen oder pneumatischen Energietransport mit Hilfe von zwei Kolbenprobern, die durch einen längeren Schlauch miteinander verbunden sind.

2. Dasselbe Experiment mit zwei Kolbenprobern verschiedenen Querschnitts. Man zeigt, dass für beide das Produkt $A\ \Delta x$ denselben Wert hat.

3. Mit den Mitteln der Sammlung zeigt man, dass

$F_1/F_2 = A_1/A_2$ ist.

10. Entropie und Entropieströme

Abschnitt 10.1

1. Messung der Temperaturen verschiedener Körper mit verschiedenen Messgeräten, z.B.

- mit einem Quecksilberthermometer die Temperatur des kalten und des warmen Wassers aus der Leitung, die Temperatur der Luft am Boden und an der Decke des Klassenzimmers;
- mit dem elektrischen Temperaturmessgerät die Temperatur an verschiedenen Stellen einer Bunsenbrennerflamme, die Temperatur von flüssiger Luft.

2. Man gießt, wie im Schülertext beschrieben, heißes Wasser in andere Gläser um.

Abschnitt 10.2

1. Man führt den im Schülertext beschriebenen Versuch zum Temperaturausgleich aus.

2. Man misst mit dem elektrischen Temperaturmessgerät die Temperatur verschiedener Gegenstände im Klassenzimmer: Gegenstände aus Metall, Holz, Beton etc. Um beim Berühren mit der Messsonde einen guten thermischen Kontakt zu erreichen, bringt man an die Stelle, an der die Temperatur gemessen werden soll, einen Tropfen Öl (Wasser würde wegen der Verdunstung das thermische Gleichgewicht stören).

Abschnitt 10.3

1. Man stellt, wenn möglich, einen Kühlschrank im Klassenzimmer auf, lässt ihn laufen und identifiziert Wärmepumpe, Entropieeingang und Entropieausgang.

2. Falls in der Sammlung eine Wärmepumpe vorhanden ist, lässt man diese laufen und erklärt, was mit den bisher im Unterricht erarbeiteten Mitteln erklärbar ist.

Abschnitt 10.4

Hier wird nur ein Gedankenexperiment gemacht: Ein Ziegelstein wird mit immer perfekteren Kältemaschinen abgekühlt.

Abschnitt 10.5

1. Obwohl in jeder Glühlampe und auch in den meisten anderen elektrischen Geräten Entropie erzeugt wird, macht man das folgende Experiment: Durch einen nicht zu dünnen Draht wird ein sehr starker elektrischer Strom geschickt, so dass der Draht zu glühen beginnt.

2. In eine elektrische Handbohrmaschine wird ein sehr stumpfer Bohrer oder einfach ein dicker Nagel eingespannt. Man versucht dann, ein Loch in einen harten Stein oder ein Stück Beton zu bohren. Der Bohrer bzw. Nagel beginnt zu glühen.

3. Man führt verschiedene irreversible und (nahezu) reversible Vorgänge vor:

Man lässt einen Gegenstand fallen. Der Fallvorgang ist reversibel, der Auftreffvorgang irreversibel.

Der Lehrer versteckt sich hinter dem Lehrerpult und wirft einen Gegenstand in die Luft, so dass die Schüler weder den Abwerfvorgang noch den Auftreffvorgang sehen können. Der Teil des Gesamtvorgangs, den sie Schüler sehen, ist (fast) reversibel.

Die Bewegung eines Pendels ist nahezu reversibel. Beobachtet man sie nur kurze Zeit, so ist die Irreversibilität nicht zu erkennen. (An einem kurzen Ausschnitt eines Films, in dem ein Pendel zu sehen ist, erkennt man nicht, ob der Film in die richtige Richtung läuft.)

Abschnitt 10.7

1. Die Wärmeleitfähigkeit verschiedener fester Materialien wird qualitativ untersucht.

2. Ein Experiment zur Wärmeleitfähigkeit von Wasser: In einem Reagenzglas befindet sich kaltes Wasser, und am Boden des Reagenzglases liegt ein Stück Eis. Um das Eis am Aufsteigen zu hindern, wurde es mit einem Stück Draht beschwert. Man hält nun das Glas schräg über eine Bunsenbrennerflamme, so dass es in seinem oberen Teil erhitzt wird. Das Wasser im oberen Teil beginnt zu sieden, während das Eis am Boden nicht schmilzt. Man misst auch die Temperaturen oben und unten im Glas. (Man muss das Eis unten haben und oben erhitzen, um eine stabile Schichtung des Wassers zu erreichen, d. h. um die natürliche Konvektion zu verhindern.)

3. Manche Materialien fühlen sich kälter an als andere Materialien derselben Temperatur. Hierzu werden die folgenden Experimente gemacht: Ein Stück Holz und ein Stück Eisen (oder anderes Metall) werden gekühlt (entweder direkt im Kühlschrank oder mit Hilfe einer Eis-Wasser-Mischung) und dann von verschiedenen Schülern berührt. Das Eisen fühlt sich kälter an. Beide Gegenstände werden dann in kochendem Wasser erhitzt und wieder berührt. Diesmal fühlt sich das Eisen wärmer an.

11. Entropie und Energie

Abschnitt 11.2

Man legt für einen Tauchsieder eine "Eichtabelle" an: Man bestimmt die Stärke des Entropiestroms, den der Tauchsieder an ein Wasserbad abgibt, für verschiedene Werte der Temperatur. Man misst dazu mit dem Wattmeter die Stärke des Energiestroms, der in den Tauchsieder hineinfließt. (Die Wattangabe, die auf das Gerät gedruckt ist, ist nicht zuverlässig). Man überzeugt sich davon, dass die Energiestromstärke unabhängig von der Temperatur ist. Man dividiert dann die Energiestromstärke durch verschiedene absolute Temperaturwerte zwischen 273 K und 373 K (etwa in Schritten von 20 K), und erhält so die Entropiestromstärkewerte für die jeweiligen Temperaturen.

Abschnitte 11.4 und 11.5

Man lässt verschiedene Wärmekraftmaschinen oder "Wärmemotoren" laufen und untersucht jedes Mal, wo die Entropie auf hoher Temperatur in die Maschine eintritt, und wo sie auf niedriger Temperatur wieder austritt. Man wird, je nach Umständen, Details der Funktionsweise der Maschinen diskutieren.

1. Die Stirlingmaschine

Man lässt sie sowohl als Wärmepumpe als auch als Wärmemotor laufen. Wenn sie als Wärmemotor läuft, zeigt man, dass der Ausgang für die Entropie genau so wichtig ist wie der Eingang: Man stellt die Heizung sehr schwach, so dass die Maschine gerade eben noch läuft, und dreht dann das Kühlwasser ab. Nach wenigen Minuten kommt die Maschine zum Stillstand. Dreht man das Kühlwasser wieder an, so beginnt sie wieder zu laufen.

2. Das Peltierelement

Peltiermodule sind im Elektronikfachhandel erhältlich. An das Modul wird ein kleiner Elektromotor angeschlossen. Das Modul wird betrieben etwa zwischen einem Becherglas mit heißem Wasser und einem mit kaltem Wasser. Eine andere Möglichkeit: Ein Seite des Moduls wird mit einem Metallklotz gekühlt, die andere mit einem warmen Bügeleisen in Kontakt gebracht.

3. Die Dampfmaschine

Es lohnt sich, eine gewöhnliche Spielzeugdampfmaschine vorzuführen, da viele Schüler noch nie eine Dampfmaschine laufen sehen haben. Ein viel schöneres Experiment kann man mit einer Dampfmaschine mit Kondensator machen, die es allerdings leider in kaum einer Schulsammlung gibt. Man dreht auch hier das Kühlwasser ab. Man kann nun gut verfolgen, wie der Druck im Kondensator nach und nach ansteigt, bis er schließlich gleich dem Kesseldruck ist. Die Maschine kommt natürlich dabei zum Stillstand. Nach dem Wiederaufdrehen des Kühlwassers beginnt die Maschine wieder, sehr schnell zu laufen.

4. Der Verbrennungsmotor

Man lässt einen Mofamotor laufen. Die Abgase leitet man über einen Schlauch ins Freie. Man nützt die Gelegenheit, Einzelheiten des Verbrennungsmotors zu erklären. (Man baut z. B. die Zündkerze aus, lässt sie aber angeschlossen, und man versetzt dann die Motorwelle in Drehung, so dass der Zündfunke zu sehen ist.)

Es gibt eine Reihe von Spielzeugen, die nach dem Prinzip einer Wärmekraftmaschine arbeiten:

5. Weihnachtsmühle

6. Das Dampf-Bötchen

7. Der Gummimotor

Ein Rad, dessen Speichen aus Gummi bestehen, wird auf einer Seite mit einer Glühlampe erhitzt. Die Gummispeichen ziehen sich auf der warmen Seite zusammen. Dadurch verlagert sich der Schwerpunkt des Rades nach außerhalb der Achse, und das Rad beginnt, sich zu drehen.

Abschnitt 11.6

Man misst den Energieverlust verschiedener Geräte.

1. Netzgerät, Transformator

Das Gerät muss selbstverständlich belastet sein. Man misst die Energiestromstärke am Eingang und am Ausgang mit dem Wattmeter. Man kann zeigen, dass der Verlust von der Belastung abhängt.

2. Verlängerungskabel

Mit einem Wattmeter misst man den Verlust eines sehr langen (z. B. 50 m), belasteten Verlängerungskabels. (Er ist sehr gering.)

3. Dynamo

Auf die Welle eines guten Dynamos, oder als Dynamo verwendbaren Elektromotors, wird eine Schnur gewickelt. An die Schnur hängt man ein Gewichtsstück. Man lässt das Gewichtsstück nach unten laufen, so dass es die Dynamowelle antreibt. An den Dynamo ist ein elektrischer Energieverbraucher angeschlossen. Die Stärke des hineinfließenden Energiestroms bestimmt man über Kraft und Geschwindigkeit, die des herausfließenden mit einem Wattmeter.

4. Flaschenzug

Ein Flaschenzug wird aufgehängt. An den (langsam laufenden) Haken wird ein Gewichtsstück gehängt. An das (schnell laufende) Seil hängt man einen Federkraftmesser. Man zieht nun am anderen Ende des Federkraftmessers. Da man das geometrische Übersetzungsverhältnis des Flaschenzuges kennt, kennt man auch das Verhältnis der beiden Geschwindigkeiten. Über Kräfte und Geschwindigkeiten werden die Energiestromstärken bestimmt. Besonders geeignet ist ein recht großer Flaschenzug, wie man ihn etwa im Baumarkt kaufen kann.

Abschnitt 11.7

Die Temperatur von Wasser wird als Funktion der mit einem Tauchsieder zugeführten Entropie bestimmt. Der Versuch ist besonders unproblematisch, wenn man ihn bei Umgebungstemperatur ausführt: Wärmeverluste sind dann vernachlässigbar.

Man gibt etwa 5 l Wasser in einen Plastikeimer. Man erhitzt das Wasser mit dem geeichten Tauchsieder (siehe Versuch zu Abschnitt 11.2). Man misst die Temperatur und bestimmt die Zeit, die nötig ist, damit die Wassertemperatur um 2 K steigt. Man nimmt die Entropiestromstärke aus der Eichtabelle des Tauchsieders und berechnet für jedes Zeitintervall die zugeführte Entropiemenge.

Man dividiert die gefundene Entropie durch die Wassermasse und vergleicht mit dem Schaubild im Schülertext.

Man wiederholt den Versuch mit einer anderen Flüssigkeit, z. B. Speiseöl.

Abschnitt 11.8

Man bestimmt die spezifische Wärmekapazität von Wasser. Man erhitzt mit dem Tauchsieder, misst die Energiestromstärke mit dem Wattmeter, und man misst die Temperatur als Funktion der Zeit.

12. Phasenübergänge

Abschnitt 12.1

1. Man erhitzt Wasser in einem Erlenmeyerkolben mit dem Bunsenbrenner und misst die Temperatur. Die Temperatur steigt nicht über 100 °C trotz weiterer Entropiezufuhr. Während des Siedens misst man auch die Temperatur des Dampfes, oberhalb der Wasseroberfläche.

2. Man bringt Wasser in einem Erlenmeyerkolben zum Sieden und leitet den Dampf durch ein waagrechtes Glasröhrchen ab. Man erhitzt das Röhrchen von außen mit einer zweiten Bunsenbrennerflamme und misst die Temperatur des austretenden Dampfes. Man erreicht leicht eine Dampftemperatur von 150 °C.

3. Man misst die spezifische Verdampfungsentropie: Mit dem Tauchsieder verdampft man eine gewisse Menge Wasser. Man bestimmt die Masse des verdampften Wassers durch Wägung des flüssigen Wassers am Anfang und am Ende des Versuchs. Die Entropie bestimmt man über Energiestrom, Zeit und Temperatur (373 K).

4. Man erhitzt Wasser durch Kondensation von Wasserdampf und macht die Entropiebilanz: In einen Joghurtbecher aus Plastik gießt man Wasser mit einer Temperatur von etwa 80 °C. In dieses Wasser leitet man Wasserdampf ein, den man aus einem Dampferzeuger oder aus einer Espressomaschine nimmt, bis die Temperatur etwa 90 °C beträgt. Bevor man den Dampf einleitet, lässt man ihn eine Weile durch das Rohr ins Freie strömen, damit während des Versuchs im Rohr kein Dampf mehr kondensiert. Man misst Masse und Temperatur des Wassers am Anfang und am Ende des Versuchs. Über die Massendifferenz bestimmt man die Entropie, die der Dampf bei der Kondensation abgegeben hat. Man vergleicht sie mit der Entropie, die man aus der Temperaturerhöhung berechnet.

5. Man zeigt den Phasenübergang zwischen rhombischem und monoklinem Schwefel, der bei 95 °C stattfindet.

Abschnitt 12.2

Man füllt einen Rundkolben mit heißem Wasser und pumpt die Luft über dem Wasser mit einer Wasserstrahlpumpe weg. Gleichzeitig misst man die Temperatur. Das Wasser beginnt zu sieden, obwohl seine Temperatur unter 100 °C liegt.

Abschnitt 12.3

1. Man präpariert eine Kältemischung: Kochsalz und zerstampftes Eis werden im Verhältnis 1 : 3 gemischt. Die Temperatur wird gemessen.

2. Die "Verdunstungskälte" von Äther wird gezeigt: Man tränkt etwas Watte mit Äther und misst die Temperatur. Durch Pusten erreicht man, dass die Temperatur noch weiter sinkt.

13. Gase

Abschnitt 13.1

1. Man zeigt, dass Luft beim Einströmen in ein evakuiertes Gefäß den ganzen zur Verfügung stehenden Raum einnimmt, Wasser dagegen nicht.

2. Ein Kolbenprober enthält Luft. Der Kolben lässt sich hineindrücken. Ist der Kolbenprober mit Wasser gefüllt, so lässt sich der Kolben nicht hineindrücken. Daran ändert sich auch nichts, wenn sich im Wasser noch ein Festkörper befindet.

3. Man demonstriert die starke thermische Ausdehnung von Luft, Abb. 13.4 im Schülertext.

Abschnitt 13.2

1. Man erwärmt die Luft in einem geschlossenen Behälter, an den ein Manometer angeschlossen ist.

2. In einen geschlossenen Kolbenprober ist ein Temperaturfühler eingebaut. Man komprimiert die Luft und beobachtet eine Temperaturerhöhung.

3. Die Temperaturerhöhung, die man beobachtet, wenn man ein Gas zusammendrückt, ist nicht sehr groß. Sie wäre viel größer, wenn Temperaturfühler und Zylinderwände nicht so viel Entropie aufnähmen. Man erreicht aber eine recht große Temperaturerhöhung durch einen Trick:

In die Luftaustrittsöffnung einer Fahrradpumpe wird der Temperaturfühler eingeführt. Die Öffnung wird mit einer Dichtung so verschlossen, dass sie nicht ganz dicht ist. Drückt man nun den Kolben schnell in den Zylinder hinein, so erwärmt sich zunächst die Luft. Sie gibt aber schnell Entropie an die Zylinderwand und an den Messfühler ab und strömt dann durch das Leck aus. Man macht dann einen weiteren Kolbenhub. Die neue Luft gibt wieder Entropie an den Messfühler ab und entweicht danach. Der Versuch läuft nun so: Man pumpt schnell hintereinander einige zig Male. Man erreicht auf diese Weise eine Temperatur von über 100 °C.

4. Eine einfachere Version des vorigen Experiments, die jeder Schüler selbst machen kann: Man pumpt mit einer beliebigen Luftpumpe ins Freie, hält dabei aber die Luftaustrittsöffnung mit dem Daumen so zu, dass die Luft erst ganz am Ende jedes Kolbenhubes, also wenn sie schon stark komprimiert ist, austritt. Nach einigen zig Pumpenhüben wird die Luft so heiß, dass man die hohe Temperatur am Daumen nicht mehr ertragen kann.

Derselbe Effekt ist auch dafür verantwortlich, dass beim Aufpumpen des Fahrradreifens das Ventil heiß wird.

Abschnitt 13.3

Falls noch nicht geschehen, wird man hier eine Dampfmaschine und einen Benzinmotor vorführen. Man untersucht zum Beispiel den Motor im Auto des Lehrers: Wo befinden sich Ein- und Auslassrohre, Vergaser, Benzinpumpe, Zündkerzen, Zündspule und Zündverteiler. Möglicherweise zeigt man die Ventilkipphebel.

Abschnitt 13.5

Man führt das Zentralheizungsmodell aus der Sammlung vor.

14. Licht

Abschnitt 14.1

Ein Metallstück von etwa 2 kg wird mit dem Bunsenbrenner auf etwa 300 °C erhitzt und so unter der Vakuumglocke aufgehängt oder aufgestellt, dass die Wärmeverluste durch Wärmeleitung gering sind (z.B. auf drei Reißzwecken stellen). Man stellt bzw. hängt den Gegenstand nicht in die Mitte, sondern in die Nähe der Wand. Man evakuiert. Die Wand in der Nähe des Gegenstandes wird deutlich spürbar warm.

Abschnitt 14.2

1. Man zerlegt das Licht einer Bogenlampe mit einem Prisma. Man weist die UV- und IR-Strahlung an den Enden des sichtbaren Teils des Spektrums nach.

2. Man experimentiert mit der Fernsteuerung eines Fernsehapparats: Man kollimiert die Strahlung, die aus dem Steuergerät kommt und lässt den IR-Strahl an einer Metallplatte reflektieren.

3. Man überträgt IR-Strahlung, die von einem heißen Gegenstand ausgeht, über eine größere Entfernung mit Hilfe von zwei Parabolspiegeln: einen Spiegel zum Parallelmachen der von der Quelle ausgehenden Strahlung, einen zum Konzentrieren der Strahlung auf den Empfänger. Als Quelle eignet sich ein Stück Metall, das man mit dem Bunsenbrenner erhitzt, als Empfänger die Sonde des Temperaturmessgeräts. Man justiert die Anordnung mit sichtbarem Licht.

Abschnitt 14.5

An einer Glühlampe, deren Heizfaden sehr schwach glüht, wird mit Klebeband die Sonde des Temperaturmessgeräts befestigt. Man wartet, bis sich die Temperatur nicht mehr ändert. Man verbessert dann die Wärmedämmung, indem man die Lampe mit einem Lappen umwickelt und wartet wieder. Es stellt sich eine höhere Temperatur ein.

16. Elektrizität und elektrische Ströme

Abschnitt 16.1

1. Es werden einfache elektrische Stromkreise aufgebaut, mit verschiedenen Energiequellen (Batterie, Netzgerät, Dynamo, Solarzelle) und mit verschiedenen Energieempfängern (Lampen, Motor).

2. Es wird untersucht, welche Gegenstände den elektrischen Strom leiten und welche nicht.

3. Um zu prüfen, ob die Energiequelle die Drähte beim Anschließen erst noch mit Elektrizität füllen muss, verbindet man eine Lampe mit sehr langen Zuleitungen mit einer Batterie. Es ist keine Verzögerung im Aufleuchten der Lampe festzustellen.

Abschnitt 16.2

Man misst die elektrische Stromstärke an einer beliebigen Stelle eines Stromkreises. Man misst an einer anderen Stelle desselben Stromkreises. Man misst mit mehreren hintereinander geschalteten Amperemetern.

Abschnitt 16.3

Man verifiziert die Knotenregel.

Abschnitt 16.4

1. Man misst die elektrische Spannung zwischen den Anschlüssen verschiedener Batterien und Netzgeräte, einer Solarzelle eines Dynamos und der Steckdose.

2. Man schließt das Voltmeter an verschiedene Stellen des Stromkreises an.

3. Man misst mit mehreren parallel geschalteten Voltmetern.

4. Man schließt ein Voltmeter an eine Batterie an und misst die Stärke des Stroms, der durch das Voltmeter fließt.

Abschnitt 16.5

1. Man erdet einmal den Plus- und einmal den Minuspol einer Batterie und misst die Spannung zwischen dem jeweils anderen Pol und der Erde.

2. Man misst die Spannung zwischen der Erdbuchse des Lehrertisches und der Wasserleitung.

3. Man verbindet einen Pol einer Batterie mit einem auf recht hohem Potenzial liegenden Anschluss eines Netzgeräts und misst das Potenzial (= Spannung gegen Erde) des anderen Pols der Batterie.

Abschnitt 16.6

1. Man schließt nacheinander eine Lampe und einen Elektromotor an ein regelbares Netzgerät an und misst Stromstärke und Spannung. Man dreht die Spannung am Netzgerät hoch. Man bremst den Motor, um zu zeigen, dass die Stromstärke nicht nur von der Spannung, sondern auch noch von der Belastung des Motors abhängt.

2. Man schließt nacheinander zwei verschiedene Lampen an ein Netzgerät an und achtet darauf, dass die Spannung beide Male dieselbe ist.

Abschnitt 16.7

Man prüft durch Nachmessen die Aussagen, die man als Lösungen einiger Aufgaben erhält. Man zeigt insbesondere, dass das Potenzial des rechten Anschlusses der Lampe in Abb. 16.40 beim Ausschalten von 0 V auf den Wert des anderen Lampenanschlusses ansteigt.

Abschnitt 16.8

1. Man nimmt *I*-*U*-Kennlinien auf für

- Glühlampe;
- Diode;
- Elektromotor (bei verschiedenen Belastungen);
- sehr langen, dünnen Draht;
- technischen Widerstand;
- parallel und hintereinander geschaltete technische Widerstände.

Abschnitt 16.10

1. Man baut die Wechselspannungsquelle von Abb. 16.57 im Schülertext auf. Während man den Schalter hin- und herkippt, misst man das Potenzial der oberen Leitung (= Spannung gegen Erde) mit einem Voltmeter, dessen Nullpunkt in der Mitte der Skala liegt.

2. Man stellt die Potenziale der Pole der Steckdose als Funktion der Zeit mit dem Oszilloskop dar.

3. Man zeichnet eine graphische Darstellung der Sinusfunktion. Man beschafft sich die Werte mit dem Taschenrechner.

4. Versuche mit dem Sinusgenerator:

Man braucht einen Sinusgenerator, der einen starken Energiestrom liefert und bis zu sehr niedrigen Frequenzen (~1 Hz) heruntergedreht werden kann.

Man schließt ein Lämpchen an und dreht die Frequenz, mit 1 Hz beginnend, langsam hoch.

Man betreibt ein Lämpchen mit einer Frequenz > 20 Hz und ein anderes, gleichartig gebautes, mit einer Gleichspannungsquelle. Man stellt die Gleichspannung so ein, dass beide Lämpchen gleich hell leuchten. Man vergleicht die Gleichspannung mit der Spitzenspannung des Sinusgenerators.

5. Man misst Wechselspannungen mit dem Wechselspannungsvoltmeter. Man misst die Potenziale der beiden Pole der Steckdose (Spannungen gegen Erde).

Abschnitt 16.11

1. Man misst die Stärke des elektrischen Stroms, der durch eine Person fließt (bei sehr niedriger Spannung). Man untersucht die Stromstärke bei unterschiedlich gutem Kontakt mit den Händen. Man untersucht den Einfluss von Feuchtigkeit.

2. Man prüft den Durchgang durch ein Verlängerungskabel: Die Schutzkontakte von Stecker und Kupplung sind miteinander verbunden.

Man prüft die Verbindung zwischen Schutzkontakt und Gehäuse eines geeigneten elektrischen Geräts.

17. Elektrizität und Energie

Abschnitt 17.1

1. Man baut die Schaltungen von Abb. 17.1 im Schülertext auf.

2. Man misst einige Energiestromstärken mit dem Wattmeter.

3. Man misst Energiemengen mit einem "Stromzähler".

4. Man liest die aufgedruckten Volt- und Watt-Angaben an verschiedenen elektrischen Geräten ab.

Abschnitt 17.2

Eine 6V-30W-Lampe wird über ein sehr langes, zweiadriges Kabel angeschlossen. Das Kabel soll so lang und dünn sein, dass man einen überzeugend großen Spannungsabfall am Kabel erhält.

Man baut ein Amperemeter ein; außerdem ein Voltmeter, aber zunächst nur bei der Lampe. Man dreht die Spannung am Netzgerät so hoch, dass die Lampe die für einen normalen Betrieb nötige Spannung erhält. Erst danach misst man die Spannung am Netzgerät.

Man misst auch die Spannung zwischen Anfang und Ende einer der beiden Leitungen.

Man dreht die Glühlampe aus der Fassung heraus. Die Spannung am Ende des Kabels steigt dabei auf den Wert an, den sie am Netzgerät hat. Die Spannung zwischen Anfang und Ende der Leitung geht auf null zurück. (Es fließt kein elektrischer Strom, also kann auch kein Antrieb vorhanden sein.)

18. Das magnetische Feld

Abschnitt 18.1

1. Man zeigt Anziehung und Abstoßung zwischen Magnetpolen.

2. Man experimentiert mit einem Dauermagneten und mit Weicheisenteilen, z. B. Nägeln.

3. Man erhitzt einen Keramikmagneten in der Bunsenbrennerflamme. Der Magnet verliert seine Magnetisierung.

4. Man magnetisiert eine Stricknadel.

Abschnitt 18.2

Bei einigen der folgenden Versuche ist darauf zu achten, dass manche kommerzielle "Hufeisenmagneten" für Schulversuche gar nicht durchgehend aus hartmagnetischem Material bestehen. Diese Magneten haben daher frei verschiebbare Pole.

1. Siehe Abb. 18.6 und 18.7 im Schülertext. Da die Polladungen der beiden Magneten nicht exakt gleich sind, und außerdem die Pole nicht unbedingt genau auf die Stirnflächen der Magneten begrenzt sind, kompensieren sich die magnetischen Ladungen möglicherweise nicht vollständig. Daher nimmt man einen recht schweren eisernen Körper, etwa einen Transformatorkern. Leichtere Gegenstände werden auch an den zusammengesetzten Magneten eventuell hängenbleiben.

2. Man untersucht die Polverteilung von komplizierteren Magneten, z.B. Magneten mit mehr als zwei Polen.

Abschnitt 18.3

Man bricht eine magnetisierte Stricknadel durch, um zu zeigen, dass neue Pole entstehen. Man setzt Stabmagneten in Längsrichtung zusammen um zu zeigen, dass Pole verschwinden.

Abschnitt 18.4

1. Man zeigt in verschiedenen Versuchen, dass man, um Impuls von einem auf einen anderen Körper zu übertragen, eine Verbindung braucht. (Siehe Schülertext).

2. Man überträgt Impuls von einem Wagen (oder Gleiter) auf einen anderen über ein magnetisches Feld. Dazu wird auf jeden Wagen ein Dauermagnet montiert.

3. Ein sehr einfacher, aber suggestiver Versuch: Schüler versuchen, die Pole gleichen Vorzeichens von zwei sehr starken Magneten aufeinander zu drücken. Man spürt, dass sich zwischen den Magneten etwas befindet.

Abschnitt 18.5

1. Man zeigt mit Hilfe von Kompassnadeln die Richtungsverteilung einiger magnetischer Felder.

2. Man macht magnetische Feldverteilungen mit Eisenfeilspänen sichtbar.

Abschnitt 18.6

1. Man überbrückt die Pole eines Hufeisenmagneten mit einem Weicheisenstab. Der resultierende "Ring" zieht keine (schweren) Nägel mehr an.

Abschnitt 18.7

1. Man zeigt, dass das magnetische Feld durch manche Stoffe hindurchreicht und durch andere nicht, z.B. mit der im Schülertext beschriebenen Anordnung.

2. Man bringt Weicheisenteile in die Nähe eines starken Magneten und untersucht die Polverteilung am Weicheisen, z.B. indem man nachsieht, an welchen Stellen des Weicheisens ein kleiner Nagel hängenbleibt (siehe Schülertext Abb. 18.26 und 18.27).

Abschnitt 18.9

1. Zwei dicht nebeneinander hängende Drähte, durch die ein elektrischer Strom fließt, ziehen sich an oder stoßen sich ab, je nach Stromrichtung. Um eine große Stromstärke zu erhalten, nimmt man als Quelle am besten eine Autobatterie.

2. Man untersucht die Richtungsverteilung des magnetischen Feldes in der Umgebung eines Drahtes, in dem ein elektrischer Strom fließt.

3. Man zeigt, dass man durch Aufwickeln eines langen Drahtes zu einer Spule bei gleichbleibender Stromstärke ein dichteres magnetisches Feld erzeugen kann.

4. Man untersucht das Feld einer Zylinderspule, mit Eisenfeilspänen oder Kompassnadeln.

Abschnitt 18.10

1. Siehe Abb. 18.36 und Abb. 18.37 und den entsprechenden Text.

2. Man zeigt, dass sich bei Umkehren der Stromrichtung in einem Elektromagneten die Pole am Eisenkern vertauschen.

3. Man zeigt die Wechselwirkungen zwischen

- einem Elektromagneten und einem Dauermagneten (Abb. 18.40);
- einem Elektromagneten und einem Stück Weicheisen (Abb. 18.41);
- zwei Elektromagneten (Abb. 18.42).

4. Man zeigt Modelle, die evtl. selbst aufgebaut werden, für verschiedene Geräte, in denen Elektromagneten verwendet werden, z.B. elektrische Klingel, Amperemeter, Sicherungsautomat.

5. Man baut einen Stromkreis mit einem Relais auf.

Abschnitt 18.11

1. Man baut das im Schülertext beschriebene Modell eines "handgesteuerten" Elektromotors auf. Es sind auch andere Versionen möglich, z.B. mit drei Spulen, die, eine nach der anderen, ein- und wieder ausgeschaltet werden.

2. Man führt das Elektromotormodell aus der Sammlung vor.

Abschnitt 18.12

Man hängt einen Stabmagneten leicht drehbar auf. Er stellt sich in Nord-Süd-Richtung ein.

Abschnitt 18.13

1. An eine Spule wird ein Voltmeter angeschlossen. Man führt einen Magneten in die Spule ein. Man zieht ihn wieder heraus. Man schließt die Spule über ein Amperemeter kurz und wiederholt das Experiment.

2. Man wiederholt das Experiment mit Spulen verschiedener Windungszahlen und mit verschieden starken Magneten.

3. Man schließt statt eines Voltmeters ein Oszilloskop an. Man bewegt den Magneten sehr schnell.

4. Statt einen Dauermagneten zu bewegen, schaltet man einen Elektromagneten ein und aus.

5. Die Induktionsspule wird auf einen Eisenkern geschoben. An die Enden des Eisenkerns werden weitere Weicheisenstücke angelegt, so dass ein "U" entsteht. Man kann das "U" sehr lang machen, indem man an jede Seite mehrere Weicheisenteile anlegt. Der Versuch wird dann noch eindrucksvoller. Man bewegt einen Dauermagneten zwischen den beiden Enden des verlängerten Weicheisenkerns. Es wird eine Spannung induziert, obwohl das Feld des Dauermagneten sicher nicht bis zur Spule reicht.

Abschnitt 18.14

1. Man betreibt das selbstgebaute Elektromotormodell als Generator.

2. Man führt das Generatormodell aus der Schulsammlung vor.

Abschnitt 18.15

1. Siehe Abb. 18.55 und den entsprechenden Text.

2. Man zeigt die Gültigkeit der Beziehung

$U_1/U_2 = n_1/n_2$.

3. Man zeigt mit einem möglichst guten Transformator, dass näherungsweise gilt

$U_1 \cdot I_1 = U_2 \cdot I_2$.

Man muss dazu den Transformator bei mittlerer Belastung betreiben.

Abschnitt 18.16

Siehe Abb. 18.58 und den entsprechenden Text.

Abschnitt 18.17

1. Man bringt einen Supraleiter über ein Magnetfeld mit Delle. Der Supraleiter bleibt in der Schwebe.

2. Man legt den "Supraleiter" auf die Magneten, solange er noch normalleitend ist und kühlt ihn erst dann ab. Er steigt von selbst nach oben.

19. Elektrostatik

Abschnitt 19.2

Demonstration der Bewegung von Ionen, die einen elektrischen Strom transportieren. Man beobachtet, wie sich die Grenze zwischen violetten Permanganationen und farblosen Nitrationen verschiebt.

Abschnitt 19.3

Es wird versucht, elektrische Ladung in einem Kabel anzuhäufen, zunächst einfach, indem man das Kabel mit dem einen Anschluss einer Batterie oder eines gewöhnlichen Niederspannungsnetzgeräts verbindet, während der andere Anschluss der Batterie bzw. des Netzgeräts geerdet ist. Man versucht, die Ladung mit einem Glühlämpchen nachzuweisen. Man erhöht die Spannung, verbessert die Isolation und nimmt ein empfindlicheres Nachweisinstrument – ein Glimmlämpchen – und kann schließlich eine minimale Ladungsanhäufung erkennen.

Abschnitt 19.4

Die bekannten Experimente zu Anziehung und Abstoßung geladener Körper und zur Influenz.

Abschnitt 19.5

1. Der im Schülertext beschriebene Versuch zum Kondensator: Man zeigt, dass die Kapazität zunimmt, wenn der Plattenabstand kleiner wird.

2. Man zerlegt einen Metallpapierkondensator.

Abschnitt 19.6

1. Man macht verschiedene Experimente mit einem Kondensator sehr großer Kapazität. Der Kondensator sollte mindestens 10 Millifarad haben, noch besser wäre 100 Millifarad oder 1 Farad. Man lädt den Kondensator mit einem Netzgerät und entlädt ihn über ein Glühlämpchen. Man verbindet den Kondensator mit einem Motor, der auch als Dynamo arbeiten kann. (Der Motor sollte einen guten Wirkungsgrad (80%) haben. Geeignet sind Videorecorder-Antriebsmotoren.) Man dreht die Motorwelle mit der Hand in eine bestimmte Richtung und lässt sie dann los. Sie dreht sich in dieselbe Richtung weiter. Man kann den Motor auch kurz anhalten. Er läuft sofort wieder an.

2. Die Spannung zwischen den Platten eines Kondensators wird bei konstanter Ladestromstärke als Funktion der Zeit aufgenommen.

Der Kondensator sollte eine Kapazität von mindestens 10 Millifarad haben.

Man benutzt ein Netzgerät, das wahlweise strom- oder spannungsstabilisiert arbeiten kann. Man stellt am Spannungsknopf die gewünschte Maximalspannung ein, und am Stromstärkeknopf die ge-

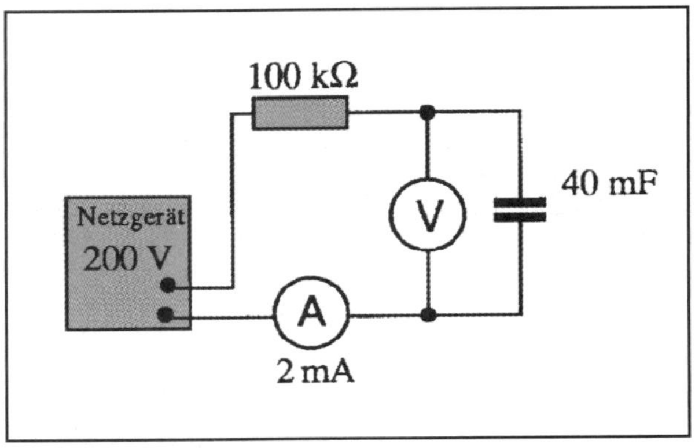

Abb. 19.1. Der hohe Widerstand sorgt für eine konstante elektrische Stromstärke.

wünschte Ladestromstärke. Beim Laden werden sowohl die Spannung als auch die (konstante) Stromstärke gemessen.

Steht kein stromstabilisiertes Netzgerät zur Verfügung, so benutzt man ein gewöhnliches Gleichspannungsnetzgerät. Man stellt es auf eine Spannung ein, die weit über der Spannung liegt, auf die man den Kondensator laden will und lädt den Kondensator über einen hohen Widerstand, siehe Abbildung. Man schaltet die Spannungsquelle ab, sobald am Kondensator die gewünschte Spannung liegt. Auch hier erhält man eine zeitlich nahezu konstante Stromstärke.

Aus Stromstärke und Ladezeit berechnet man die Ladung, die sich am Ende des Ladevorgangs auf den Platten befindet, und aus Spannung und Ladung berechnet man die Kapazität.

Abschnitt 19.7

1. Experimente mit der Elektronenstrahlröhre aus der Sammlung. Man zeigt, wie man den Strahl elektrisch und magnetisch ablenken kann.

2. Man untersucht die Struktur des Bildschirms eines Farbfernsehers.

20. Datentechnik

Abschnitt 20.1

1. Man baut verschiedene Datentransportanlagen mit Verstärkern auf:

Mikrophon - Verstärker - Lautsprecher;

Relaisschaltung (Abb. 20.7 im Schülertext);

Lichtverstärker (Abb. 20.9 im Schülertext).

2. Man zeigt, dass die Energiemenge, die beim Empfänger ankommt, sehr stark davon abhängt, ob man den Datenträger durch eine enge Leitung schickt oder in alle Raumrichtungen aussendet. Man kann Experimente mit Licht und mit Schall machen.

Licht: Als Zeichen benutzt man nur “hell” und “dunkel”. Lichtübertragung durch einen seitlich eng begrenzten Kanal realisiert man mit einem Lichtleiter oder durch Bündelung von Licht mit einer Linse oder einem Hohlspiegel.

Schall: Quelle ist eine sprechende Person. Die Person spricht einmal ganz normal ohne Hilfsmittel und einmal in ein langes Rohr hinein, an dessen Ende sich der Empfänger, d.h. das Ohr einer anderen Person befindet.

Abschnitt 20.2

1. Man führt einen Computer vor, sowie verschiedene Ein- und Ausgabegeräte und externe Speicher.

2. Man baut eine einfache Schaltung mit einem Feldeffekttransistor auf: Mit dem Transistor wird eine Lampe oder ein Motor ein- und ausgeschaltet.

3. Man zeigt einige Chips, auch geöffnete.

4. Die Schüler arbeiten mit einigen Anwenderprogrammen: Spielprogrammen, Textverarbeitungsprogrammen, Malprogrammen, Musikprogrammen…

5. Man lässt den Computer Anweisungen im Dialogbetrieb ausführen (BASIC ist geeignet).

6. Die Schüler schreiben einfache Programme und lassen sie laufen.

7. Fünfzehn bis zwanzig verschiedene, jedermann vertraute Gegenstände werden auf einen Tisch gelegt und mit einem Handtuch zugedeckt. Man nimmt das Handtuch 1 Sekunde lang weg, sodass eine Testperson die Gegenstände sehen kann. Wie viele Gegenstände kann die Person nennen? Man kann den Versuch leicht mit allen Schülern der Klasse einzeln machen: Man baut die Gegenstände im Sammlungsraum auf und lässt die Schüler einzeln eintreten und die Namen der Gegenstände aufschreiben. Danach vergleicht man. Die Schüler nennen im Allgemeinen bis zu acht Gegenstände.

Abschnitt 20.3

Man macht und diskutiert verschiedene Ratespiele:
- Eine Zahl mit Ja-Nein-Fragen erraten;
- einen Begriff mit Hilfe von Ja-Nein-Fragen erraten (siehe Aufgabe **3**);
- Wägespiele;
- Master Mind.

21. Das Licht

Abschnitt 21.1

Man stellt verschiedene Lichtquellen vor, unter anderen auch den Laser.

Abschnitt 21.2

1. Messung der Lichtgeschwindigkeit

2. Man zeigt die Geradlinigkeit des Laserstrahls, indem man Kreidestaub in den Lichtweg schüttelt.

3. Man zeigt, dass man den Laserstrahl nicht sehen kann.

4. Man zeigt, dass sich zwei Lichtbündel, die sich durchdringen, gegenseitig nicht beeinflussen.

5. Weißes Licht wird mit dem Prisma zerlegt.

6. Man weist das ultraviolette und infrarote Licht an den Enden des sichtbaren Spektrums nach.

Abschnitt 21.3

1. Der Klassenraum wird verdunkelt. Man verwendet eine Lichtquelle, die einen kräftigen weißen Lichtstrahl produziert. Die Quelle wird so zugehängt, dass außer dem Lichtbündel kein Licht austritt. Man richtet den Strahl nacheinander senkrecht auf

- eine weiße Wand;
- einen Spiegel;
- eine Glasscheibe;
- eine Mattscheibe.

Man beobachtet jeweils: 1. die Auftreffstelle des Primärstrahls, 2. die Beleuchtung des Klassenraums durch das Streulicht.

2. Man ändert den Winkel unter dem das Licht auftrifft.

3. Man setzt Farbglasscheiben in den Strahl weißen Lichts, auch mehrere hintereinander. Man betrachtet durchgelassenes und reflektiertes Licht bei einem Interferenzfilter.

4. Bei natürlicher Beleuchtung betrachtet man die verschiedensten Oberflächen und diskutiert, was mit dem Licht geschieht: Oberflächen, die sich unterscheiden im Glanz, in der Farbe und in der Durchlässigkeit.

Abschnitt 21.4

Um die Lichtverteilung an der Stelle des Raumbereichs R zu untersuchen, genügt es, von R aus durch ein kleines Papպröhrchen in die verschiedensten Raumrichtungen zu schauen. (Achtung! Diese Methode auf keinen Fall verwenden, wenn Laserlicht im Raum ist.) Die Größe, die man auf diese Art (qualitativ) misst, ist die *Strahldichte*.

Abschnitt 21.5

Die bekannten Versuche zum Reflexionsgesetz

Abschnitt 21.6

Die bekannten Versuche zur Reflexion am ebenen Spiegel

Abschnitt 21.7

1. Der Klassenraum ist verdunkelt, der Schreibprojektor eingeschaltet. Man bringt einen Taschenspiegel in den Strahl des Projektors und dirigiert das Licht auf die hintere Wand des Klassenraums. Man bringt dann weitere Taschenspiegel in den Strahl und richtet ihr Licht auf diejenige Stelle an der Wand wo schon der Strahl des ersten Spiegels auftrifft. Die Spiegel müssen einzeln justiert werden. Man kann sie mit der Hand nicht ruhig genug halten.

2. Mit einem möglichst großen Parabolspiegel konzentriert man das parallele Licht der Sonne.

3. Der Klassenraum ist verdunkelt. Eine Kerze steht im Brennpunkt eines Parabolspiegels. Das parallele Lichtbündel wird in die entgegengesetzte Ecke des Klassenzimmers gerichtet. Man kann dort in einem Buch lesen, wenn man es in das Lichtbündel hält.

4. Man zeigt, dass sich das diffuse Tageslicht bei bedecktem Himmel nicht konzentrieren lässt.

Abschnitt 21.8 - 21.10

Die bekannten Versuche zu Brechung, Prisma und Totalreflexion

22. Die optische Abbildung

Abschnitt 22.1

Man stellt verschiedene Bilder nebeneinander vor: Ein Plakat, ein projiziertes Bild, ein Bild auf dem Fernsehbildschirm und ein Hologramm.

Abschnitt 22.2

1. Die Schüler bauen Lochkameras.

2. Das Klassenzimmer wird in eine Camera obscura verwandelt.

Abschnitt 22.4 und 22.5

Man versieht die Camera obscura mit zwei Löchern, so dass man zwei sich überlappende Bilder erhält. Man bringt die Bilder mit Hilfe eines Prismas zur Deckung. Man zeigt, dass sich die Bilder nur decken, wenn der Schirm in einer bestimmten Entfernung steht.

Man verwendet ein einziges großes Loch (mindestens 10 cm Durchmesser) und eine entsprechend große langbrennweitige Linse. Das Bild ist jetzt gleichzeitig hell und scharf. Man zeigt, dass das Bild nur dann scharf ist, wenn der Schirm in einer bestimmten Entfernung steht.

Abschnitt 22.6

1. Man zeigt, dass zu einer bestimmten Gegenstandsweite g eine bestimmte Bildweite b gehört, und dass b abnimmt wenn g zunimmt.

2. Man zeigt, dass b gegen einen Minimalwert strebt, wenn g sehr groß wird und dass b sehr groß wird, wenn sich g einem bestimmten Punkt vor der Linse nähert.

3. Man zeigt, dass man mit einer Linse das Licht einer punktförmigen Quelle parallel machen kann, und dass man paralleles Licht auf einen Punkt konzentrieren kann. Es bietet sich etwa der folgende Versuch an: Im verdunkelten Klassenzimmer macht man mit Hilfe einer großen Fresnellinse (die Fresnellinse des Schreibprojektors lässt sich leicht ausbauen) aus dem Licht einer Kerze ein paralleles Bündel, das man quer durch den Klassenraum schickt. Man kann im Licht dieses Bündels die Zeitung lesen.

Abschnitt 22.7

Man untersucht qualitativ den Zusammenhang zwischen der Krümmung der Oberflächen einer Linse und ihrer Brennweite.

Abschnitt 22.8

Die bekannten Versuche zum Zusammensetzen von Linsen.

Abschnitt 22.9

Man zeigt den Zusammenhang zwischen Linsendurchmesser und Schärfentiefe.

Abschnitt 22.10

Man vergleicht die Abbildung mit Hilfe einer Linse aus der Sammlung mit der durch das Objektiv eines Photoapparats.

Abschnitt 22.11

1. Man zeigt die verschiedenen Funktionen des Photoapparats.

2. Man zeigt den Unterschied einer Abbildung mit einem Tele- und mit einem Weitwinkelobjektiv.

Abschnitte 22.12 - 22.18

Man führt die verschiedenen zu diskutierenden optischen Geräte vor, öffnet sie, soweit es geht und baut Modelle davon auf der optische Bank auf.

23. Farben

Abschnitt 23.1

1. Man beschafft sich Gegenstände möglichst vieler verschiedener Farben: Geeignet sind zum Beispiel Farbmuster aus dem Farb- oder Papierwarengeschäft, Wollproben, Filzstifte. Man lässt die Gegenstände durch Schüler ordnen. Der erste Versuch schlägt meistens fehl, weil die Schüler gewöhnlich versuchen, die Farben eindimensional anzuordnen.

Man wählt die gesättigten Farben aus. Jetzt gelingt der Versuch einer eindimensionalen Reihung.

Man wählt dann die unterschiedlich hellen und unterschiedlich gesättigten Farben eines einzigen Farbtons aus. Allein um diese Farben zu ordnen braucht man zwei Dimensionen.

2. Man braucht einen Computer, der 256 Farben darstellen kann. Man stellt verschiedene Schnitte des Farbraums auf dem Bildschirm dar. Manche Computer haben den Farbkreis in einem ROM.

Abschnitt 23.2

1. Man erläutert die Begriffe Farbton, Sättigung und Helligkeit mit Hilfe des Farbmischgeräts aus der Sammlung.

2. Man erzeugt die Farbe Weiß durch Lichtmischung auf verschiedene Arten:

– Rot + Gelbgrün + Blau

– Purpur + Türkis + Orange

– Rot + Türkis

– Gelbgrün + Purpur

– Orange + Blau

Abschnitt 23.3

1. Man mischt Farben mit Hilfe des Farbkreisels.

2. Man zeigt im Klassenraum einen Fernseh- oder Computerbildschirm. Die Pixel werden mit einer Lupe betrachtet.

Abschnitt 23.5 und 23.6

Leider sind Spektrometer so teuer, dass sich kaum eine Schule ein solches Gerät leisten kann. Licht mit einem Prisma zu zerlegen hat zwar den Vorteil, dass man hier ein sehr schönes Phänomen sieht. Die Darstellung des Spektrums als farbiges Band ist aber auch eine Ursache für Missverständnisse, und zwar wegen unserer Fähigkeit, farbig zu sehen. Wir sehen ja nicht nur, dass das Licht aufgefächert wird – die Verteilung der Lichtmenge über dem Ablenkungswinkel enthält schon die ganze Information über ein Spektrum –, wir sehen außerdem, dass diese Auffächerung eingefärbt ist. Eine graphische Darstellung der Energiestromdichte über der Wellenlänge, so wie sie ein modernes Spektrometer liefert, ist hier viel klarer.

Wir untersuchen, mit den Mitteln, die uns zur Verfügung stehen, die spektrale Zusammensetzung von Licht verschiedenster Quellen: Sonne, Glühlampe, Spektrallampen, Glühlampe + verschiedene Farbfilter.

Man stellt fest, dass Lichtgemische unterschiedlicher spektraler Zusammensetzung denselben Farbeindruck hervorrufen. Am leichtesten zu zeigen ist das natürlich für den Farbeindruck Weiß.

24. Stoffumsatz und chemisches Potenzial

Abschnitt 24.1

1. Man wiegt je ein Mol verschiedener Stoffe ab und stellt die Portionen nebeneinander auf. Im Sinne des Chemikers sind die Stoffportionen gleich groß.

2. Man wiegt je 1/4 mol Eisen und Schwefel ab und mischt in der Reibschale. Man gibt das Gemisch in ein Reagenzglas und erhitzt unten mit dem Bunsenbrenner. Man entfernt den Brenner, sobald das Gemisch aufglüht. Achtung Schutzbrille tragen! Man untersucht Ausgangsprodukte und Reaktionsprodukt (z.B. magnetische Eigenschaften).

Abschnitt 24.2

Man stellt einen kleinen brennenden Spiritusbrenner auf die Waage und bestimmt die Massenabnahme pro Zeit. Daraus bestimmt man die Umsatzrate der Verbrennungsreaktion.

Abschnitt 24.3

1. Läuft die Reaktion

$Cu + ZnO \leftrightarrow Zn + CuO$

nach rechts oder nach links? Man versucht zuerst, Cu und ZnO zur Reaktion zu bringen, dann Zn und CuO. Nur im zweiten Fall läuft eine Reaktion ab. Das chemische Potenzial der Stoffe der linken Seite ist also höher als das der Stoffe der rechten Seite. (Siehe Abschnitt 24.4, Versuch **3.** (b), Schutzbrille tragen).

2. Man lässt Wasser mit Calciumcarbid zu Ethin und Calciumhydroxid reagieren. Zum Nachweis wird das entstehende Ethin angezündet (stark rußende Flamme).

Abschnitt 24.4

1. Man bläst nacheinander pulverförmiges Kupfer, Eisen und Magnesium in die Brennerflamme. Das Magnesium reagiert am heftigsten, danach kommt das Eisen und dann das Kupfer. Die Reihenfolge entspricht den chemischen Spannungen.

2. Man löst Magnesium, Zink und Kupfer (kein Pulver) in Salzsäure. Die Wasserstoffentwicklung ist beim Magnesium sehr heftig, beim Zink sehr ruhig und beim Kupfer nicht mehr sichtbar. Die Reihenfolge entspricht den chemischen Spannungen.

3. Man reduziert CuO mit Eisen,Zink und Magnesium:

(a) Man mischt 1,6 g schwarzes Kupferoxidpulver und 0,8 g graues Eisenpulver. Man erhitzt im Reagenzglas bis zum ersten Aufglühen und entfernt dann sofort die Brennerflamme. (Schutzbrille tragen!)

(b) Man mischt 2 g Kupferoxidpulver und 1,6 g Zinkpulver und erhitzt im Reagenzglas bis zum ersten Aufglühen. (Schutzbrille tragen!)

(c) Man mischt je eine Spatelspitze Kupferoxid- und Magnesiumpulver, bringt das Gemisch auf eine Magnesiarinne und entzündet mit der Brennerflamme. (Schutzbrille, Schutzhandschuhe!)

Die Reduktion des CuO mit Magnesium ist am heftigsten, die mit Eisen am ruhigsten. Die Reihenfolge entspricht den chemischen Spannungen.

Abschnitt 24.5

1. Reaktionen, die einen kleinen Reaktionswiderstand haben:

(a) Falls noch nicht geschehen: Ethinherstellung aus Calciumcarbid und Wasser (Versuch **2.** in Abschnitt 24.3).

(b) $NH_3 + HCl \rightarrow NH_4Cl$

Man hält die Flaschenhälse der geöffneten Flaschen von Ammoniakwasser und konzentrierter Salzsäure dicht nebeneinander. Es entsteht ein weißer Rauch von Ammoniumchlorid.

(c) $2Na + 2H_2O \rightarrow 2Na^+ + 2OH^- + H_2$

Man füllt eine große Glaswanne zur Hälfte mit Wasser und wirft mit der Pinzette ein erbsengroßes, frisch abgeschnittenes Stück Natrium hinein. Damit das Natrium nicht an der Gefäßwand hängen bleibt, gibt man vorher etwas Spülmittel ins Wasser. Schutzbrille, Schutzscheibe!

2. Man vermindert den Reaktionswiderstand durch Mischen und Umrühren.

(a) $Ba(OH)_2 \cdot 8H_2O + 2NH_4NO_3$

$\rightarrow 2NH_3 + 10H_2O + Ba(NO_3)_2$

Die Reaktion kommt erst in Gang, nachdem gut durchmischt worden ist. Man erkennt das Ablaufen der Reaktion
- am Geruch,
- daran, dass das Stoffgemisch flüssig wird,
- an der Abkühlung.

(b) Man wirft KOH-Plätzchen in Wasser. Sie bleiben ruhig am Boden liegen. Sie lösen sich aber schnell auf wenn man umrührt.

3. Man vermindert den Reaktionswiderstand durch Erhitzen. Es kommen viele Reaktionen in Frage, z.B.:

Man mischt 1,6 g pulverförmiges Kupfer und 0,8 g pulverförmigen Schwefel, gibt das Gemisch in eine Magnesiarinne und entzündet mit einem glühenden Draht. Die Reaktion ist sehr heftig. Schutzscheibe, Schutzbrille!

4. Man vermindert den Reaktionswiderstand mit einem Katalysator.

$2H_2O_2 \rightarrow 2H_2O + O_2$

Man gibt etwas Wasserstoffperoxidlösung (Wasserstoffperoxid mit Wasser verdünnt) in ein Reagenzglas und gibt etwas Platinasbest hinzu. Am Platinasbest setzt sofort eine Gasentwicklung ein. Man zeigt mit der Glimmspanprobe, dass es sich um Sauerstoff handelt. Sobald man das Platinasbest aus der Lösung herausnimmt, hört auch die Reaktion auf. Am Platinasbest ist keine Veränderung wahrzunehmen.

25. Stoffmenge und Energie

Abschnitt 25.1

Man führt Elektrolysen vor. Es gibt eine Reihe von Möglichkeiten. Man wird auf jeden Fall Wasser elektrolysieren.

Abschnitt 25.3

1. Ein Bleiakkumulator wird in kurzer Folge geladen, entladen, geladen etc.

2. Andere elektrochemische Zellen werden vorgeführt.

3. Eine Wasserstoff-Sauerstoff-Brennstoffzelle wird vorgeführt.

26. Wärmebilanz von Reaktionen

Abschnitt 26.2

1. Man lässt exotherme Reaktionen ablaufen, unter anderen eine exotherme Lösungsreaktion, z.B. das Auflösen von KOH in Wasser. Man misst dabei die Temperatur.

2. Man lässt endotherme Reaktionen ablaufen. Geeignet ist

$$Ba(OH)_2 \cdot 8H_2O + 2NH_4NO_3 \rightarrow 2NH_3 + 10H_2O + Ba(NO_3)_2$$

Man führt auch eine endotherme Lösungsreaktion vor, z.B. das Lösen von KNO_3 in Wasser. Man misst die Temperatur.

28. Wellen

Abschnitt 28.1 bis 28.3

1. Ein 10 - 20 m langes Seil wird gerade ausgestreckt auf den Boden gelegt. Das eine Ende wird etwas vom Boden abgehoben und dann langsam einmal auf- und einmal abbewegt. Es entsteht keine Welle. Dann wird das Seil sehr schnell auf- und abbewegt. Es läuft eine Welle von der Quelle aus weg.

2. Eine etwa 5 m lange Stahlfeder wird gestreckt auf den Boden gelegt. Das eine Ende wird irgendwo befestigt, das andere langsam vor- und zurückbewegt (Bewegung in der Richtung der Feder). Es entsteht keine Welle. Dann wird das Ende sehr schnell vor- und zurückbewegt. Von der Quelle löst sich eine Welle. Um den Lauf der Welle gut sichtbar zu machen, befestigt man an mehreren Stellen der Feder Pappkartonstückchen. Sobald die Welle an der entsprechenden Stelle ankommt, bewegt sich der Pappkarton vor und zurück.

Man legt die Feder auf den Boden, damit die Dämpfung recht hoch ist, so dass die am festen Ende reflektierte Welle die Beobachtung nicht stört. Möglicherweise muss man die Welle am Ende noch zusätzlich dämpfen, etwa mit einem Schwamm.

Hängt man die Feder frei auf, so sieht man die Welle mehrere Male schnell hin- und herlaufen.

3. Ein etwa 2 m langes an beiden Enden geschlossenes Stück Dachrinne wird mit Wasser gefüllt. Am einen Ende liegt zur Dämpfung der Wellen ein Lappen im Wasser. Am anderen Ende wird ein Körper, zuerst langsam dann schnell ins Wasser eingetaucht. Der Körper hat Zylinderform, so dass er sich an die Form der Dachrinne anpasst.

Abschnitt 28.4

1. Es werden verschiedene mechanische Schwingungen vorgeführt, unter ihnen auch nichtharmonische. Eine einfache Methode eine nichtharmonische Schwingung zu realisieren: Ein Gleiter mit je einem Federpuffer an Vorder- und Rückseite läuft auf der Luftkissenbahn hin und her.

2. Die Schwingungsdauer der harmonischen Schwingung eines Pendels oder eines Federschwingers auf der Luftkissenbahn wird gemessen.

Abschnitt 28.5

1. Mit den Mitteln der Sammlung wird eine harmonische Welle erzeugt. Eine Möglichkeit: Die lange Stahlfeder liegt am Boden, ein Ende wird festgehalten, das andere durch einen in die Handbohrmaschine eingespannten Exzenter in Hin- und Herbewegung versetzt. Um stehende Wellen zu vermeiden muss die Welle am festen Ende weggedämpft werden.

2. Am Projektionsmodell (rotierende Drahtspirale) wird die Kinematik der Sinuswelle diskutiert.

Abschnitt 28.6

Man erläutert mit Hilfe des Projektionsmodells, dass die Welle pro Schwingungszeit gerade um eine Wellenlänge vorrückt.

Abschnitt 28.7

1. Ein Lautsprecher, dessen Membran nicht verdeckt, also sichtbar ist, wird über einen Schalter mit einer Gleichspannungsquelle verbunden. Man sieht, dass sich die Membran beim Öffnen und Schließen des Schalters bewegt. Außerdem hört man jeweils einen Knackton.

2. Man macht den bekannten Versuch, bei dem eine Klingel unter der Vakuumglocke klingelt.

3. Ein Lautsprecher wird an einen Funktionsgenerator nicht zu niedriger Leistung angeschlossen. Der Funktionsgenerator wird auf "Rechteckspannung" gestellt. Die Frequenz ist zunächst sehr niedrig. Man nimmt eine Folge von Knacktönen wahr. Man erhöht die Frequenz. Von etwa 20 Hz an kann man die einzelnen Knacktöne nicht mehr auflösen, und man nimmt einen kontinuierlichen, tiefen Ton wahr. Die Tonhöhe nimmt zu, wenn man die Frequenz weiter erhöht.

Man stellt den Funktionsgenerator auf "Sinusspannung" um. Man hört einen reinen "Sinuston".

4. Ein Mikrophon wird an ein Oszilloskop angeschlossen. Man sieht sich den zeitlichen Verlauf der Schallschwingungen bei verschiedenen Tönen und Geräuschen an. Insbesondere betrachtet man das Bild für die menschliche Stimme und für verschiedene Musikinstrumente.

5. Man misst die Schallgeschwindigkeit über eine Weg-Zeitmessung.

Abschnitt 28.8

Sendung und Empfang einer elektromagnetischen Welle:

Mit Hilfe des Bandgenerators erzeugt man eine Funkenentladung. Die An- und Abklingzeit des elektrischen Stroms in der Funkenstrecke ist sehr kurz. (Funken, die man mit niedrigerer Spannung erzeugt, etwa, indem man einen 80 μF-Kondensator auf 300 V auflädt und dann kurzschließt, sind zwar sehr eindrucksvoll, für unseren Versuch aber ungeeignet, da die Stromänderung zu langsam vor sich geht.)

Am anderen Ende des Klassenzimmers steht ein empfindliches Oszilloskop, dessen Eingang man über ein Stück Kabel mit der Erdbuchse verbindet. Das Kabel dient als Empfangsspule.

Jedes Mal, wenn man einen Funken erzeugt, ist auf dem Oszilloskopbildschirm ein Signal zu sehen.

Als Empfänger eignet sich auch ein Radioempfänger, den man auf Kurz-, Mittel- oder Langwellenempfang stellt. Das Ankommen der Welle äußert sich hier in einem Knackton. (Auf UKW-Empfang, d.h. bei Frequenzmodulation, erzeugen Störungen großer Amplitude kein lautes Signal im Lautsprecher.)

Abschnitt 28.9

1. Man lässt auf einem auf dem Boden liegenden Seil zwei Wellenpulse in entgegengesetzter Richtung laufen. Die Auslenkung des Seils geschieht parallel zum Boden und senkrecht zur Seilrichtung. Man macht den Versuch mit Pulsen, deren Auslenkung dieselbe Richtung hat, und mit solchen, deren Auslenkung entgegengesetz ist. Die Wellen laufen durcheinander hindurch.

Die starke Dämpfung, die durch die Reibung zwischen Seil und Boden zustande kommt, ist erwünscht: So wird das Experiment nicht durch reflektierte Wellen gestört.

2. Man bewegt beide Enden des auf dem Boden liegenden Seils quer zur Seilrichtung periodisch hin und her. Von jedem Ende läuft eine gedämpfte periodische Welle los. Im mittleren Bereich des Seils ist eine stehende Welle zu erkennen.

3. Das eine Ende des Seils wird befestigt, das andere periodisch hin- und herbewegt. Die dabei erzeugte Welle wird am festen Ende reflektiert. Im Bereich des festen Endes ist eine stehende Welle zu erkennen.

4. Die unter **1.**, **2.** und **3.** beschriebenen Vorgänge lassen sich schön auf dem Computer simulieren. Der Vorteil der Betrachtung auf dem Bildschirm: Man kann die Vorgänge in Zeitlupe sehen.

5. Ein Lautsprecher wird an einen Funktionsgenerator, der eine Sinusspannung liefert, angeschlossen. Der Lautsprecher wird gegen eine ebene Wand gerichtet. In dem Bereich zwischen Lautsprecher und Wand wird ein Mikrophon, an das ein Oszilloskop angeschlossen ist, herumbewegt. Man erkennt die Ebenen, in denen sich einfallende und reflektierte Schallwelle verstärken und die, in denen sie sich abschwächen.

6. Man zeigt die Auslöschung, die durch die Reflexion von elektromagnetischen Dezimeterwellen entsteht.

7. Das eine Ende des Seils wird an der Wand befestigt, das andere hält man in der Hand. Das Seil berührt den Boden nicht. Durch periodisches Auf- und Abbewegen des einen Endes erzeugt man Eigenschwingungen des Seils: zuerst die Grundschwingung, dann verschiedene Oberschwingungen.

8. Erzeugung von Eigenschwingungen eines Gummiseils. Anregung mit einem Elektromotor mit Exzenter. Beobachtung mit dem Stroboskop.

9. Man erklärt die Interferenz ebener Wellen mit zwei Streifenfolien auf dem Schreibprojektor. Insbesondere wird erklärt, dass die Auslöschungsgebiete um so weiter auseinanderliegen, je spitzer der Winkel zwischen den Ausbreitungsrichtungen der Wellen ist.

10. Man zeigt die Interferenz von Licht mit dem fresnelschen Doppelspiegelversuch.

29. Photonen

Abschnitt 29.1

1. Ein Leuchtstab (Autozubehörhandel) wird im dunkeln Klassenzimmer "eingeschaltet".

2. Infrarotdetektorfolie (Elektronikzubehörhandel) wird durch Bestrahlung mit sichtbarem Licht "aufgeladen". Sie wird dann im Dunkeln mit Infrarotlicht (etwa aus einer Fernsehapparat-Fernsteuerung) bestrahlt. Dabei erzeugt sie sichtbares Licht. Sie kann sich also in zwei Zuständen A und B befinden oder in anderen Worten: Die Stoffe A und B können sich ineinander verwandeln:
$A + \gamma_{\text{sichtbar}} \leftrightarrow B + \gamma_{\text{infrarot}}$

3. Photopapier reagiert mit sichtbarem Licht. Aus AgBr entsteht Br_2 und Silber. Bei langer Belichtung sieht man die Schwärzung durch das Silber ohne Entwicklung des Films. Wenn genug Unterrichtszeit vorhanden ist, bespricht man den Prozess des Entwickelns und Fixierens.

4. Die Leuchtziffern einer Uhr oder nachleuchtendes, pulverförmiges Zinksulfid werden im Hellen mit Hilfe von Licht geladen. Im Dunkeln findet eine Reaktion statt, bei der Licht abgegeben wird.

Abschnitt 29.2

Ein Photomultiplier reagiert auf einzelne Photonen. Normalerweise ist ein Photomultiplier nicht Bestandteil einer Schulsammlung. Das Experiment ist aber so schön, dass man die Anschaffung nur empfehlen kann. Das billigste Modell ist ausreichend.

Wegen der hohen Empfindlichkeit darf ein Photomultiplier im Betriebszustand (d.h. bei angelegter Spannung) nur sehr geringen Lichtintensitäten ausgesetzt werden, andernfalls geht er kaputt. Es ist daher empfehlenswert, ein Netzgerät mit Überlichtschutz anzuschaffen. Photomultiplier und Netzgerät sind für zusammen etwa 1500,– DM zu erhalten.

Um die Photonen-Pulse, wie sie im Schülertext wiedergegeben sind, zu zeigen, benutzt man eine sehr stark abgeschwächte Lichtquelle. Das Experiment findet in einem völlig abgedunkelten Raum statt. Der Photomultiplier wird mit einem schwarzen Tuch abgedeckt. Das Tuch lässt immer noch zu viel Licht durch. Daher stellt man zwischen Lichtquelle und Photomultiplier noch eine mit Ruß geschwärzte Glasplatte. Die Rußschicht stellt man mit Hilfe einer brennenden Kerze her, und zwar so, dass sie keine gleichmäßige Dicke hat. Sie hat also an verschiedenen Stellen einen unterschiedlichen Absorptionsgrad. Durch seitliches Verschieben dieses Graufilters kann man die Intensität des Lichts, das auf den Photomultiplier fällt, verändern.

Der Nachweis der Spannungspulse am Ausgang des Photomultipliers kann mit einem Oszilloskop geschehen. Noch schöner ist der Versuch allerdings, wenn man die Signale aufzeichnet. Ein Computerinterface, wie es Lehrmittelfirmen anbieten, ist hierzu sehr gut geeignet.

Abschnitt 29.6

Falls die Interferenz von Licht mit dem fresnelschen Doppelspiegel noch nicht gezeigt wurde, zeigt man sie hier.

30. Atome

Die meisten Experimente zur mikroskopischen Struktur der Materie sind aufwendig und teuer. Die Auswahl der Experimente, die man im Unterricht macht, wird daher häufig nicht dadurch bestimmt, was man gern zeigen möchte. Vielmehr macht man das, was man mit hinreichend geringem Aufwand zeigen kann. Die Anzahl der Experimente ist daher geringer als bei der Behandlung der Physik der Makrowelt.

Um diesem Mangel etwas abzuhelfen, machen wir hin und wieder auch Modellexperimente, und sogar solche Experimente, die nichts beweisen, sondern nur illustrieren.

Abschnitt 30.3

1. Man verformt einen aufgeblasenen Luftballon mit den Händen. Wenn man ihn loslässt, nimmt er seine alte Form wieder an. Ähnlich verhält sich ein Atom, solange man es nicht zu stark verformt.

2. Im Spielzeughandel gibt es ein Spielzeug, mit dem man das Anregen und Wiederabregen eines Atoms illustrieren kann. Es handelt sich um einen halbkugelschalenförmigen, etwa 6 cm großen Gummikörper. Man drückt die Schale durch, sodass sie in eine andere, wieder etwa halbkugleartige Form springt. Man legt das Gebilde auf die Erde und wartet. Nach kurzer Zeit springt der Körper in seine ursprüngliche Form zurück. Dabei hüpft er von selbst in die Höhe.

Abschnitte 30.4 und 30.5

Das Experiment befindet sich in vielen Schulsammlungen. Natriumdampf in einem Glaskolben absorbiert aus einem Bündel weißen Lichts das der gelben Natriumlinie entsprechende Licht. Das Natrium selbst emittiert gelbes Licht in alle Richtungen.

Abschnitt 30.6

Die Lehrmittelfirmen haben leider kein Experiment im Programm, das das exponentielle Abklingen angeregter elektronischer Zustände zeigt. Wir machen daher ein Modellexperiment.

Es wird gezeigt, wie die Besetzung eines angeregten Zustands abnimmt, wenn die Wahrscheinlichkeit dafür, dass das System in einem gegebenen, festen Zeitintervall aus dem angeregten in den Grundzustand übergeht, zeitlich konstant ist. Man nennt die entsprechende Funktion eine Exponentialfunktion.

Alle Schüler begeben sich auf die eine Seite des Klassenzimmers. Auf Kommando wirft jeder Schüler eine Münze. Diejenigen Schüler, die "Zahl" geworfen haben, gehen auf die andere Seite des Klassenzimmers, die anderen bleiben und nehmen am nächsten Wurfexperiment teil usw.

Die Anzahl der nach jedem Wurf zurückbleibenden Schüler wird über der Zahl der bereits getanen Würfe aufgetragen.

Auch das Zurückgehen eines Atoms aus einem hochangeregten Zustand in den Grundzustand, das auf mehreren Wegen geschehen kann, kann durch ein Würfelexperiment simuliert werden.

Der Lehrer stellt sich auf den Tisch. Er kann von dort auf zwei Wegen zum Fußboden zurückkehren: Entweder er springt direkt hinunter, oder er wählt als Zwischenstation einen Stuhl. Welchen Weg er tatsächlich geht, entscheidet er durch würfeln, etwa so: Fällt eine eins oder eine zwei, so springt er direkt hinunter, fällt eine drei, vier, fünf oder sechs, so steigt er über den Stuhl hinab.

Abschnitt 30.9

Die Emissionsspektren verschiedener Gasentladungsröhren werden angeschaut. (Man schaut auf die Röhre durch ein Geradsichtprisma hindurch). Die Gase werden identifiziert, indem man die beobachteten Spektren mit Spektren aus der Literatur vergleicht.

Abschnitt 30.10

Man bringt Natrium (als Kochsalz) oder Lithium in eine heiße Flamme. Die Flamme leuchtet gelb bzw. rot auf.

Man zeigt, dass eine Wasserstoffflamme nicht leuchtet. Man zeigt, dass eine Methanflamme (Erdgas) blau leuchtet.

31. Feste Stoffe

Abschnitt 31.1

Man ordnet Tennisbälle oder Tischtennisbälle einmal in einem regelmäßigen "Kristallgitter" an, und einmal bildet man einen ungeordneten Haufen.

Abschnitt 31.2

Es gibt Partyballons, die so aussehen: ein länglicher Schlauch hat in gleichmäßigen Abständen mehrere Einschnürungen. Wir legen mehrere solche Gebilde neben- und übereinander, um den Schülern eine Idee von der räumlichen Struktur des Elektroniums in einem Kristall zu geben.

Abschnitt 31.4

1. Zwei Spiegel werden, wie im Schülertext beschrieben, aufgestellt. Man lässt alle Schüler in der beschriebenen Weise in die Spiegel hineinschauen.

2. Man reibt auf einer blanken Aluminiumoberfläche mit einem weißen Tuch und etwas weißem Scheuerpulver herum. Das Tuch wird schwarz.

3. Man schneidet ein kleines Loch in einen Karton, der innen weiß ist. Neben das Loch malt man mit einem Filzstift einen schwarzen Fleck, der dieselbe Größe hat wie das Loch. Das Loch sieht schwärzer aus als der schwarze Fleck.

Abschnitt 31.5

1. Man zerstampft durchsichtige Gegenstände. Das entstehende Pulver ist weiß.

2. Man zeigt den Schülern ein Stück Silizium.

3. Man zeigt den Schülern Cadmiumsulfidkristalle. Man zerreibt CdS-Kristalle. Das Pulver ist kräftig gelb.

Abschnitt 31.6

1. Man erhitzt verschiedene kleine Gegenstände mit einer Flamme gleichzeitig, sodass sie alle ungefähr dieselbe Temperatur haben. Weiße und durchsichtige Gegenstände glühen, schwarze nicht.

Die Flamme muss heiß und recht groß sein. Ein normaler Bunsenbrenner ist nicht sehr gut geeignet. Man kann sich mit zwei Bunsenbrennern behelfen. Besser ist allerdings ein Brenner, den man zum Hartlöten verwendet.

Als nichtglühende Gegenstände sind geeignet: manche weißen Kieselsteine, Quarzglas, Saphir. Manche weißen oder durchsichtigen Gegenstände sind ungeeignet. Sie glühen, obwohl man es zunächst nicht erwarten würde: Kreide oder gewöhnliches Glas. Die Ursache ist, dass diese Stoffe Verunreinigungen enthalten. Gewöhnliches Glas ist auch deshalb ungeeignet, weil es bei den erreichten Temperaturen schmilzt.

Als absorbierende Gegenstände wählt man etwa einen schwarzen Kieselstein, ein Eisenstückchen, ein Stück Kohle für die Kohlebogenlampe und ein Stück Silizium.

Abschnitt 31.8

Man baut einen käuflichen Photoleiter (LDR = light dependent resistor) in einen Stromkreis ein und zeigt, dass der Widerstand bei Beleuchtung abnimmt.

Abschnitt 31.9

1. Man führt die Funktionsweise vor

- einer Gleichrichterdiode;
- einer Photodiode;
- einer Leuchtdiode;
- einer Solarzelle.

2. Alle diese vier Funktionen einer Halbleiterdiode können auch mit einem einzigen Exemplar gezeigt werden. Man benutzt eine käufliche, nicht zu kleine Leuchtdiode.

Selbstverständlich lässt sich diese Diode als Gleichrichter verwenden.

Um sie als Photodiode, d.h. als Lichtsensor betreiben, schließt man sie an eine Spannungsquelle in Sperrrichtung an. Ein sehr empfindliches Amperemeter zeigt, dass bei Beleuchtung ein schwacher elektrischer Strom fließt.

Als Leuchtdiode arbeitet sie ohnehin. Man schließt sie in Durchlassrichtung an. Man vergesse nicht, einen Schutzwiderstand in Reihe zu schalten.

Schließt man die Diode direkt, d. h ohne Spannungsquelle an ein Voltmeter (mit hohem Innenwiderstand), so beobachtet man bei Beleuchtung einen Ausschlag von etwa 1 Volt.

Abschnitt 31.10

In einen Stromkreis mit einem kleinen Elektromotor oder einer Glühlampe baut man einen Leistungs-MOSFET ein (Source und Drain anschließen). Durch verändern des elektrischen Potenzials des Gate-Anschlusses kann man den Motor bzw. die Lampe ein- und ausschalten. Es genügt dabei, das Gate mit Hilfe der Finger mit dem positiven bzw. negativen Pol der Spannungsquelle zu verbinden. Das Experiment zeigt eindrucksvoll, dass über das Gate praktisch kein Strom fließt.

32. Atomkerne

Zur Kernphysik gibt es in den Schulsammlungen im Allgemeinen recht viele Experimente. Wir empfehlen aber, mit dem Einsetzen dieser Experimente eher zurückhaltend zu sein. Fast alle diese Experimente benutzen die Tatsache, dass eine sehr spezielle Klasse von Kernreaktionen sich trotz minimaler Umsatzraten auf eine bestimmte Art bemerkbar machen: Man kann einzelne Teilchen eines der Reaktionspartner als so genannte Strahlung nachweisen. Dieser Reaktionstyp bekommt dadurch im Unterricht ein Gewicht, das er unserer Meinung nach nicht verdient.

Abschnitt 32.9

Man zeigt mit dem Geiger-Müller-Zählrohr, dass immer hochenergetische Teilchen in der Gegend herumfliegen. Man zeigt, dass "radioaktive Präparate" besonders viele solcher Teilchen abstrahlen. Falls man eine ältere Uhr mit Leuchtziffern hat, kann man zeigen, dass die Leuchtziffern radioaktive Stoffe enthalten. Wir empfehlen, weitere Eigenschaften der α-, β- und γ-Strahlung in der Sekundarstufe I nicht zu untersuchen.

Abschnitt 32.10

Falls man in der Sammlung ein Experiment zur Messung einer Halbwertszeit hat, führt man es durch.

Falls noch nicht geschehen, führt man das Modellexperiment durch, das im Zusammenhang mit Abschnitt 30.6 beschrieben wurde.

D. Lösungen der Aufgaben

1. Energie und Energieträger

Abschnitt 1.2

1. Glühlampe, Elektromotor, Fön, Elektroofen

2. Elektromotor, Wasserturbine, Windrad, Benzinmotor

3. Pfandflaschenenergieträger: Elektrizität, Wasser bei Zentralheizung, Hydrauliköl; Einwegflaschenenergieträger: Benzin, Pressluft, Licht

Abschnitt 1.3

1. Licht - Elektrizität; bewegte Luft - Elektrizität

2. Elektroofen; Wasserturbine

3. (Kohle) - Kohlekraftwerk - (Elektrizität) - Elektromotor - (Drehimpuls) - Wasserpumpe - (bewegtes Wasser)

4. Abb. 1.1

5. Dynamo; Abb. 1.2.

6. Dynamo - Elektromotor; Glühlampe - Solarzelle; Wasserturbine - Wasserpumpe

Abschnitt 1.4

Der in das Gerät fließende Energiestrom hat auf Stufe 1 eine Stärke von 500 Joule pro Sekunde und auf Stufe 2 eine Stärke von 1000 Joule pro Sekunde.

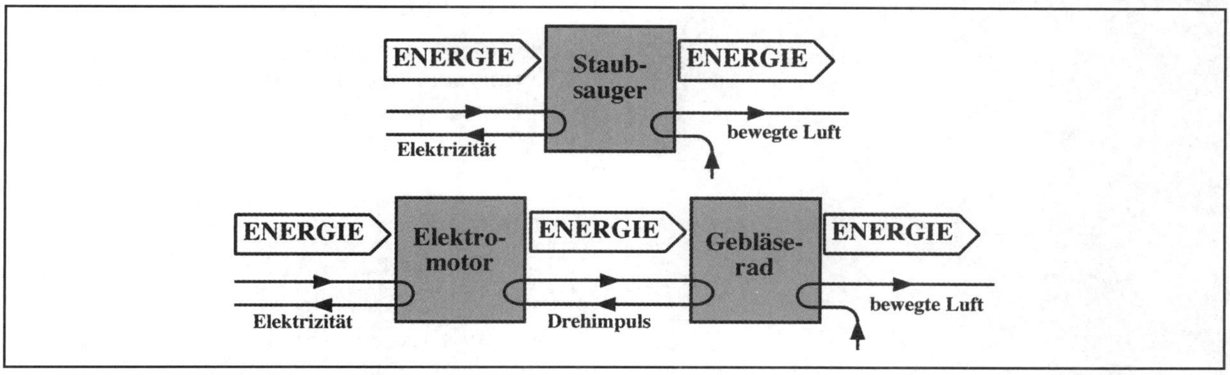

Abb. 1.1. Zu Abschnitt 1.3, Aufgabe **4**

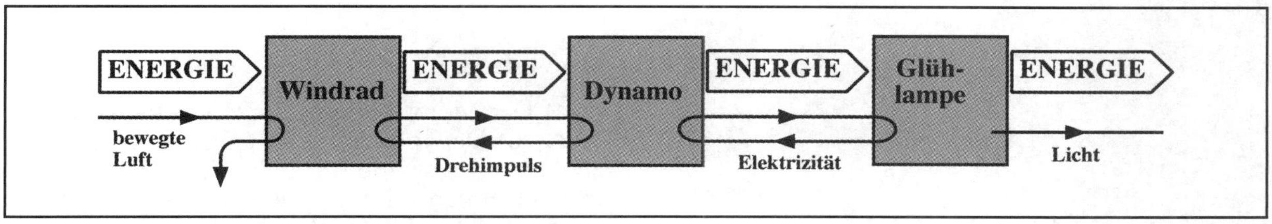

Abb. 1.2. Zu Abschnitt 1.3, Aufgabe **5**

2. Strömungen von Flüssigkeiten und Gasen

Abschnitt 2.2

2. 1 bar.

Abschnitt 2.3

(a) Es strömt solange Luft vom kleinen in den großen Reifen, bis die Drücke gleich sind (Druckgleichgewicht).

(b) Der sich einstellende Druck liegt näher bei 1 bar.

(c) Im großen Reifen.

Abschnitt 2.5

1. 6 l/min.

2. Nein. Die Strömungsgeschwindigkeit hängt, außer von der Stromstärke, noch vom Rohrquerschnitt ab.

3. 10 m³/s.

Abschnitt 2.6

(a) Auch 10 l/s. Alles Wasser, das links in das Rohr hineinfließt, muss rechts wieder herausfließen.

(b) Der Widerstand des Rohrabschnitts zwischen der Verengungsstelle und dem rechten Ende ist kleiner als der zwischen linkem Ende und Verengungsstelle, denn der rechte Rohrabschnitt ist kürzer und dicker. Damit durch den rechten Rohrabschnitt ein gleich starker Strom fließt wie durch den linken, genügt ein kleinerer Antrieb, eine kleinere Druckdifferenz.

3. Impuls und Impulsströme

Abschnitt 3.1

1. Länge (l), Meter (m); Fläche (A), Quadratmeter (m^2); Energiestromstärke (P), Watt (W); elektrische Stromstärke (I), Ampere (A).

2. E = 12 MJ; v = 1,5 km/s; p = 110 kPa.

3. v = 20 m/s.

4. Kalorie, PS, Elle, Zoll.

Abschnitt 3.2

1. Der Gesamtimpuls ist 1 500 Hy. In jedem Fahrzeug stecken 300 Hy.

2. Vor dem Stoß: Zwei Wagen enthalten je 6 000 Hy, der dritte 0 Hy. Nach dem Stoß: Jeder der drei Wagen enthält 4 000 Hy.

3. Vom linken Gleiter gehen 10 Hy auf den rechten über, so dass der linke nach dem Zusammenstoß – 5 Hy und der rechte + 5 Hy hat.

4. Gesamtimpuls: (500 – 200) Hy = 300 Hy. Nach dem Stoß hat jeder Wagen + 100 Hy. Die Wagen bewegen sich nach rechts.

5. Impuls nach dem Aufprallen: – 1 Hy. Impulsunterschied: 2 Hy. Es sind 2 Hy über die Wand in die Erde gegangen.

Abschnitt 3.4

1. Zwei zusammengesteckte Stäbe. Bei Zugbelastung lösen sie sich voneinander.

2. Das Auto rutscht weiter, es behält seinen Impuls. Normalerweise soll die Verbindung zwischen Reifen und Straße impulsleitend sein. Bei Glatteis ist sie es nicht. Der Impuls kann daher nicht in die Erde abfließen.

3. Die Räder drehen durch. Da die impulsleitende Verbindung zwischen Straße und Reifen unterbrochen ist, kann der Motor keinen Impuls ins Auto pumpen.

Abschnitt 3.5

1. Die bewegte Luft gibt Impuls an das Schiff ab.

2. Der Impuls wird über die Schiffswände wieder ans Wasser abgegeben. Zwischen den Schiffswänden und dem Wasser findet Reibung statt.

Abschnitt 3.6

1. (a) Der Motor pumpt Impuls aus der Erde ins Auto. (b) Der Impuls fließt langsam in Luft und Erde ab. (c) Der Impuls fließt schnell in die Erde ab. (d) Der ganze Impuls, den der Motor ins Auto pumpt, fließt in Luft und Erde ab.

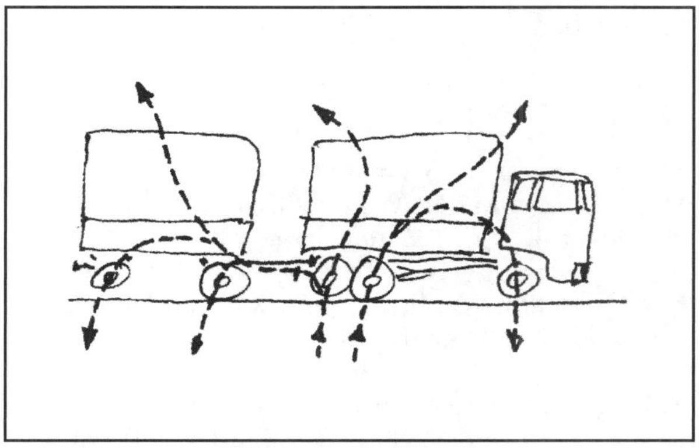

Abb. 3.1. Zu Abschnitt 3.8, Aufgabe **3**

2. Weil Impuls weder ab- noch zugeflossen war.

Abschnitt 3.8

1. Es fließt negativer Impuls aus dem Auto in die Erde, also positiver aus der Erde ins Auto. Die Geschwindigkeit der Erde ist 0 m/s, die des Autos ist negativ. Die Geschwindigkeit des Autos ist also kleiner als die der Erde. Der Impuls fließt also, in Übereinstimmung mit der Regel, vom Körper hoher zum Körper niedriger Geschwindigkeit.

2. Der negative Impuls des Wagens nimmt zu, d.h. der positive nimmt ab. Demnach fließt (positiver) Impuls aus dem Wagen heraus, durch die Arme der Person in die Erde. In den Armen fließt der Impuls also nach rechts.

3. Die Anhängerkupplung steht unter Zugspannung, siehe Abbildung 3.1.

Abschnitt 3.9

1. Aus der Erde über die Hinterräder des Traktors in den Traktor, von dort über das Seil zum Baum und zurück in die Erde.

2. Aus der Erde in den rechten Pfosten, den Pfosten hinauf zur Wäscheleine, durch die Leine zum linken Pfosten, den Pfosten hinunter zurück in die Erde. In der Leine herrscht Zug-, in der Erde Druckspannung.

3. Zum Beispiel ein im Weltraum schwebender rotierender Reifen. In der Natur: die Saturnringe, aber auch die rotierende Erde.

Abschnitt 3.10

1. $F = p/t = 200$ Hy/10 s = 20 Hy/s = 20 N

2. $p = F \cdot t = 6000$ N · 5 s = 30 000 Hy

3. $F_C = 400$ N, $F_D = 600$ N

4. Von der linken Kiste 100 N; von der rechten Kiste 200 N

5. $p(t)$ ist eine Ursprungsgerade.

Abschnitt 3.12

1. $s = F/D$
a) $s = 12$ N/(150 N/m) = 0,08 m
b) $s = 24$ N/(150 N/m) = 0,16 m

2. a) Für $F = 15$ N ist $s = 0{,}32$ m;
für $F = 30$ N ist $s = 0{,}4$ m.
b) Für $s = 0{,}2$ m ist $F = 4$ N.
c) Mit zunehmender Verlängerung wird es immer schwerer, das Seil weiter zu verlängern.

3. An die Enden einer Feder werden die Enden eines Bindfadens geknotet, und zwar so, dass der Faden locker durchhängt, solange die Feder nicht gespannt ist. Zieht man nun diese Anordnung auseinander, so fließt der Impulsstrom zunächst nur durch die Feder: Es gilt das Hookesche Gesetz. Sobald aber der Faden gespannt ist, ist keine Verlängerung mehr möglich. Der Impulsstrom nimmt zu, ohne dass sich der Faden (und damit auch die Feder) verlängert.

4. Wir bezeichnen die Federn mit A und B. Wir haben also $F_A = D_A s_A$ und $F_B = D_B s_B$. Da derselbe Impulsstrom durch beide Federn fließt, ist $F_A = F_B$, also $D_A s_A = D_B s_B$. Wenn nun $s_A = 4 s_B$ ist, muss $D_B = 4 D_A$ sein.

Abschnitt 3.13

Zwanzig Bindfäden parallel nebeneinander zu verwenden. Die Querschnittsfläche der Impulsleitung wird dabei 20mal so groß wie bei einem einzigen Bindfaden. Durch jeden Bindfaden fließen nur noch maximal 100 N.

Abschnitt 3.14

1. Gegeben: $t = 40$ min = 2/3 h
$s = 10$ km
Gesucht: v

$$v = \frac{s}{t} = \frac{10\,\text{km}}{2/3\,\text{h}} = 15\,\text{km/h}$$

2. Gegeben: $t = 92$ min = 92/60 h = 1,533 h
$s = 185$ km
Gesucht: v

$$v = \frac{s}{t} = \frac{185\,\text{km}}{1{,}533\,\text{h}} = 120{,}7\,\text{km/h}$$

$$= 120{,}7 \cdot 0{,}2778\ \text{m/s} = 33{,}5\ \text{m/s}$$

3. Gegeben: $t = 10$ min = 1/6 h
$v = 90$ km/h
Gesucht: s

$v = s/t \Rightarrow s = v \cdot t$

$s = 90 \cdot (1/6)$ km = 15 km

4. Gegeben: $v = 800$ km/h
$s = 1600$ km
Gesucht: t

$v = s/t \Rightarrow t = s/v$

$$t = \frac{1600\,\text{km}}{800\,\text{km/h}} = 2\,\text{h}$$

5. Gegeben: $v = 300\,000$ km/s
$s = 150\,000\,000$ km
Gesucht: t

$$t = \frac{150\,000\,000\,\text{km}}{300\,000\,\text{km/s}} = 500\,\text{s} \approx 8\,\text{min}$$

Abschnitt 3.15

1. Gegeben: $m = 12$ t $= 12\,000$ kg
$v = 90$ km/h $= 25$ m/s
Gesucht: p

$p = mv = 12\,000$ kg · 25 m/s $= 300\,000$ Hy
$= 300$ kHy

2. Gegeben: $v = 20$ m/s
$m = 420$ g $= 0{,}42$ kg
Gesucht: p
$p = mv = 0{,}42$ kg · 20 m/s $= 8{,}4$ Hy

3. Gegeben: $v = 30$ m/s
$m = 50$ g $= 0{,}05$ kg

$p = mv = 0{,}05$ kg · 30 m/s $= 1{,}5$ Hy
Dies ist der Impuls, den der Ball vor dem Stoß hat. Da er von der Wand zurückprallt, hat er nach dem Stoß mit der Wand den Impuls - 1,5 Hy. Die Wand hat die Differenz
1,5 Hy – (– 1,5 Hy) = 3 Hy übernommen.

4. Gegeben: $m = 150$ kg
$F = 15$ N
$t = 5$ s
Gesucht: v

$F = p/t \Rightarrow p = F \cdot t = 15$ N · 5 s $= 75$ Hy
$p = mv \Rightarrow v = p/m = 75$ Hy/(150 kg)
$= 0{,}5$ m/s

5. Gegeben: $F = 200$ kN $= 200\,000$ N
$t = 30$ s
$v = 54$ km/h $= 15$ m/s
Gesucht: p, m

$p = F \cdot t = 200\,000$ N · 30 s $= 6\,000\,000$ Hy
$= 6$ MHy
$p = mv \Rightarrow m = p/v$
$m = 6\,000\,000$ Hy/(15 m/s) $= 400\,000$ kg $= 400$ t

6. Gegeben: $m = 42$ kg
$F = 20$ N
$t = 3$ s
$v = 1{,}2$ m/s
$p = F \cdot t = 20$ N · 3 s $= 60$ Hy
In 3 s fließen in den Wagen 60 Hy hinein.
$p = mv = 42$ kg · 1,2 m/s $= 50{,}4$ Hy

Die Differenz von 9,6 Hy muss durch Reibung in die Erde abgeflossen sein.

7. Gegeben: Rohrdurchmesser $d = 0{,}1$ m
Rohrlänge $l = 2$ km $= 2000$ m
$v = 0{,}5$ m/s
$t = 2$ s
Berechnung des Volumens in Liter:
$V = \pi\,(d/2)^2 l = \pi\,(0{,}05)^2 \cdot 2000\,\text{m}^3$
$= 15{,}708\,\text{m}^3 = 15\,708$ l
Da 1 l Wasser eine Masse von 1 kg hat, ist
$m = 15\,708$ kg.
$p = mv = 15\,708$ kg · 0,5 m/s $= 7\,854$ Hy

Der Impuls fließt über das Ventil in die Erde.
Berechnung der Impulsstromstärke (der Kraft auf das Ventil):
$F = p/t = 7854$ Hy/2 s $= 3927$ N

4. Das Schwerefeld

Abschnitt 4.3

1. Gegeben: $m =$ (z.B.) 40 kg
$g_{Erde} = 10$ N/kg,
$g_{Mond} = 1{,}62$ N/kg
$g_{NS} = 1\,000\,000\,000\,000$ N/kg
Gesucht: F
$F = m \cdot g$
Erde: $F = 40$ kg $\cdot$ 10 N/kg = 400 N
Mond: $F = 40$ kg $\cdot$ 1,62 N/kg = 64,8 N

Neutronenstern: $F = 40$ kg $\cdot$ 10^{12} N/kg = 40 000 000 000 000 N

2. Gegeben: $F = 300$ N
$g = 1{,}62$ N/kg
Gesucht: m
$F = m \cdot g$
$\Rightarrow$ $m = F/g = 300$ N/1,62 (N/kg) = 185,2 kg

Abschnitt 4.4

1. Gegeben : $m =$ (z. B.) 40 kg
$t = 0{,}77$ s
Gesucht: p, v
$p = m \cdot g \cdot t$
= 40 kg $\cdot$ 10 N/kg $\cdot$ 0,77 s = 308 Ns = 308 Hy
$v = g \cdot t$ = 10 N/kg $\cdot$ 0,77 s = 7,7 m/s

2. Gegeben: $t = 0{,}5$ s
g_{Erde}, g_{Mond}, g_{Sonne}
Gesucht: v
$v = g \cdot t$
$v_{Erde} = 5$ m/s, $v_{Mond} = 0{,}81$ m/s, $v_{Sonne} = 137$ m/s,

3. Gegeben: $v = 15$ m/s
$v = g \cdot t$ $\Rightarrow$ $t = v/g = 15$ (m/s)/10 (N/kg) = 1,5 s
= Zeit bis zur Umkehr
Gesamtzeit $t_{Ges} = 2 \cdot t = 3$ s

4. Gegeben: $t_{Ges} = 5$ s
Fallzeit $t = t_{Ges}/2 = 2{,}5$ s

$v = g \cdot t = 10$ (N/kg) $\cdot$ 2,5 s = 25 m/s

Abschnitt 4.5

In die Kugel fließt aus der Erde ein Impulsstrom von
$F = m \cdot g = 0{,}8$ kg $\cdot$ 10 N/kg = 8 N
In Abb. 4.7 liest man ab: $v = 20$ m/s

Abschnitt 4.6

1. Der Astronaut versetzt die Gegenstände in Bewegung, so dass sie sich mit gleicher Geschwindigkeit bewegen. Dabei braucht er für den schwereren mehr Impuls.

2. Die Astronauten schalten die Raketenmotoren ein. Es fließt dann Impuls aus der Rakete in die Astronauten hinein. Dieser Impulsstrom macht sich als Schweregefühl bemerkbar.

Abschnitt 4.7

1. Gegeben: $V = 1{,}6$ l
$m = 1{,}3$ kg
Gesucht: ρ
$\rho = m/V = 1{,}3$ kg/0,0016 m³ = 812,5 kg/ m³

2. Gegeben: $m = 2{,}2$ kg
$\rho = 2600$ kg/ m³ (aus Tabelle)
Gesucht: V
$V = m/\rho = 2{,}2$ kg/(2600 kg/ m³)
= 0,00085 m³ = 0,85 l

3. Gegeben: $V = 40$ l
$\rho = 2600$ kg/ m³ (aus Tabelle)
Gesucht: m
$m = \rho\, V =$ (7200 kg/ m³) $\cdot$ 0,04 m³ = 28,8 kg

4. Gegeben: $m = 8{,}2$ kg
$\rho = 8960$ kg/ m³ (aus Tabelle)
Länge $l = 1{,}2$ m
Breite $b = 0{,}8$ m
Gesucht: Dicke d
$V = m/\rho = 8{,}2$ kg/(8960 kg/ m³)
= 0,000915 m³ = 0,915 l = 915 cm³
$V = l \cdot b \cdot d$ $\Rightarrow$ $d = V/(l \cdot b)$
= 915 cm³/(120 cm $\cdot$ 80 cm)
= 0,095 cm = 0,95 mm

Abschnitt 4.8

1. Eisen schwimmt auf Quecksilber, denn die Dichte von Eisen ist kleiner als die von Quecksilber.

2. Der Ballon sinkt, denn die Dichte von Kohlenstoffdioxid ist größer als die von Luft.

5. Impuls und Energie

Abschnitt 5.1

1. Gegeben: $v = 20$ km/h $= 5{,}6$ m/s
$F = 900$ N
Gesucht: P
$P = v \cdot F = 5{,}6$ m/s $\cdot$ 900 N = 5040 W
Der Impuls fließt über die Räder in die Erde. Die Energie wird in Lagern und Reifen bei der Wärmeproduktion verbraucht.

2. Gegeben: $s = 35$ km
$F = 900$ N
Gesucht: E
$E = F \cdot s = 900$ N $\cdot$ 35 km = 31 500 kJ

3. Gegeben: $v = 10$ m/s
$P = 800$ W
Gesucht: F
$P = v \cdot F \Rightarrow F = P/v = 800$ W/(10m/s) = 80 N

4. Gegeben: $m = 50$ kg
$v = 0{,}8$ m/s
$h = 5$ m
Gesucht: P, t, E
Schwerkraft: $F = m \cdot g = 50$ kg $\cdot$ 10 N/kg
= 500 N
$P = v \cdot F = 0{,}8$ m/s $\cdot$ 500 N = 400 W
$v = h/t \Rightarrow t = h/v = 5$ m/(0,8 m/s) = 6,25 s
$P = E/t \Rightarrow E = P \cdot t = 400$ W $\cdot$ 6,25 s = 2500 J
= 2,5 kJ

Abschnitt 5.3

1. Energie: Vom Wagen in die Pufferfeder und von der Pufferfeder zurück in den Wagen.

Impuls: Vom Wagen über die Pufferfeder in die Erde, und zwar so lange, bis der Wagen genauso viel positiven Impuls hat, wie er anfangs negativen hatte.

2. Energie: Beim Herabfallen aus dem Schwerefeld in den Ball, beim Aufschlagen Umverteilung im Ball, beim Hinauffliegen zurück ins Schwerefeld.

Impuls: Beim Herabfallen aus der Erde über das Feld in den Ball, beim Aufschlagen aus dem Ball in die Erde, beim Hinauffliegen wieder aus der Erde in den Ball.

3. Ausgehend vom unteren Umkehrpunkt:

Energie: Unterhalb der Gleichgewichtslage geht Energie aus der Gummischnur ins Schwerefeld und in den Körper, oberhalb der Gleichgewichtslage aus der Gummischnur und dem Körper ins Schwerefeld. Beim Herabschwingen umgekehrt.

Impuls: Immer von der Erde, über das Schwerefeld in den Körper. Aus dem Körper immer über die Gummischnur und deren Aufhängung zurück in die Erde. Unterhalb der Gleichgewichtslage fließt aber über die Gummischnur mehr ab als durch das Feld zufließt. Daher wird der Impuls des Körpers negativ. Oberhalb der Gleichgewichtslage fließt durch die Gummischnur weniger ab als durch das Feld zufließt. Daher nimmt der negative Impuls des Körpers wieder ab. Beim Herabschwingen umgekehrt.

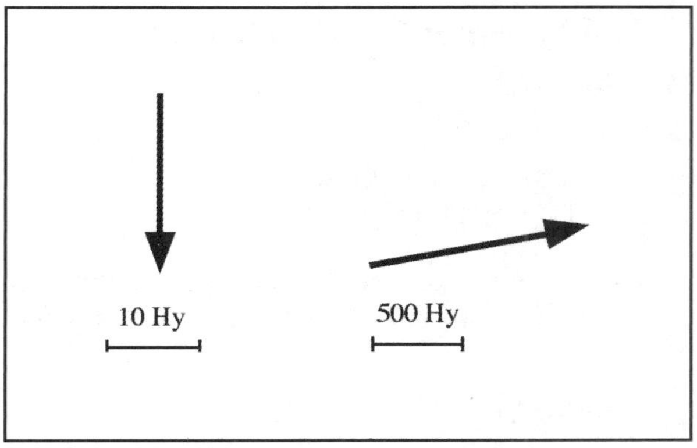

Abb. 6.1. Zu Abschnitt 6.1, Aufgabe **1**

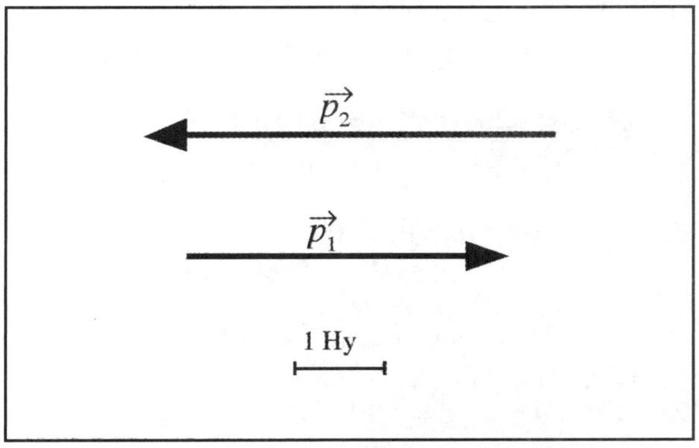

Abb. 6.2. Zu Abschnitt 6.1, Aufgabe **2**

6. Der Impuls als Vektor

Abschnitt 6.1

1. Siehe Abb. 6.1

2. Siehe Abb. 6.2

3.			
Betrag:	2400 Hy	900 Hy	2100 Hy
Richtung:	210°	300°	180°

Abschnitt 6.2

1. Zum Anhänger hin: Stromstärkepfeil weist nach rechts; vom Anhänger weg: Stromstärkepfeil weist nach links.

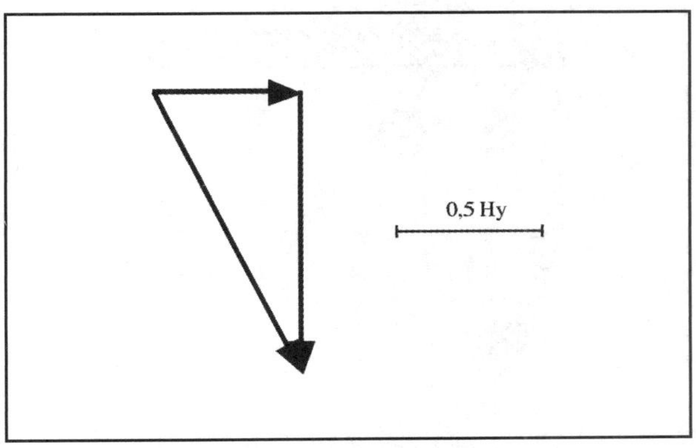

Abb. 6.3. Zu Abschnitt 6.3, Aufgabe **1**

2. (a) Zum Wagen fließt 0°-Impuls.
(b) Der Impulsstrom folgt der Spirale.
(c) Der Stromstärkevektorpfeil weist nach rechts.

3. (a) $F = m \cdot g = 0{,}3\ \text{kg} \cdot 10\ \text{N/kg} = 3\ \text{N}$
(b) 270°-Impuls
(c) Der Pfeil weist nach unten.

Abschnitt 6.3

1. Gegeben: $m = 0{,}1\ \text{kg}$
$p_{\text{Anfang}} = 0{,}5\ \text{Hy}$
(a) Der Stein bekommt 0,1 kg · 10 N/kg = 1 Hy/s, also in einer Sekunde 1 Hy. Es ist 270°-Impuls.
(b) Abb. 6.3

(c)

$$p = \sqrt{(0{,}5\,\text{Hy})^2 + (1\,\text{Hy})^2} = 1{,}12\,\text{Hy}$$

2. Gegeben: $m = 0{,}3\ \text{kg}$
$v_{\text{Anfang}} = 5\ \text{m/s}$
(a) $p = m \cdot v = 0{,}3\ \text{kg} \cdot 5\ \text{m/s} = 1{,}5\ \text{Hy}$
(b) Wenn der Stein unter einem Winkel von 45° fliegt, hat er gerade 1,5 Hy von der Erde bekommen. Sein Gesamtimpuls beträgt dann:

$$p = \sqrt{(1{,}5\,\text{Hy})^2 + (1{,}5\,\text{Hy})^2} = 2{,}1\,\text{Hy}$$

3. Gegeben: $m = 3\ \text{kg}$
$p_{\text{Anfang}} = 12\ \text{Hy}$ 45°-Impuls
Die Kugel fliegt um 45° nach unten, wenn sie von der Erde den Impuls

$$p = \sqrt{(12\,\text{Hy})^2 + (12\,\text{Hy})^2} = 17\,\text{Hy}$$

bekommen hat.
Der Impulsstrom hat die Stärke
$F = m \cdot g = 3\ \text{kg} \cdot 10\ \text{N/kg} = 30\ \text{N}$.
Es ergibt sich damit
$t = p/F = 17\ \text{Hy}/30\ \text{N} = 0{,}57\ \text{s}$

4. Gegeben: $m = 1\,200\,000\ \text{kg}$
$v = 70\ \text{km/h} = 19{,}4\ \text{m/s}$
$p = m \cdot v = 1\,200\,000\ \text{kg} \cdot 19{,}4\ \text{m/s} = 23{,}3\ \text{MHy}$
Siehe Abb. 6.4a

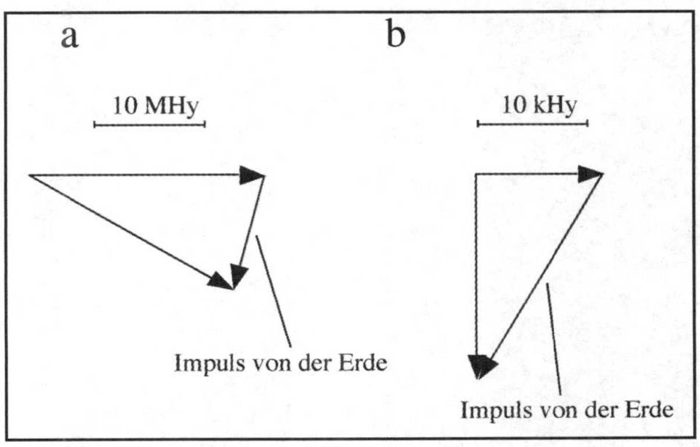

Abb. 6.4. Zu Abschnitt 6.3, Aufgaben **4** und **5**

5. Gegeben: $m = 1\,400$ kg
$v_1 = 30$ km/h $= 8{,}33$ m/s
$v_2 = 50$ km/h $= 13{,}9$ m/s
Siehe Abb. 6.4b
$p = 22\,656$ Hy (berechneter Wert)

6. Der Ball bekommt Impuls vom Tormann. Während des Fliegens bekommt er 270°-Impuls von der Erde, außerdem verliert er Impuls an die Luft. Dieser Impuls ist von derselben Sorte wie der, den er in jedem Augenblick gerade hat. Der Ball bekommt dann Impuls vom Spieler, und zwar vom Betrag her zweimal soviel wie er hatte, als er beim Spieler ankam. Die Richtung dieses Impulses ist der, die er kurz vorher hatte, entgegengesetzt.

Abschnitt 6.5

1. Die 0°-Richtung ist rechts. Die Verbindung ist undurchlässig für 0°-Impuls und durchlässig für 90°-Impuls.

2. Die Verbindung ist undurchlässig für Impuls, der in der Ebene der Anordnung liegt und durchlässig für Impuls, dessen Richtung im rechten Winkel auf der Ebene steht.

Abschnitt 6.6

1. Die Konstruktion ergibt etwa 17,5 N.

2. Die Konstruktion ergibt etwa 470 N.

Abschnitt 6.7

1. Die Konstruktion ergibt etwa 28 000 N.

2. Die Konstruktion ergibt für den Impulsstrom in jedem Seil etwa 290 N. Die Seile reißen also.

7. Drehmoment und Schwerpunkt

Abschnitt 7.1

1. Siehe Abb. 7.1

2. $F_L = 100 \text{ kg} \cdot 10 \text{ N/kg} = 1000 \text{ N}$
$F_Z = (1/4) \cdot 1000 \text{ N} = 250 \text{ N}$

3. Die Stromstärken in den schrägen Seilen und damit auch im Zugseil sind sehr hoch. Man gewinnt nichts.

Abschnitt 7.2

1. Die untere Rolle steigt um 1 m, die mittlere um 2 m. Am Zugseil muss man 4 m Seil einholen.
$E = s \cdot F = 1 \text{ m} \cdot 100 \text{ kg} \cdot 10 \text{ N/kg} = 1000 \text{ J}$

2. Die Last wird um 2,25 m gehoben.
$E = 0{,}25 \text{ m} \cdot 20 \text{ kg} \cdot 10 \text{ N/kg} = 50 \text{ J}$

3. Gegeben: $m = 200$ kg
$v_{\text{links}} = 0{,}2$ m/s
$v_{\text{rechts}} = 0{,}4$ m/s
Gesucht: $F_{\text{links}}, F_{\text{rechts}}, P_{\text{links}}, P_{\text{rechts}}$
Lastseil: $F_L = m \cdot g = 200 \text{ kg} \cdot 10 \text{ N/kg} = 2000 \text{ N}$
Zugseil: $F_Z = F_L/4 = 500 \text{ N} = F_{\text{links}} = F_{\text{rechts}}$
$P_{\text{links}} = v_{\text{links}} \cdot F_{\text{links}} = 0{,}2 \text{ m/s} \cdot 500 \text{ N} = 100 \text{ W}$
$P_{\text{rechts}} = v_{\text{rechts}} \cdot F_{\text{rechts}} = 0{,}4 \text{ m/s} \cdot 500 \text{ N} = 200 \text{ W}$

Abschnitt 7.3

1. Gegeben: $r_R = 25$ cm
$r_L = 5$ cm
$F_L = 50$ N
Gesucht: F_R
$F_R = F_L\,(r_L/r_R) = 50 \text{ N} \cdot 0{,}2 = 10 \text{ N}$

2. Wir nennen die Auflagepunkte A (links) und B (rechts) und wählen A als Drehpunkt.
Gegeben: $m = 9000$ kg
a) $r_R = 6$ m b) $r_R = 4$ m
$r_L = 12$ m $r_L = 12$ m
$F_R = m \cdot g = 9000 \text{ kg} \cdot 10 \text{ N/kg} = 90\,000 \text{ N}$

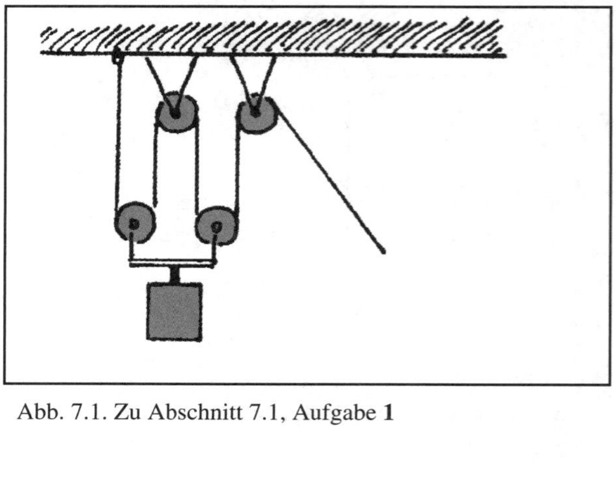

Abb. 7.1. Zu Abschnitt 7.1, Aufgabe **1**

a) $F_B = F_L = F_R\ (r_R/r_L)$
$= 90\,000\ \text{N} \cdot (6\ \text{m}/12\ \text{m}) = 45\,000\ \text{N}$
$F_A = F_R - F_B = 90\,000\ \text{N} - 45\,000\ \text{N} = 45\,000\ \text{N}$

b) $F_B = F_L = F_R\ (r_R/r_L)$
$= 90\,000\ \text{N} \cdot (4\ \text{m}/12\ \text{m}) = 30\,000\ \text{N}$

$F_A = F_R - F_B = 90\,000\ \text{N} - 30\,000\ \text{N} = 60\,000\ \text{N}$

3. Gegeben: $r_R = 5\ \text{cm} + 15\ \text{cm} = 20\ \text{cm}$
$r_L = 5\ \text{cm}$
$F_L = 80\ \text{N}$
Gesucht: F_R
$F_R = F_L\ (r_L/r_R) = 80\ \text{N} \cdot 0{,}25 = 20\ \text{N}$

4. $F_R = m \cdot g = 120\ \text{kg} \cdot 10\ \text{N/kg} = 1200\ \text{N}$
$F_B = 1200\ \text{N} \cdot (80\ \text{cm}/80\ \text{cm}) = 1200\ \text{N}$
$F_B = 1200\ \text{N} \cdot (160\ \text{cm}/80\ \text{cm}) = 2400\ \text{N}$

5. Gegeben: $r_R = 1{,}2\ \text{m} + 0{,}4\ \text{m} = 1{,}6\ \text{m}$
$r_L = 0{,}4\ \text{m}$
$F_R = 80\ \text{N}$
Gesucht: F_L
$F_L = 80\ \text{N} \cdot (1{,}6\ \text{m}/0{,}4\ \text{m}) = 320\ \text{N}$

6. Mit der Hand lässt sich die Schraube nicht so fest anziehen, da das Drehmoment kleiner ist.

Abschnitt 7.4

1. Rechtsdrehmoment $= r_R \cdot F_R$

$= 2{,}1\ \text{m} \cdot 45\ \text{kg} \cdot 10\ \text{N/kg} = 945\ \text{Nm}$

Linksdrehmoment $= r_L \cdot F_L$

$= 0{,}82\ \text{m} \cdot 150\ \text{kg} \cdot 10\ \text{N/kg} = 1230\ \text{Nm}$
Der Stab ist nicht im Gleichgewicht, er dreht sich links herum.

2. Rechtsdrehmoment $= 1{,}5\ \text{m} \cdot 50\ \text{kg} \cdot 10\ \text{N/kg} = 750\ \text{Nm}$

Linksdrehmoment $= 0{,}15\ \text{m} \cdot 250\ \text{kg} \cdot 10\ \text{N/kg} = 375\ \text{Nm}$
Sie schafft es.

Abschnitt 7.5

1. In der Mitte der Achse

2. Im Erdmittelpunkt

4. Der Abstand zwischen Schwerpunkt und Mondmittelpunkt r_M ist gleich 100mal dem Abstand zwischen Schwerpunkt und Erdmittelpunkt r_E. Es muss also sein:

$r_E = 380\,000\ \text{km}/101 = 3762\ \text{km}.$

Der Schwerpunkt liegt also innerhalb der Erde.

Abschnitt 7.6

2. Der Schwerpunkt liegt unterhalb des Auflagepunktes des Korkens. Die Gleichgewichtslage ist stabil.

Abschnitt 7.7

1. Eine Kugel, die auf einer ebenen Fläche rollen kann; ein Fahrzeug, das auf einer ebenen Fläche rollen kann; ein Rad, das sich um seine Achse drehen kann.

2. Der Schwerpunkt des Fahrrads bewegt sich beim Kippen nach unten, der Schwerpunkt des Autos nach oben.

3. Nein. Der Körper bewegt sich so, dass die rechte untere Ecke nach unten rollt.

4. Nein. Beim Kippen müsste sich der Schwerpunkt zunächst nach oben bewegen.

5. Man stellt mit Hilfe der Gewichtsstücke Gleichgewicht her. Um die unbekannte Masse zu bestimmen, multipliziert man die Masse der Gewichtsstücke mit dem Quotienten aus linkem und rechtem Hebelarm. Der Vorteil dieser Waage: Man kommt mit kleineren Gewichtsstücken aus.

Tabelle 8.1

Ein Körper enthält um so mehr Impuls, je höher seine Geschwindigkeit ist.	Ein Körper enthält um so mehr Drehimpuls, je höher seine Winkelgeschwindigkeit ist.
Ein Körper enthält um so mehr Impuls, je größer seine Masse ist.	Ein Körper enthält um so mehr Drehimpuls, je größer seine Masse ist.
Impuls kann von einem auf einen anderen Körper übergehen.	Drehimpuls kann von einem auf einen anderen Körper übergehen.
Impuls kann sich auf mehrere Körper verteilen.	Drehimpuls kann sich auf mehrere Körper verteilen.
Ist ein Fahrzeug schlecht gelagert, so dass es von selbst zum Stillstand kommt, so fließt sein Impuls in die Erde ab.	Ist ein Rad schlecht gelagert, so dass es von selbst zum Stillstand kommt, so fließt sein Drehimpuls in die Erde ab.
Der Impuls kann positive und negative Werte annehmen.	Der Drehimpuls kann positive und negative Werte annehmen.
Der Impuls eines Körpers ist positiv, wenn sich der Körper nach rechts bewegt und negativ, wenn sich der Körper nach links bewegt.	Man umfasst mit der rechten Hand so die Drehachse, dass die gekrümmten Finger in die Drehrichtung weisen. Zeigt dann der Daumen in die positive x-Richtung, so ist der Drehimpuls positiv, zeigt er in die negative x-Richtung, so ist der Drehimpuls negativ.

8. Drehimpuls und Drehimpulsströme

Abschnitt 8.1

Siehe Tabelle 8.1

Abschnitt 8.2

Drehen sich die Räder zu Anfang in entgegengesetzte Richtungen, so bleiben Person und Drehstuhl beim Abbremsen in Ruhe. Drehen sich die Räder zu Anfang in dieselbe Richtung, so beginnen Person und Stuhl sich beim Bremsen zu drehen, und zwar in dieselbe Richtung wie die Räder.

Abschnitt 8.3

1. Bei Fahrzeugen: um zu verhindern, dass Längsimpuls in die Erde abfließt und zum Antrieb; zur Energieübertragung mit Treibriemen; bei Flaschenzügen; im Getriebe

2. Dampfmaschine, Automotor, Nähmaschine, Spielzeugauto, Plattenspieler, Kassetten- und Videorecorder

3. Es fliegt auseinander. (Beim schnellen Drehen fließen starke Impulsströme innerhalb des Rades.)

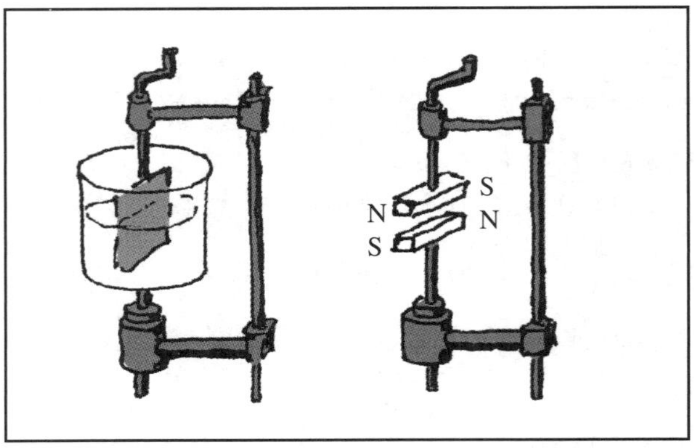

Abb. 8.1. Zu Abschnitt 8.4, Aufgabe **1** und **2**

Abschnitt 8.4

1. Siehe Abb. 8.1a. Man dreht an der Kurbel. Der drehbar aufgestellte, mit Wasser gefüllte Behälter beginnt sich zu drehen, falls das Wasser den Drehimpuls leitet.

2. Siehe Abb. 8.1b. Man dreht an der Kurbel. Die linke Achse dreht sich mit.

3. Abb. 8.2. Das linke Ventilatorrad beginnt sich zu drehen.

4. Kurbelwelle, Nockenwelle, Antriebswelle (Kardanwelle)

5. Dicke Wellen vertragen einen stärkeren Drehimpulsstrom als dünne.

Abschnitt 8.5

1. Von der Motorwelle über das Ventilatorrad, die Luft, die Erde und das Gehäuse des Motors zurück zur Motorwelle

2. Rechte Hand - Bleistift - Bleistiftspitzer - linke Hand - Körper - rechte Hand

Abschnitt 8.6

1. Siehe Abb. 8.3

2. Alle Arten von Motoren und Turbinen. Man erkennt sie an der rotierenden Welle, mit der etwas angetrieben wird.

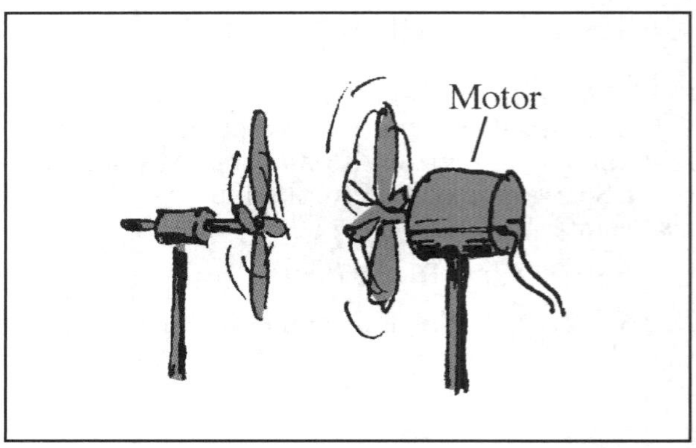

Abb. 8.2. Zu Abschnitt 8.4, Aufgabe **3**

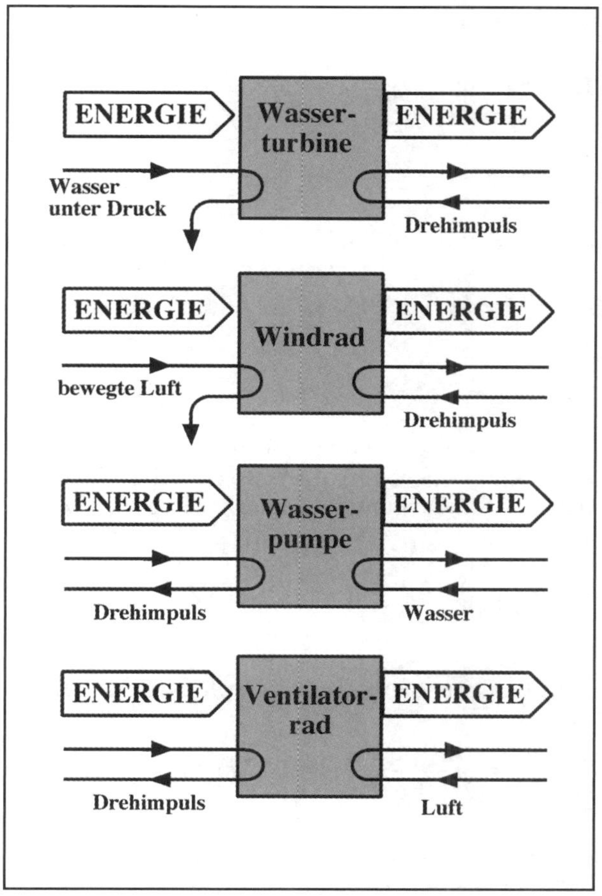

Abb. 8.3. Zu Abschnitt 8.6, Aufgabe **1**

3. Bohrmaschine, Kreissäge, Kaffeemühle, Heckenschere. Man erkennt sie an der Welle, über die sie angetrieben werden.

4. An der Kurbel

9. Druck- und Zugspannungen

Abschnitt 9.1

1. Gegeben: $F = 420$ N
$A_1 = 2$ cm^2
$A_2 = 3$ cm^2
$A_3 = 3$ cm^2
Gesucht: p_1, p_2, p_3

$$p_1 = -\frac{420\,\text{N}}{0{,}0002\,\text{m}^2} = -2{,}1\,\text{MPa}$$

$$p_2 = p_3 = -\frac{420\,\text{N} =}{0{,}0003\,\text{m}^2} = -1{,}4\,\text{MPa}$$

2. Gegeben: $m = 12$ kg
$A = 1{,}5$ cm^2
Gesucht: p_1, p_2, p_3

$F_3 = m \cdot g = 12\text{ kg} \cdot 10\text{ N/kg} = 120\text{ N}$
$F_1 = F_2 = F_3/2 = 60\text{ N}$

$$p_3 = -\frac{120\,\text{N}}{0{,}00015\,\text{m}^2} = -800\,\text{kPa}$$

$$p_1 = p_2 = -\frac{60\,\text{N}}{0{,}00015\,\text{m}^2} = -400\,\text{kPa}$$

3. Der Impulsstrom wird geschätzt zu $F = 40$ N. Der Durchmesser des Nägelchens ist etwa $d = 1$ mm^2.
Die Querschnittsfläche ist

$$A = \pi\left(\frac{d}{2}\right)^2 \approx 0{,}8\,\text{mm}^2 = 0{,}000\,000\,8\,\text{m}^2$$

Damit wird

$$p = \frac{40\,\text{N}}{0{,}000\,000\,8\,\text{m}^2} = 50\,\text{MPa} = 500\,\text{bar}$$

Wenn die Querschnittsfläche an der Spitze noch 10mal kleiner ist, ergibt sich dort ein Druck von 500 MPa = 5000 bar.

4. Aus der Masse des Hammers $m = 1$ kg und der geschätzten Geschwindigkeit $v = 2$ m/s folgt der Impuls $p = 1\text{ kg} \cdot 2\text{ m/s} = 2$ Hy. Wir schätzen, dass die Impulsübertragung 0,01 s dauert. Mit $F = p/t$ wird

$$F = \frac{2\,\text{Hy}}{0{,}01\,\text{s}} = 200\,\text{N}$$

Wenn die Querschnittsfläche an der Nagelspitze 0,1 mm^2 = 0,000 000 1 m^2 ist, so wird der Druck

$$p = \frac{200\,\text{N}}{0{,}000\,0001\,\text{m}^2} = 2000\,\text{MPa} = 20\,\text{kbar}$$

Abschnitt 9.2

1. Textilien, Gewebe

2. Beton, Steine, aber auch Sand und Kies

3. Holz, manche Textilien, Glimmer, Graphit

Abschnitt 9.5

1. Gegeben: $h = 4$ m
$\rho = 1000$ kg/m³
Gesucht: p_S, p

$p_S = \rho \cdot g \cdot h = 1000\ \text{kg/m}^3 \cdot 10\ \text{N/kg} \cdot 4\ \text{m} = 40\,000\ \text{Pa} = 0{,}4\ \text{bar}$

$p = p_S + 1\ \text{bar} = 1{,}4\ \text{bar}$

2. Gegeben: $h = 11\,000$ m
$\rho = 1000$ kg/m³
Gesucht: p_S

$p_S = 1000\ \text{kg/m}^3 \cdot 10\ \text{N/kg} \cdot 11\,000\ \text{m} = 110\,000\,000\ \text{Pa} = 1100\ \text{bar}$

3. Gegeben: $h_1 = 0{,}5$ m
$h_2 = 0{,}3$ m
$\rho_1 = 1000$ kg/m³
$\rho_2 = 13\,550$ kg/m³
Gesucht: p_S

$p_S = p_{S,1} + p_{S,2} = 1000\ \text{kg/m}^3 \cdot 10\ \text{N/kg} \cdot 0{,}5\ \text{m} + 13\,550\ \text{kg/m}^3 \cdot 10\ \text{N/kg} \cdot 0{,}3\ \text{m} = 5000\ \text{Pa} + 40\,650\ \text{Pa} = 45\,650\ \text{Pa}$

Abschnitt 9.6

1. Es fließt Wasser vom linken in den rechten Behälter bis die Wasserniveaus gleich sind.

2. In der Höhe des Verbindungsrohrs müssen die Schweredrücke von Alkohol und Wasser gleich sein:

$p_{S,\ \text{Alkohol}} = p_{S,\ \text{Wasser}}$

Der Schweredruck des Alkohols ist:

$p_{S,\ \text{Alkohol}} = 790\ \text{kg/m}^3 \cdot 10\ \text{N/kg} \cdot 0{,}3\ \text{m} = 2370\ \text{Pa}$

Es ist also auch $p_{S,\ \text{Wasser}} = 2370$ Pa.
Mit

$p_{S,\ \text{Wasser}} = \rho_{\text{Wasser}} \cdot g \cdot h_{\text{Wasser}}$ folgt:

$$h_{\text{Wasser}} = \frac{p_{S,\text{Wasser}}}{\rho_{\text{Wasser}} \cdot g} = \frac{2370\,\text{m}}{1000 \cdot 10} = 0{,}23\,\text{m}$$

Der Höhenunterschied ist $h_{\text{Alkohol}} - h_{\text{Wasser}} = 7$ cm.

Abschnitt 9.7

1. Gegeben: $\rho_{Hg} = 13\,550$ kg/m³
$\rho_{Fe} = 7900$ kg/m³
$V = 5$ cm³
Gesucht: $m_{Fe} - m_{Hg}$, F_A

$m_{Fe} = \rho_{Fe} \cdot V = 7900\ \text{kg/m}^3 \cdot 0{,}000\,005\ \text{m}^3 = 0{,}0395\ \text{kg} = 39{,}5\ \text{g}$

$m_{Hg} = \rho_{Hg} \cdot V = 13\,550\ \text{kg/m}^3 \cdot 0{,}000\,005\ \text{m}^3 = 0{,}06775\ \text{kg} = 67{,}75\ \text{g}$

$m_{Fe} - m_{Hg} = 39{,}5\ \text{g} - 67{,}75\ \text{g} = -28{,}25\ \text{g}$

Das Eisenstück scheint um 67,75 g leichter zu sein, es scheint eine negative Masse zu haben. Es sinkt daher nicht nach unten, sondern steigt nach oben.

$F_A = m_{Hg} \cdot g = 0{,}06775\ \text{kg} \cdot 10\ \text{N/kg} = 0{,}6775\ \text{N}$

2. Gegeben: $m = 150\,000$ kg
$\rho_{\text{Granit}} = 2600$ kg/m³
Gesucht: m_{Wasser}, F_A

Man berechnet zunächst das Volumen des Granitblocks.

$$V = \frac{m}{\rho} = \frac{150\,000\,\text{kg}}{2600\,\text{kg}/\text{m}^3} = 57{,}7\,\text{m}^3$$

Die Masse des verdrängten Wassers ist

$m_{\text{Wasser}} = \rho_{\text{Wasser}} \cdot V = 100\ \text{kg/m}^3 \cdot 57{,}7\ \text{m}^3 = 57\,700\ \text{kg}$

Der Granitblock scheint um 57,7 t leichter zu sein.

$F_A = m_{\text{Wasser}} \cdot g = 57\,700\ \text{kg} \cdot 10\ \text{N/kg} = 577\,000\ \text{N}$

3. Gegeben: $m_{\text{Stein}} - m_{\text{Wasser}} = 1{,}4$ kg
$\rho_{\text{Stein}} = 2400$ kg/m³
Gesucht: m_{Stein}

Man berechnet zunächst das Volumen des Steins:

$m_{\text{Stein}} - m_{\text{Wasser}} = \rho_{\text{Stein}} \cdot V - \rho_{\text{Wasser}} \cdot V = (\rho_{\text{Stein}} - \rho_{\text{Wasser}}) \cdot V \Rightarrow$

$$V = \frac{m_{\text{Stein}} - m_{\text{Wasser}}}{\rho_{\text{Stein}} - \rho_{\text{Wasser}}} = \frac{1{,}4\,\text{m}^3}{2400 - 1000} = 0{,}001\,\text{m}^3$$

$m_{\text{Stein}} = \rho_{\text{Stein}} \cdot V = 2400\ \text{kg/m}^3 \cdot 0{,}001\ \text{m}^3 = 2{,}4\ \text{kg}$

4. Wenn das Holz aus dem Wasser herausragt, verdrängt es weniger Wasser, der Auftrieb wird kleiner. Es bewegt sich solange nach oben, bis der Auftrieb 0 N wird.

5. 1500 t

6. Das Schiff ragt im Meerwasser etwas weiter aus dem Wasser heraus.

Abschnitt 9.8

1. Das Wasser dringt etwas ein und drückt die Luft etwas zusammen. Dabei nimmt der Luftdruck so lange zu bis die Zunahme gleich dem Schweredruck des Wassers an der Stelle der hinuntergedrückten Wasseroberfläche ist.

2. Wenn das Wasser nicht aufsteigen würde, entstünde über der Wasseroberfläche ein Raumbereich mit einem Druck von 0 bar. Das Wasser würde in diesen Bereich sofort hineingedrückt, denn außen, an der Wasseroberfläche, herrscht ein Druck von 1 bar.

3. Wenn man sich in Wasser von unten nach oben bewegt, nimmt der Schweredruck ab. An der Oberfläche ist der Schweredruck 0 bar. Geht man noch weiter nach oben, so wird der Schweredruck negativ. An der Stelle A wird

$$p_{S,A} = -\rho_{Wasser} \cdot g \cdot 1\ \text{m}$$

$$= -1000\ \text{kg/m}^3 \cdot 10\ \text{N/kg} \cdot 1\ \text{m} = -10\,000\ \text{Pa}$$

Der Gesamtdruck
$p_{Luft} + p_{S,A} = 100\,000\ \text{Pa} - 10\,000\ \text{Pa} = 90\,000\ \text{Pa}$
bleibt natürlich positiv.

Bei B ist auch der Schweredruck allein wieder positiv. Der Abstand zur Wasseroberfläche ist hier 1 m.

$$p_{S,B} = \rho_{Wasser} \cdot g \cdot 1\ \text{m}$$

$$= 1000\ \text{kg/m}^3 \cdot 10\ \text{N/kg} \cdot 1\ \text{m} = 10\,000\ \text{Pa}$$

Der Gesamtdruck ist hier
$p_{Luft} + p_{S,B} = 100\,000\ \text{Pa} + 10\,000\ \text{Pa} = 110\,000\ \text{Pa}$.
Wenn man den Hahn öffnet, strömt das Wasser aus, denn der Außendruck ist nur 100 000 Pa.

Abschnitt 9.9

1. Gegeben: $p = 150\ \text{bar} = 15\,000\,000\ \text{Pa}$
$A = 5\ \text{cm}^2 = 0{,}000\,5\ \text{m}^2$
$v = 20\ \text{cm/s} = 0{,}2\ \text{m/s}$

Gesucht: P, F

$F = A \cdot p = 0{,}000\,5\ \text{m}^2 \cdot 15\,000\,000\ \text{Pa} = 7500\ \text{N}$

$P = v \cdot F = 0{,}2\ \text{m/s} \cdot 7500\ \text{N} = 1500\ \text{W}$

2. Gegeben: $p = 80\ \text{bar} = 8\,000\,000\ \text{Pa}$
$d = 1\ \text{m}$
$P = 12\ \text{MJ}$

Gesucht: v

$A = \pi(d/2)^2 = 0{,}785\ \text{m}^2$

$$P = v \cdot A \cdot p \Rightarrow$$

$$v = \frac{P}{A \cdot p} = \frac{12\,000\,000\ \text{J}}{0{,}758\ \text{m}^2 \cdot 8\,000\,000\ \text{Pa}} = 1{,}9\ \text{m/s}$$

10. Entropie und Entropieströme

Abschnitt 10.1

1. In Zimmer A ist mehr Entropie, denn Luftmasse und -temperatur haben für A höhere Werte als für B.

2. In jede Tasse wird 1/6 des Kaffees ausgeschenkt, in der Kanne bleiben 3/6 zurück. Entsprechend ist in jeder Tasse eine Entropiemenge von

$S_{\text{Tasse}} = 3900/6$ Ct = 650 Ct

enthalten und in der Kanne

$S_{\text{Kanne}} = 3900/2$ Ct = 1950 Ct.

Abschnitt 10.2

1. (a)Weil die Temperatur der Kochplatte höher ist als die des Topfes; (b) weil die Temperatur des Untersetzers niedriger ist als die des Topfes. (c) Die Temperatur des Tisches ist zunächst höher als die der Flasche. Darum fließt Entropie vom Tisch zur Flasche. Dadurch sinkt die Temperatur des Tisches.

2. Es fließt Entropie vom großen Klotz zum kleinen. Die Endtemperatur liegt näher bei 120 °C als bei 10 °C.

Abschnitt 10.3

2. Die Wärmepumpe pumpt Entropie aus dem Innern des Kühlschranks heraus, und durch die offene Tür fließt wieder genauso viel hinein. (Die analoge elektrische Situation wäre ein Kurzschluss.)

Abschnitt 10.4

1. 273,15 K; 298,15 K; 373,15 K; 90,15 K; 77,35 K; 4,25 K; 0 K.

2. – 259,2 °C; – 252,8 °C; – 218,8 °C; – 210 °C.

3. $S \approx 500$ Ct

Abschnitt 10.5

1. In die Lampe geht Licht hinein, das von den Gegenständen der Umgebung kommt. Die Batterie wird nach und nach voll.

2. In den Auspuff strömt Wasserdampf und Kohlenstoffdioxid hinein. Der Kühler kühlt die an ihm vorbeistreichende Luft ab, wobei das Kühlwasser warm wird. Aus dem Motor kommt ein Benzin-Luft-Gemisch heraus. Im Vergaser werden Luft und Benzin voneinander getrennt. Die frische Luft verlässt den Motor am Luftfilter. Die Benzinpumpe füllt nach und nach den Tank mit Benzin.

3. Warme Luft gelangt zur Bremse. Die Bremse kühlt sich ab und das Fahrrad wird schneller, und zwar nach rückwärts.

Abschnitt 10.7

1. (a) Die Wände müssen dick sein. (b) Die Gesamtoberfläche der Außenwände muss klein sein, d. h. das Haus darf nicht verwinkelt sein. (c) Die Wände müssen aus einem Material sein, das einen hohen Wärmewiderstand hat.

2. (a) Das Material, aus dem der Heizkörper besteht, ist dünn. (b) Die Oberfläche (d. h. die Querschnittsfläche des Wärmeleiters) ist groß. (c) Das Material ist ein guter Wärmeleiter.

Andere Geräte, bei denen es auf eine gute Wärmeleitung ankommt: der Autokühler, der Zylinderkopf von luftgekühlten Verbrennungsmotoren, der Wärmetauscher an der Rückseite des Kühlschranks.

Abschnitt 10.8

1. Über Wände, geschlossene Fenster und geschlossene Türen Verluste durch Wärmeleitung; durch Türritzen und undichte Fenster Verluste durch Konvektion.

2. Von der Flamme der Verbrennung des Benzins konvektiv zur Zylinderinnenwand; von dort durch Wärmeleitung zu den Kühlwasserkanälen durch Wärmeleitung; mit dem Kühlwasser konvektiv vom Motor zum Kühler; durch die Rohrwände des Kühlers durch Wärmeleitung nach außen; weiter konvektiv mit der Luft.

3. Die Entropie gelangt mit dem Kühlwasser des Motors zu einer Art Heizkörper. Hier geht sie über auf Luft, die in den Fahrgastraum geblasen wird.

11. Entropie und Energie

Abschnitt 11.1

1. Siehe Abbildung 11.1

2. Die Entropie wird beim Auftreffen der Klötze auf den Boden erzeugt. Die Energie kommt aus dem Schwerefeld.

Abschnitt 11.2

1. Gegeben: $T = (273 + 20)\text{K} = 293\text{ K}$
$I_S = 35\text{ Ct/s}$
Gesucht: P
$P = T \cdot I_S = 293\text{ K} \cdot 35\text{ Ct/s} = 10\,255\text{ W}$
$\approx 10\text{ kW}$

2. Gegeben: $T = (273 + 90)\text{K} = 363\text{ K}$
$I_S = 60\text{ Ct/s}$
Gesucht: P
$P = T \cdot I_S = 363\text{ K} \cdot 60\text{ Ct/s} = 21\,780\text{ W} \approx 22\text{ kW}$

3. Gegeben: $T = (273 + 300)\text{K} = 573\text{ K}$
$P = 1000\text{ W}$
Gesucht : I_S
$P = T \cdot I_S \Rightarrow I_S = P/T = 1000\text{ W}/573\text{ K}$
$= 1{,}7\text{ Ct/s}$

4. Gegeben: $T_A - T_B = 10\text{ K}$
$I_S = 500\text{ Ct/s}$
Gesucht: P
$P = (T_A - T_B)\ I_S = 10\text{ K} \cdot 500\text{ Ct/s} = 5000\text{ W}$

5. (a) Gegeben: $T_A - T_B = 25\text{ K}$
$I_S = 30\text{ Ct/s}$
Gesucht: P

$P = (T_A - T_B) \cdot I_S = 25\text{ K} \cdot 30\text{ Ct/s} = 750\text{ W}$

(b) Gegeben: $T = (273 + 25)\text{K} = 298\text{ K}$
$I_S = 30\text{ Ct/s}$
Gesucht: P
$P = T \cdot I_S = 298\text{ K} \cdot 30\text{ Ct/s} = 8940\text{ W}$

Abschnitt 11.3

1. Gegeben: $P = 20\text{ kW}$
$T_1 = (273 - 5)\text{K} = 368\text{ K}$
$T_2 = (273 + 20)\text{K} = 293\text{ K}$
Gesucht: $I_{S2}, I_{S1}, I_{S\,\text{erzeugt}}$
$P = T \cdot I_S \Rightarrow I_S = P/T$
(a) $I_{S2} = P/\,T_2 = 20\text{ kW}/293\text{ K} = 68{,}3\text{ Ct/s}$
(b) $I_{S1} = P/\,T_1 = 20\text{ kW}/268\text{ K} = 74{,}6\text{ Ct/s}$
(c) $I_{S\,\text{erzeugt}} = I_{S1} - I_{S2} = (74{,}6 - 68{,}3)\text{ Ct/s}$
$= 6{,}3\text{ Ct/s}$

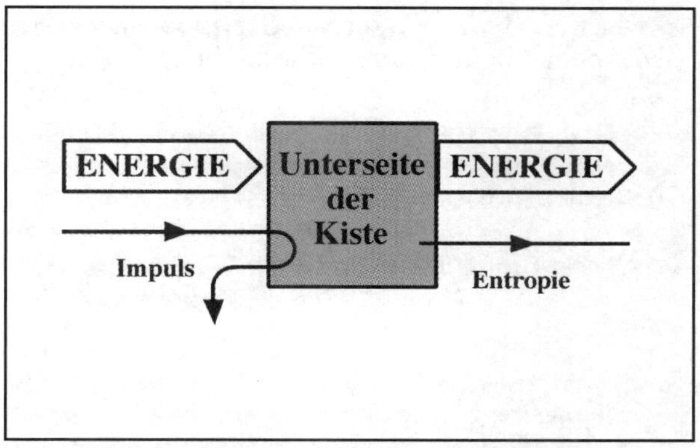

Abb. 11.1. Zu Abschnitt 11.1, Aufgabe **1**

2. Gegeben: $P = 1000\text{ W}$
$T_1 = 373\text{ K}$
$T_2 = 1000\text{ K}$
Gesucht: $I_{S2}, I_{S1}, I_{S1} - I_{S2}$
$P = T \cdot I_S \Rightarrow I_S = P/T$
(a) $I_{S2} = P/\,T_2 = 1000\text{ W}/1000\text{ K} = 1\text{ Ct/s}$
(b) $I_{S1} = P/\,T_1 = 1000\text{ W}/373\text{ K} = 2{,}7\text{ Ct/s}$
(c) $I_{S1} - I_{S2} = 1{,}7\text{ Ct/s}$

Abschnitt 11.5

1. Gegeben: $\vartheta_A = 150\text{ °C}$
$\vartheta_B = 50\text{ °C}$
$I_S = 100\text{ Ct/s}$
Gesucht: P
$T_A - T_B = 100\text{ K}$
$P = (T_A - T_B) \cdot I_S = 100\text{ K} \cdot 100\text{ Ct/s} = 10\text{ kW}$

2. Gegeben: $P = 1000\text{ MW}$
$T_A = 750\text{ K}$
$T_B = 310\text{ K}$
Gesucht: I_S, P_1
$T_A - T_B = 750\text{ K} - 310\text{ K} = 440\text{ K}$
$P = (T_A - T_B) \cdot I_S \Rightarrow I_S = P/(T_A - T_B)$
$I_S = 1000\text{ MW}/440\text{ K} = 2{,}27\text{ MCt/s}$
$P_E = T_B \cdot I_S = 310\text{ K} \cdot 2{,}27\text{ MCt/s} = 704\text{ MW}$

3. Man könnte eine Wärmekraftmaschine laufen lassen

- zwischen dem Wasser eines kalten Gebirgssees und dem wärmeren Wasser eines Sees in Tal;
- zwischen dem Meerwasser am Äquator und dem Meerwasser am Nordpol;
- zwischen einem Eisberg, den man mit Schiffen zum Äquator geschleppt hat, und dem warmen Meerwasser;
- zwischen der Erde und dem Weltraum (der eine Temperatur von 2,7 K hat);
- zwischen einem Vulkan und dem Meerwasser;

– zwischen dem Wasser an der Oberfläche des Meers und dem kälteren Wasser in größeren Tiefen.

Abschnitt 11.6

1. Gegeben: $P_{\text{hinein}} = 20$ kW
$P_{\text{heraus}} = 18$ kW
Gesucht: V

$P_V = (20 - 18)$ kW $= 2$ kW
$V = (P_V / P_{\text{hinein}}) \cdot 100\ \%$
$= (2\ \text{kW}/20\ \text{kW}) \cdot 100\ \% = 10\ \%$

2. Gegeben: $V = 40\ \%$
$P_{\text{hinein}} = 10$ W
$T = 300$ K
Gesucht: P_{heraus}, I_S

$V = (P_V / P_{\text{hinein}}) \cdot 100\ \%$
$\Rightarrow\ P_V = (V/100\ \%) \cdot P_{\text{hinein}}$
$= (40/100) \cdot 10\ \text{W} = 4\ \text{W}$
$P_{\text{heraus}} = P_{\text{hinein}} - P_V = 10\ \text{W} - 4\ \text{W} = 6\ \text{W}$
$I_{S\,\text{erzeugt}} = P_V / T = 4\ \text{W}/300\ \text{K} = 0{,}013$ Ct/s

3. Gegeben: $V = 8\ \%$
$P_{\text{heraus}} = 46$ kW
$T = 300$ K
Gesucht: P_{hinein}, P_V, $I_{S\,\text{erzeugt}}$

46 kW entspricht 92 % von P_{hinein}.
$P_{\text{hinein}} / P_{\text{heraus}} = P_{\text{hinein}} / 46\ \text{kW} = 100\ \%/92\ \%$
$P_{\text{hinein}} = 46\ \text{kW} \cdot (100/92) = 50\ \text{kW}$
$P_V = P_{\text{hinein}} - P_{\text{heraus}} = (50 - 46)\ \text{kW} = 4\ \text{kW}$
$I_{S\,\text{erzeugt}} = P_V / T$
$= 4000\ \text{W}/300\ \text{K} = 13{,}3$ Ct/s

Abschnitt 11.7

1. Gegeben: Abb. 11.20(a) und (c)
$\Delta S = 80$ Ct
Gesucht: ΔT_{Cu}, ΔT_{Al}
Man entnimmt den Abbildungen:
$\Delta T_{\text{Cu}} = 70$ K und $\Delta T_{\text{Al}} = 27$ K
Das Kupfer erwärmt sich stärker.
$\Delta T_{\text{Cu}} / \Delta T_{\text{Al}} = 70\ \text{K}/27\ \text{K} \approx 2{,}6$
2. Gegeben: Abb. 11.20 (e)
$\vartheta_1 = 20$ °C
$\vartheta_2 = 100$ °C
$m = 100$ kg
Gesucht: ΔS
Man entnimmt der Abbildung:
$\Delta S = 1030$ Ct für 1 kg
Daraus folgt
$\Delta S = 103\,000$ Ct $= 103$ kCt für 100 kg

Abschnitt 11.8

1. Gegeben: $m = 0{,}5$ kg
$P = 500$ W $= 500$ J/s
$\vartheta_1 = 25$ °C
$\vartheta_2 = 100$ °C
Gesucht: t
$\Delta E = cm\,\Delta T$
$P = \Delta E/t\ \Rightarrow\ t = \Delta E/P$
$\Rightarrow\ t = c\,m\,\Delta T/P$
$= 4180\ \text{J/(kg} \cdot \text{K)} \cdot 0{,}5\ \text{kg} \cdot 75\ \text{K}/500\ \text{(J/s)}$
$= 313{,}5\ \text{s} \approx 5$ min

2. Gegeben: Wasserstromstärke $= 0{,}1$ kg/s
$t = 5$ min $= 300$ s
$\vartheta_1 = 15$ °C
$\vartheta_2 = 45$ °C
Gesucht: ΔE
$m = 0{,}1\ \text{kg/s} \cdot 300\ \text{s} = 30$ kg
$\Delta E = cm\,\Delta T$
$= 4180\ \text{J/(kg} \cdot \text{K)} \cdot 30\ \text{kg} \cdot 30\ \text{K} = 3{,}76$ MJ

12. Phasenübergänge

Abschnitt 12.1

1. Aus Abb. 12.3 entnimmt man:
Bei 100 °C enthält
– 1 kg flüssiges Wasser 4600 Ct;
– 1 kg gasförmiges Wasser 10 700 Ct.
$f = 10700/4600 \approx 2{,}3$
Gasförmiges Wasser enthält 2,3 mal so viel Entropie wie flüssiges.

2. Gegeben: $m = 10$ kg
$\vartheta = 90$ °C
Man entnimmt Abb. 11.20 (e), dass man etwa 115 Ct braucht, um 1 kg Wasser von 90 °C auf 100 °C zu bringen. Um 1 kg Wasser zu verdampfen, werden 6000 Ct gebraucht.
Gesucht: ΔS
$\Delta S = \Delta S_{\text{erwärmen}} + \Delta S_{\text{verdampfen}}$
$\Delta S_{\text{erwärmen}} = 115 \cdot 10$ Ct $= 1150$ Ct
$\Delta S_{\text{verdampfen}} = 10 \cdot 6000$ Ct $= 60\,000$ Ct
$\Delta S = (1150 + 60\,000)$Ct $= 61\,150$ Ct

3. Gegeben: $\Delta S_{\text{schmelzen}} = 6000$Ct
Gesucht: m
Zum Schmelzen von 1 kg Eis werden 1200 Ct gebraucht. Mit 6000 Ct kann man (6000/1200)kg = 5 kg Eis schmelzen.

4. Gegeben: Temperaturänderung von 20 °C auf 0 °C
Masse des Sprudels = 0,25 kg
Gesucht: Masse des geschmolzenen Eises
Um 1 kg Wasser von 20 °C auf 0 °C zu kühlen, muss man ihm 280 Ct entziehen (siehe Abb. 11.20(e) im Schülertext). Um 0,25 kg Wasser von 20 °C auf 0 °C zu kühlen, muss man ihm (280/4) Ct = 70 Ct entziehen. Diese 70 Ct werden zum Schmelzen von Eis verwendet. Man braucht 1200 Ct, um 1 kg Eis zu schmelzen. Mit 70 Ct schmilzt man daher 1 kg · (70/1200) = 58,3 g.

5. Gegeben: Temperaturänderung von 15 °C auf 60 °C
Masse der Milch = 0,2 kg
Gesucht: Masse des Dampfes
Man entnimmt Abb. 11.20 (e), dass man etwa 620 Ct braucht, um 1 kg Wasser von 15 °C auf 60 °C zu bringen. Für 0,2 kg braucht man 620 · 0,2 Ct = 124 Ct. 1 kg Dampf gibt beim Kondensieren 6000 Ct ab. Man braucht also etwa 1 kg · (124/6000) $\approx$ 20 g.

13. Gase

Abschnitt 13.1

1. Ein Reifen gleicht die Unebenheiten der Straße aus, weil er durch diese Unebenheiten – etwa durch ein Steinchen – zusammengedrückt wird. Da Wasser nicht zusammendrückbar ist, könnte ein mit Wasser gefüllter Reifen die Unebenheiten der Straße nicht ausgleichen.

2. Die Luft im Ballon dehnt sich bei konstantem Druck aus. Dabei nimmt ihre Dichte ab. (Ein Teil der Luft fließt aus dem Ballon heraus.) Die Dichte der Luft im Ballon ist damit geringer als die der Umgebungsluft. Die Luft im Ballon steigt mit dem Ballon nach oben.

Abschnitt 13.2

1. (a) Es steigen Bläschen auf. Aus der Flasche tritt Luft aus. Die abgekühlte Luft hatte zunächst Normaldruck. Nachdem die Flasche verschlossen worden ist, wird ihr bei V = const Entropie zugeführt. Dabei wächst nach (2a) der Druck. Der Druck wird also höher als der Umgebungsdruck. Beim Öffnen der Flasche strömt Luft aus, so dass sich der Druck ausgleichen kann.

(b) In die Flasche strömt Wasser ein. Die erhitzte Luft hatte Normaldruck. Ihr wird, solange die Flasche verschlossen ist, d. h. bei V = const, Entropie entzogen. Dabei nimmt der Druck nach (2b) ab. Er wird niedriger als der Außendruck. Beim Öffnen wird Wasser in die Flasche hineingedrückt, sodass sich der Druck ausgleicht.

2. In beiden Gasen nimmt die Temperatur zu. In dem Gas mit V = const ist die Temperaturzunahme größer. Den Prozess mit p = const kann man in zwei Schritten ausführen. Zuerst führt man dem Gas die Entropie bei V = const zu. Dabei wachsen Temperatur und Druck. Dies ist genau der Vorgang, den man auch mit dem anderen Gas ausgeführt hat. Danach lässt man das Gas expandieren, so dass der Druck wieder den alten Wert annimmt. Dabei nimmt nach (3b) die Temperatur ab.

3. Nach (2a) wächst die Temperatur wenn Entropie bei V = const zugeführt wird. Nach (3b) sinkt die Temperatur, wenn bei S = const das Volumen wächst. Entropiezufuhr und Volumenvergrößerung haben also auf die Temperatur die entgegengesetzte Wirkung. Wenn sich nun das Volumen hinreichend stark vergrößert, "gewinnt" es gegenüber der Entropiezufuhr: die Temperatur nimmt ab.

Abschnitt 13.3

1. Wir betrachten Abb. 13.10. Bei der Entspannung würde sich der Kolben fast nicht verschieben. Er würde daher auch keine Energie abgeben. Auch würde bei der Entspannung die Temperatur der Flüssigkeit gar nicht abnehmen. Mit der Entropie würde daher nach der Entspannung fast genauso viel Energie herauskommen, wie vorher mit ihr hineingeflossen war.

2. Das Brennstoff-Luft-Gemisch wird im Dieselmotor stärker komprimiert. Die Temperatur nimmt dabei nach (2a) einen so hohen Wert an, dass sich das Gemisch entzündet.

3. Wenn der Kolben am Ende seines Weges ist, ist der Zylinder noch voll mit Dampf unter hohem Druck. Beim Öffnen des Auslasses entspannt er sich ins Freie. Er könnte aber noch viel Energie abgeben. Diese Energie wird verschenkt.

Abschnitt 13.5

1. Man erhitzt Wasser in einem Topf auf dem Herd. Die Entropie wird ihm auf der Unterseite des Topfes zugeführt. Es gibt sie an den Seitenwänden und an der oberen, freien Wasseroberfläche, wo sie zum Verdunsten gebraucht wird, wieder ab.

2. Die Gase in der Flamme (zum größten Teil der Luftstickstoff) haben wegen ihrer hohen Temperatur eine geringere Dichte als die umgebende Luft. Sie strömen daher nach oben und reißen dabei natürlich auch die festen Teilchen, die sich in der Flamme befinden, mit.

14. Licht

Abschnitt 14.3

a) Die Temperatur liegt zwischen T_A und T_B.

b) Es fließt ein Energiestrom von A nach B und einer von B nach A. Der von A nach B ist stärker als der von B nach A. Es fließt ein Energiestrom von A nach K und einer von K nach A. Der von A nach K ist stärker als der von K nach A. Es fließt ein Energiestrom von K nach B und einer von B nach K. Der von K nach B ist stärker als der von B nach K.

Abschnitt 14.4

Man stellt Spiegel auf, die Sonnenlicht auf den Körper werfen. Im Idealfall bekommt der Körper aus allen Richtungen gespiegeltes Sonnenlicht.

Abschnitt 14.5

Es handelt sich um einen Fallschirm, der geöffnet wird. Wie die Stärke des abfließenden Impulsstroms beim Fallschirm von der Geschwindigkeit des Fallschirms abhängt, so hängt die Stärke des von der Erde wegfließenden Entropiestroms von der Temperatur ab.

Die Geschwindigkeit des Fallschirms stellt sich so ein, dass sich der Impuls des Fallschirms und damit die Geschwindigkeit nicht mehr ändert.

Die Temperatur der Erde stellt sich so ein, dass sich die Entropie der Erde, und damit die Temperatur nicht mehr ändert.

Beide Vorgänge sind Fließgleichgewichte.

15. Daten und Datenträger

Abschnitt 15.1

1. Empfangsantenne - (Elektrizität) - Fernsehgerät; Klavier - (Schall) - Ohr; Sendeantenne - (elektromagnetische Wellen) - Empfangsantenne

2. Lautsprecher, Sirene, Musikinstrument

3. Photodiode, Videokamera, Photoapparat

4. Infrarotlicht = elektromagnetische Wellen

5. Elektrizität - Licht; elektromagnetische Wellen - Schall

6. Sendeantenne, Mikrofon

7. (Elektrizität) - Anzeigetafel im Sportstadion - (Licht) - Radioreporter - (Schall) - Mikrofon - (Elektrizität) - Sendeantenne - (elektromagnetische Wellen) - Radiogerät - (Schall)

Abschnitt 15.3

1. 100 000 ≈ 65 536 = 2^{16}. Eine Postleitzahl trägt etwa 16 bit.

2. Etwas mehr als 13 bit

3. Knapp 11 bit

4. $2^5 = 32$ Zeichen.

5. Der Baum hat unten 27 Enden, Bild 15.1.

Da $2^4 = 16 < 27 < 32 = 2^5$ ist, folgt, dass man mit drei Zeichen zwischen 4 und 5 bit erhält.

6. Ein Zeichen von Quelle B trägt 1 bit mehr als ein Zeichen von Quelle A.

7. Zum Identifizieren der Karte braucht der Zauberer 4 bit. Jedes Mal wenn der Zuschauer einen von vier Stapeln bezeichnet, bekommt der Zauberer 2 bit. Der Zauberer legt den Stapel, auf den der Zuschauer gewiesen hat, jeweils an die zweite Stelle von oben. Nach dem ersten Zusammenpacken der Stapel ist die gesuchte Karte die 5., 6., 7. oder 8. Karte von oben. Nach dem zweiten Durchgang ist es die 6. von oben.

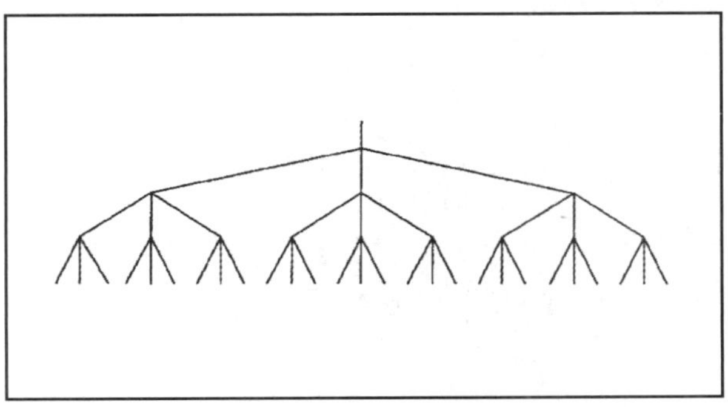

Abb. 15.1. Zu Abschnitt 15.3, Aufgabe **5**

Abschnitt 15.4

1. 180 Anschläge pro Minute = 3 Zeichen pro Sekunde; $I_H = 3 \cdot 7$ bit/s = 21 bit/s.

2. $I_H = H/t \Rightarrow$

$t = H/I_H = (40 \cdot 70 \cdot 7)$ bit/(2400 bit/s) ≈ 8 s

Abschnitt 15.5

2. k = Zahl der Langspielplatten

$k \cdot 0{,}5 \cdot 3600 \cdot 100$ kbit $= 4 \cdot 3600 \cdot 100$ Mbit $\Rightarrow$

$k = 8000$

3. Datenmenge eines Scheibchens = 4 bit; Datenmenge eines Bildes = $60 \cdot 80 \cdot 4$ bit = 19 200 bit

4. $18 \cdot 20$ bit = 360 bit

16. Elektrizität und elektrische Ströme

Abschnitt 16.3

1. $I = 0{,}8$ A. Der Strom fließt vom Knoten weg.

2. $I = 50$ A. Der Strom fließt zum Knoten hin.

3. Die Ströme in P und Q müssen zusammengenommen einen Strom von 3 A ergeben, der nach rechts fließt.

4. Siehe Abb. 16.1

5. Alle Amperemeter zeigen 1,6 A an.

6. Die Stromstärke in P beträgt 11 A. Siehe Abb. 16.2

Abschnitt 16.5

1. $\varphi_1 = 4{,}5$ V, $\varphi_2 = 0$ V $\varphi_3 = -4{,}5$ V

2. $\varphi_1 = 0$ V, $\varphi_2 = -12$ V $\varphi_3 = 0$ V

3. $U_1 = 18$ V, $U_2 = 9$ V, $U_3 = 9$ V

4. Siehe Abb. 16.3

5. Stromkreise in Flugzeugen, Raketen, Satelliten, Autos, Fahrrädern

Abschnitt 16.7

1. Die Potenzialwerte sind 0 V, 5 V und 9 V.

2. Linke Lampe: $I = 1{,}6$ A; rechte Lampe: $I = 0$ A

3. $\varphi_A = -20$ V, $\varphi_D = 40$ V, $U_{\text{Batterie}} = 60$ V. Bei geöffnetem Schalter ist $\varphi_A = \varphi_B = \varphi_C = \varphi_D = 0$ V.

4. (a) $\varphi_P = 12$ V, $U_{L1} = 12$ V, $U_{L2} = 0$ V

(b) $\varphi_P = 6$ V, $U_{L1} = 6$ V, $U_{L2} = 6$ V

Die Stärke des Stroms durch Lampe L1 ist größer wenn der Schalter geschlossen ist, da dann die Spannung an L1 größer ist.

Die Stärke des Stroms durch L2 ist größer wenn der Schalter offen ist. Bei geschlossenem Schalter ist die Stromstärke 0 A.

5. (a) $\varphi_1 = 0$ V, $\varphi_2 = 150$ V, $\varphi_3 = \varphi_4 = 75$ V (b) $\varphi_1 = \varphi_4 = 0$ V, $\varphi_2 = \varphi_3 = 150$ V

Wenn der Schalter geöffnet ist, leuchtet nur noch die rechte Lampe.

6.(a)$\varphi_1 = 0$ V,$\varphi_2 = \varphi_3 = 9$ V, $\varphi_4 = 18$ V, $\varphi_5 = 9$ V (b)$\varphi_1 = 0$ V, $\varphi_2 = 9$ V, $\varphi_3 = -3$ V, $\varphi_4 = 6$ V, $\varphi_5 = 3$ V.

Abschnitt 16.8

1. Gegeben: $U = 20$ V
$I = 4$ mA
Gesucht: R

$R = U/I = 20\text{ V}/4\text{ mA} = 5\,000\ \Omega = 5\text{ k}\Omega$

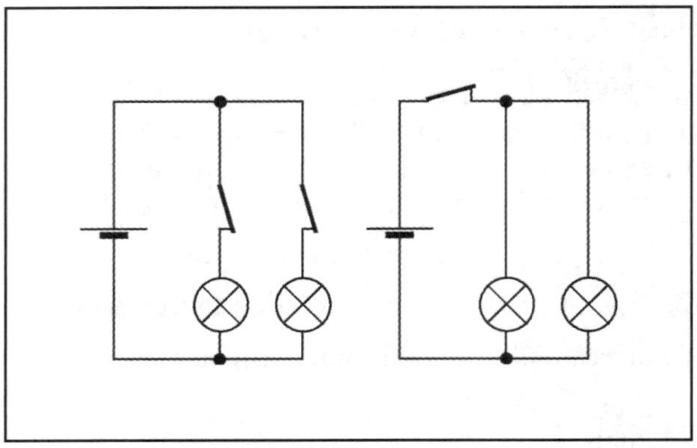

Abb. 16.1. Zu Abschnitt 16.3, Aufgabe **4**

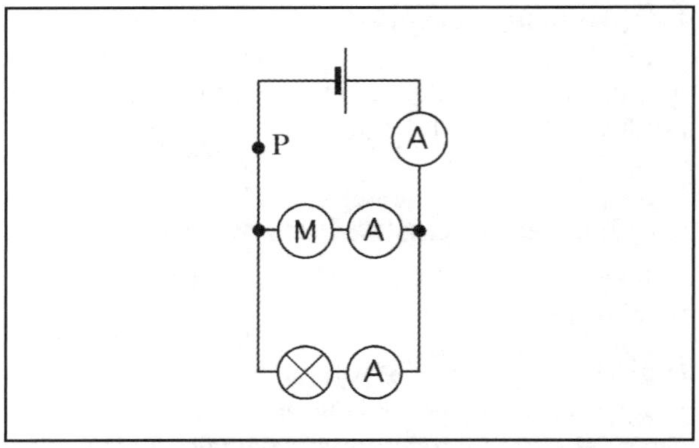

Abb. 16.2. Zu Abschnitt 16.3, Aufgabe **6**

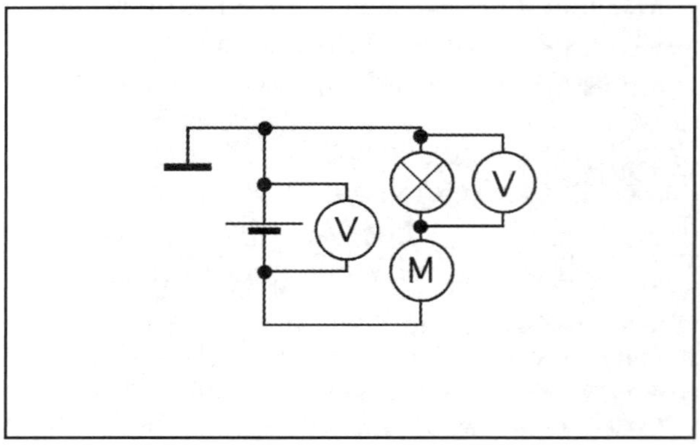

Abb. 16.3. Zu Abschnitt 16.5, Aufgabe **4**

2. Gegeben: $R = 2\text{ k}\Omega$
$U = 120$ V
Gesucht: I

$I = U/R = 120\text{ V}/2\text{ k}\Omega = 60$ mA

3. Gegeben: $R = 1\text{ M}\Omega$
$I = 0{,}1$ mA
Gesucht: U

$U = R \cdot I = 1\text{ M}\Omega \cdot 0{,}1\text{ mA} = 100$ V

4. Gegeben: $U = 35$ V
$I = 5$ A
$U_1 = 10$ V
Gesucht: R_1, U_2, R_2

$R_1 = U_1/I = 10$ V/5 A $= 2\ \Omega$
$U_2 = U - U_1 = 25$ V
$R_2 = U_2/I = 25$ V/5 A $= 5\ \Omega$

5. Gegeben: $U = 12$ V
$R_1 = R_2 = R_3 = 100\ \Omega$
Gesucht: U_1, U_2, U_3, I_1, I_2, I_3, I

$U_3 = 12$ V, $U_1 = U_2 = 6$ V
$I_1 = I_2 = 6$ V/100 $\Omega = 0{,}06$ A
$I_3 = 12$ V/100 $\Omega = 0{,}12$ A
$I = I_1 + I_3 = 0{,}18$ A

6. Links: Widerstand 200 kΩ
Mitte: Diode
Rechts: Widerstand 5 Ω

7. Ihr Widerstand beträgt 50 Ω. Schaltet man n gleich große Widerstände parallel, so ist der Gesamtwiderstand $1/n$ jedes Einzelwiderstandes.

8. Ihr Widerstand beträgt 200 Ω. Schaltet man n gleichgroße Widerstände hintereinander, so ist der Gesamtwiderstand gleich n mal jedem Einzelwiderstand.

Abschnitt 16.11

1. Der Fön ist noch feucht. Das Wasser kann eine leitende Verbindung zwischen der Hand, mit der man den Fön hält, und einem Teil, das auf hohem Potenzial liegt, herstellen.

2. Falls die durchgeriebene Leitung derjenige Pol ist, der immer auf 0 V liegt, passiert gar nichts. Falls es der andere Pol ist, passiert ein Kurzschluss.

17. Elektrizität und Energie

Abschnitt 17.1

1. Gegeben: $U = 12$ V
$I = 3{,}75$ A
Gesucht: P

$P = U \cdot I = 12$ V $\cdot$ 3,75 A $= 45$ W

2. Gegeben: $U = 12$ V
$P = 21$ W
Gesucht: I

$P = U \cdot I \Rightarrow I = P/U = 21$ W/12 V$= 1{,}75$ A

3. Gegeben: $I = 2{,}4$ A
$U_1 = 2$ V
$U_2 = 6$ V
Gesucht: P_{gesamt}, P_1, P_2

$P_{gesamt} = (2$ V $+ 6$ V$)\cdot 2{,}4$ A $= 19{,}2$ W
$P_1 = 2$ V$\cdot 2{,}4$ A $= 4{,}8$ W
$P_2 = 6$ V$\cdot 2{,}4$ A $= 14{,}4$ W

4. Gegeben: $U = 12$ V
$I_1 = 2$ A
$I_2 = 3$ A
Gesucht: P_{gesamt}, P_1, P_2

$P_{gesamt} = 12$ V$\cdot (2$ A $+ 3$ A$) = 60$ W
$P_1 = 12$ V $\cdot$ 2 A $= 24$ W
$P_2 = 12$ V $\cdot$ 3 A $= 36$ W

5. Gegeben: $U_1 = 12$ V
$U_2 = 9$ V
$I = 1{,}5$ A
Gesucht: P_{Motor}, P_1, P_2

$U_{Motor} = U_1 + U_2 = 21$ V
$P_{Motor} = 21$ V $\cdot$ 1,5 A $= 31{,}5$ W
$P_1 = 12$ V $\cdot$ 1,5 A $= 18$ W
$P_2 = 9$ V $\cdot$ 1,5 A $= 13{,}5$ W

6. $U_{AB} = 3$ V
Die obere Zelle wird doppelt so schnell leer wie die beiden unteren.
Gesamte Quelle:
$P = 3$ V $\cdot$ 10 mA $= 30$ mW
Obere Monozelle:
$P = 1{,}5$ V $\cdot$ 10 mA $= 15$ mW
Jede der beiden unteren Monozellen:
$P = 1{,}5$ V $\cdot$ 5 mA $= 7{,}5$ mW

7. Gegeben: $I = 60$ mA
$E = 20$ kJ
Gesucht: P, t

$U = 3 \cdot 1{,}5$ V $= 4{,}5$ V
$P = U \cdot I = 4{,}5$ V $\cdot$ 60 mA $= 0{,}27$ W
$t = E/P = 3 \cdot 20$ kJ/0,27 W $\approx 222\,000$ s
≈ 62 h

9. Gegeben: $U = 80$ V
$R = 2$ kΩ
Gesucht: I, P

$I = U/R = 80$ V/2 kΩ = 40 mA
$P = U \cdot I = 80$ V · 40 mA = 3,2 W

10. Gegeben: $R = 2\ \Omega$
$I_R = 10$ A
$P_L = 100$ W
Gesucht: U, I_L, I

$U = R \cdot I_R = 2\ \Omega \cdot 10\ A = 20\ V$
$I_L = P_L / U = 100\ W/20\ V = 5\ A$
$I = I_R + I_L = 10\ A + 5\ A = 15\ A$

Abschnitt 17.2

1. Gegeben: $U_Q = 200$ V
$R_L = 2 \cdot 0,5\ \Omega = 1\ \Omega$
$I = 8$ A
Gesucht: P_Q, P_L, P_M

$P_Q = U_Q \cdot I = 200\ V \cdot 8\ A = 1600\ W$
$U_L = R_L \cdot I = 1\ \Omega \cdot 8\ A = 8\ V$
$P_L = U_L \cdot I = 8\ V \cdot 8\ A = 64\ W$
$P_M = P_Q - P_L = 1600\ W - 64\ W = 1536\ W$

2. Gegeben: $I, U_{Lampe}, R_{Leitung}$
Gesucht: $U_{Leitung}, U_{Netzgerät}, P_{Leitung}$

(a) $U_{Leitung} = R_{Leitung} \cdot I = 1\ \Omega \cdot 5\ A = 5\ V$
$U_{Netzgerät} = 12\ V + 2 \cdot 5\ V = 22\ V$
$P_{Leitung} = U_{Leitung} \cdot I = 10\ V \cdot 5\ A = 50\ W$
(b) $U_{Leitung} = 1\ \Omega \cdot 2,5\ A = 2,5\ V$
$U_{Netzgerät} = 24\ V + 2 \cdot 2,5\ V = 29\ V$
$P_{Leitung} = U_{Leitung} \cdot I = 5\ V \cdot 2,5\ A = 12,5\ W$

Je höher die Spannung ist, mit der ein Energietransport realisiert wird, desto geringer sind die Leitungsverluste.

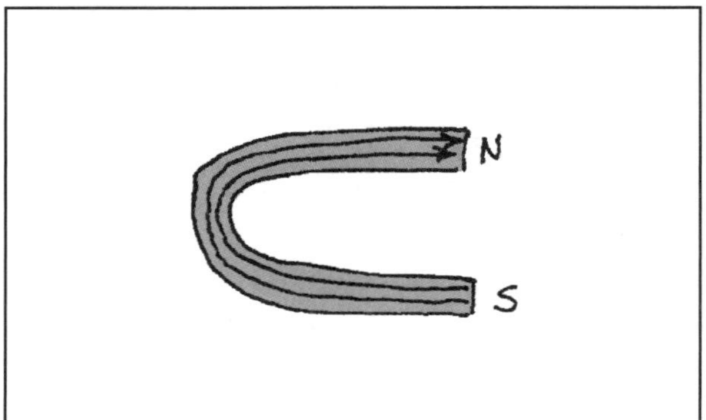

Abb. 18.1. Zu Aufgabe **1.**, Abschnitt 18.3

18. Das magnetische Feld

Abschnitt 18.1
Man nimmt einen dritten Magneten, nähert ihn nacheinander allen Polen der beiden anderen Magneten. Dabei stellt man fest, dass sich die beiden anderen Magneten völlig gleichartig verhalten.

Abschnitt 18.3
1. Siehe Abb. 18.1
2. Siehe Abb. 18.2a
3. Siehe Abb. 18.2b
4. Siehe Abb. 18.3

5. Man bricht den Ring durch. Befinden sich an den Bruchstellen Magnetpole, so war der Ring magnetisiert.

Abschnitt 18.6
Siehe Abb. 18.4

Abschnitt 18.7
Siehe Abb. 18.5

Abschnitt 18.9
1. Man wickelt zwei nebeneinander laufende Drähte zu einer Spule auf. Man verbindet die einen Enden der Drähte miteinander, und schließt die beiden anderen an die Energiequelle an, so dass der elektrische Strom in den Drähten in die entgegengesetzte Richtung fließt. Die Wirkung des einen Drahtes wird dann durch die Wirkung des anderen aufgehoben.

2. Das Feld zieht benachbarte Windungen aufeinander zu. Es drückt die Teile des Drahtes einer einzigen Windung nach außen.

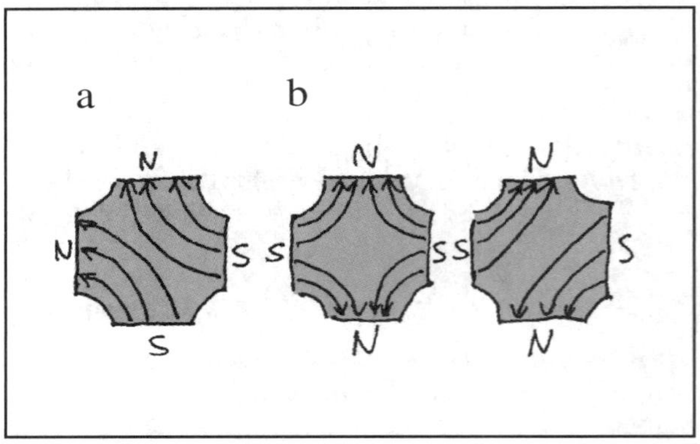

Abb. 18.2. Zu den Aufgaben **2.** und **3.**, Abschnitt 18.3

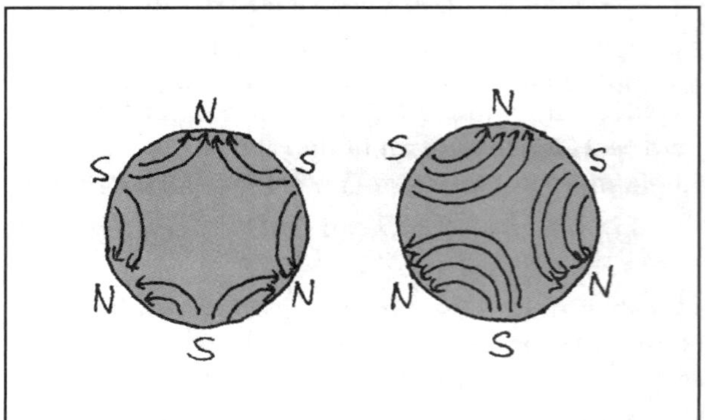

Abb. 18.3. Zu Aufgabe **4.**, Abschnitt 18.3

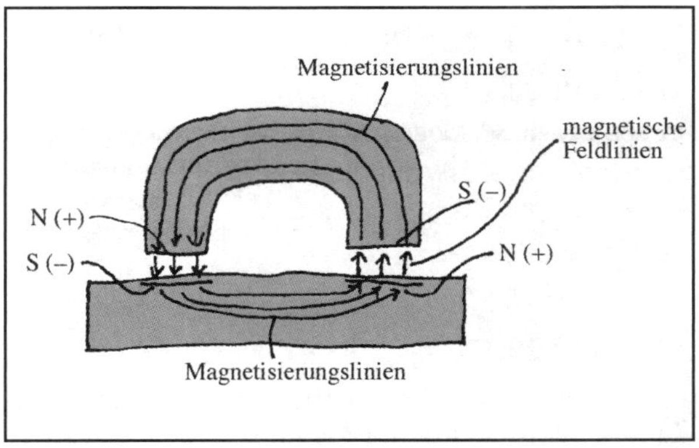

Abb. 18.4. Zu Abschnitt 18.6

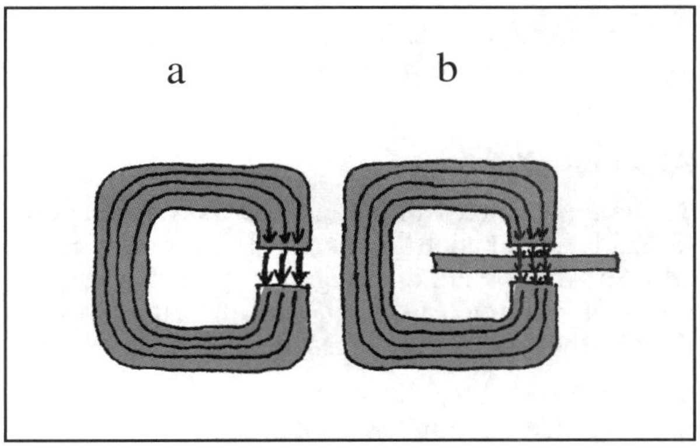

Abb. 18.5. Zu Abschnitt 18.7

Abschnitt 18.10

1. Weiche der Spielzeugeisenbahn, Straßenbahnweiche, Magnet am Kran des Schrotthändlers

2. Ähnlich wie die gewöhnliche Gleichstromklingel, aber ohne Unterbrecher

3. Der Dauermagnet möchte sich eigentlich sehr schnell hin- und her drehen. Er ist aber zu träge, um die Bewegung auszuführen. Ersetzt man den Dauermagneten durch ein Stück Weicheisen, so erhält man ein Wechselstromamperemeter.

Abschnitt 18.11

1. Der Motor läuft nicht von allein an. Er kann sich nur mit einer ganz bestimmten Drehzahl drehen: mit 50 Umdrehungen pro Sekunde.

2. Die feststehenden Magneten sind Elektromagneten. Sie sind fest an die Energiequelle angeschlossen, d.h. sie werden nicht ständig umgepolt. Der Rotor ist derselbe wie in Abb. 18.46.

Abschnitt 18.12

1. Die Eisenteile bilden wegen des magnetischen Feldes der Erde Pole. Dadurch wird das Feld der Erde verändert.

2. Sie orientieren sich parallel zueinander. Ihre gemeinsame Richtung muss nicht mehr die Nord-Südrichtung sein.

Abschnitt 18.13

1. Man muss den Magneten möglichst schnell bewegen; man muss einen möglichst starken Magneten benutzen (möglichst große magnetische Ladung); die Spule muss möglichst viele Windungen haben.

2. Ein kurzer Spannungsstoß eines Vorzeichens und sofort danach ein Spannungsstoß des entgegengesetzten Vorzeichens

Abschnitt 18.15

1. Gegeben: Windungszahl: 1000 und 5000
$U_1 = 220$ V
Gesucht: U_2

$U_1 / U_2 = n_1 / n_2 \Rightarrow U_2 = (n_2 / n_1)\, U_1$

Mit $n_2 / n_1 = 5000/1000 = 5$
wird $U_2 = 1100$ V.
Mit $n_2 / n_1 = 1000/5000 = 0{,}2$
wird $U_2 = 44$ V.

2. Gegeben: $U_1 = 220$ V
$U_2 = 11$ V
$I_2 = 2$ A
Gesucht: n_1 / n_2
I_1

$n_1 / n_2 = U_1 / U_2 = 220\text{ V}/11\text{ V} = 20$

Die Windungszahl der Sekundärspule ist ein Zwanzigstel der Windungszahl der Primärspule.

$U_1 I_1 = U_2 I_2 \Rightarrow I_1 = U_2 I_2 / U_1$

$= 11\text{ V} \cdot 2\text{ A}/220\text{ V} = 0{,}1\text{ A}$

3. Gegeben: $n_1 = 1000$
$n_2 = 10\,000$
$U_1 = 220$ V
$I_1 = 0{,}1$ A
Gesucht: U_2, I_2

$U_2 = (n_2 / n_1)\, U_1$
$= (10\,000/1000) \cdot 220\text{ V} = 2200\text{ V}$

$I_2 = U_1 I_1 / U_2$
$= 220\text{ V} \cdot 0{,}1\text{ A}/2200\text{ V} = 0{,}01\text{ A} = 10\text{ mA}$

4. Die Zuleitungen müssen sehr dick sein, damit sie 10 000 A vertragen, ohne heiß zu werden. Die Wegleitungen müssen sehr gut isoliert sein, damit sie 10 000 V vertragen, ohne dass ein Funke überspringt. Es ist billiger, Leitungen gut zu isolieren (Hochspannungsmasten), als sehr dicke Leiter zu verwenden.

19. Elektrostatik

Abschnitt 19.2

1. Der elektrische Strom fließt nach rechts. Seine Stärke ist 0,5 A + 0,3 A = 0,8 A.

2. $2\ C/(1{,}6 \cdot 10^{-19} C) = 1{,}25 \cdot 10^{19}$

Abschnitt 19.4

1. Bei der Berührung fließen negative Ladungsträger von B nach A, sodass B eine positive Nettoladung hat. Jetzt sind beide Kugeln positiv geladen, und das Feld drückt sie voneinander weg.

2. Man beobachtet die Anziehung und Abstoßung auch dann, wenn die geladenen Gegenstände aus einem nichtmagnetisierbaren Material, z. B. aus Aluminium, bestehen.

3. Bei der Berührung mit B lädt sich A auf mit Elektrizität von B. Daraufhin wird Kugel A von B weggedrückt, sodass sie C berührt. Hier entlädt sich A zunächst und lädt sich gleich darauf mit der Elektrizität von C auf. Daraufhin drückt das Feld A wieder zurück zu B. Die Kugel A schwingt daher zwischen B und C hin und her.

Abschnitt 19.6

1. Gegeben: $I = 0{,}002$ A
$U = 240$ V
$t = 120$ s
Gesucht: Q, C

$Q = I \cdot t = 2\ \text{mA} \cdot 120\ \text{s} = 240\ \text{mC}$
$C = Q/U = 240\ \text{mC}/240\ \text{V} = 1\ \text{mF}$

2. Gegeben: $C = 0{,}000\,08$ F
$U = 150$ V
Gesucht: Q
$Q = C \cdot U = 0{,}000\,08\ \text{F} \cdot 150\ \text{V} = 0{,}009\ \text{C}$

Abschnitt 19.7

1. Gegeben: $U = 20\,000$ V
$I = 0{,}0002$ A
Gesucht: P

$P = U \cdot I = 20\,000\ \text{V} \cdot 0{,}000\,2\ \text{A} = 4\ \text{W}$

2. Wir bezeichnen die Farbpunkte des Bildschirms mit r, g und b (den Anfangsbuchstaben von rot, grün und blau).

Farbeindruck	Leuchtende Punkte
rot	r
grün	g
blau	b
gelb	r,g
türkis	g,b
orange	r, g (schwach)
schwarz	-
weiß	r,g,b
braun	r (schwach), g (schwach)

20. Datentechnik

Abschnitt 20.1

1. Plattenspieler - Lautsprecher; Fernsehkamera - Sendeantenne; Mikrophon - Ohr; Telefongespräch.

2. Wenn er etwas laut weitersagt, was ihm zugeflüstert wurde

Abschnitt 20.2

1. Weil man aus der am Bildschirm angezeigten Zahl nicht eindeutig auf die eingegebene Zahl zurückschließen kann; z.B. $9 = 3^2$ und $9 = (-3)^2$.

2. Nein, denn aus dem Wert von x^3 kann auf den von x zurückgeschlossen werden.

Abschnitt 20.3

1. Die erste Frage könnte lauten: "Ist es eine gerade Zahl?", oder auch "Ist die Zahl kleiner als vier?". Mit der Antwort auf die Frage "Ist es die Sechs?" erhält Lilly weniger als 1 bit, weil die eine Antwort ("nein") wahrscheinlicher ist als die andere ("ja").

2. Die Minimalzahl an Ja-Nein-Fragen ist 5, denn die fragende Person bekommt insgesamt 5 bit.

3. Wir nehmen an, dass A einen Begriff aus 30 000 Begriffen auswählen kann (Größenordnung der Zahl der Substantive in einem Wörterbuch). Da $30\,000 \approx 2^{15}$ ist, braucht B bei Anwendung der besten Strategie 15 Ja-Nein-Fragen. Damit die Antworten gleichwahrscheinlich sind, wird B nicht etwa mit der folgenden Frage beginnen: "Lautet der Begriff Bleistift?", sondern z.B. so: "Ist es belebt?", oder: "Ist es von hier aus zu sehen?".

21. Das Licht

Abschnitt 21.3

1. Ein kleiner Teil des Lichts wird reflektiert. Dadurch hat der Apfel seinen Glanz. Vom Rest wird außer dem roten alles absorbiert. Das rote Licht wird zurückgestreut.

2. Alles Licht außer dem grünen wird absorbiert. Das grüne Licht wird zum Teil durchgelassen und gestreut, zum Teil zurückgestreut.

3. Der Pullover absorbiert alle Lichtsorten außer rotem Licht, also auch das blaue Licht der Leuchtröhre.

4. Der größte Teil des Lichts wird reflektiert. Ein kleiner Anteil wird ohne Streuung durchgelassen.

5. Das Licht wird entweder gerade durchgelassen oder absorbiert. Je nach der Stelle auf dem Dia werden andere Lichtsorten absorbiert.

6. Das Licht wird entweder absorbiert oder zurückgestreut. Welche Lichtsorten absorbiert werden hängt vom Ort auf der Postkarte ab.

7. Das Licht wird von den Innenwänden der Säcke in kürzester Zeit absorbiert.

Abschnitt 21.4

1. Aus allen Richtungen kommt Licht aller Lichtsorten.

2. Aus zwei aufeinander senkrecht stehenden Richtungen kommt Licht aller Sorten.

3. Licht einer einzigen Richtung und einer einzigen Farbe

Abschnitt 21.5

1. Siehe Abb. 21.1

2. Siehe Abb. 21.1

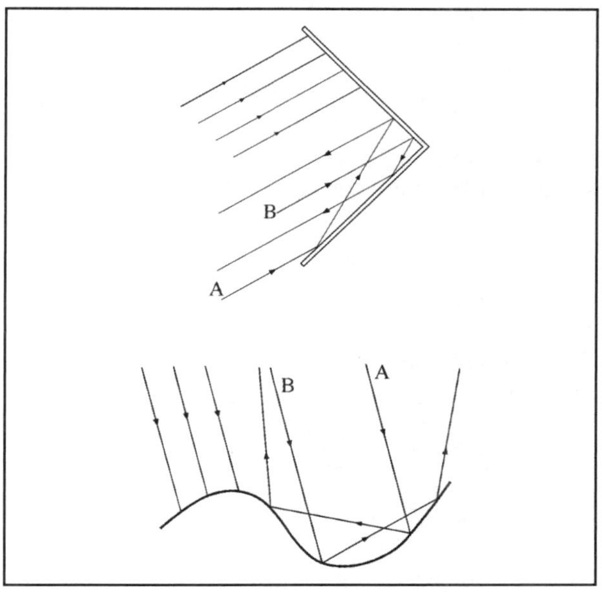

Abb. 21.1. Zu Abschnitt 21.5, Aufgaben **1** und **2**

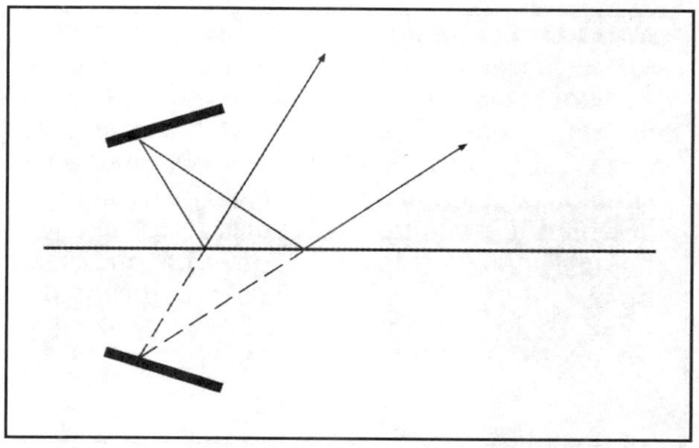

Abb. 21.2. Zu Abschnitt 21.6

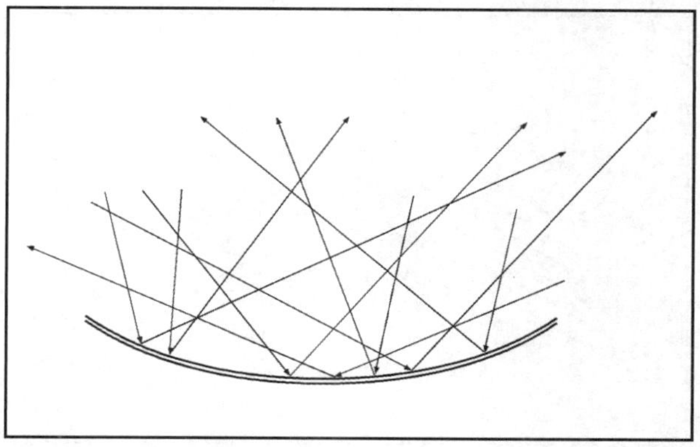

Abb. 21.3. Zu Abschnitt 21.7

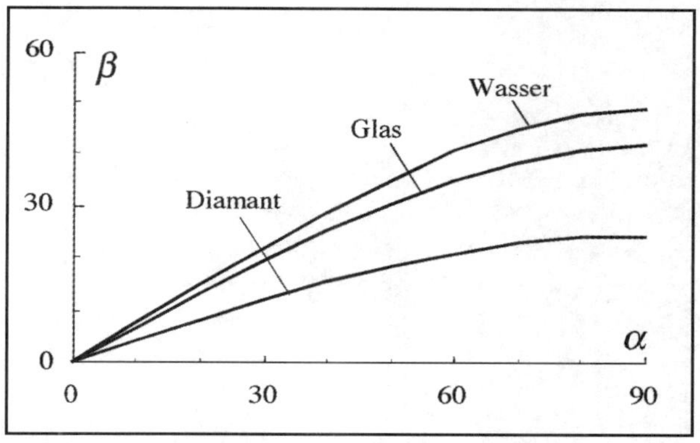

Abb. 21.4. Zu Abschnitt 21.8, Aufgabe **1**

Abschnitt 21.6

Siehe Abb. 21.2

Abschnitt 21.7

Siehe Abb. 21.3

Abschnitt 21.8

1. Siehe Abb. 21.4

2. Siehe Abb. 21.5

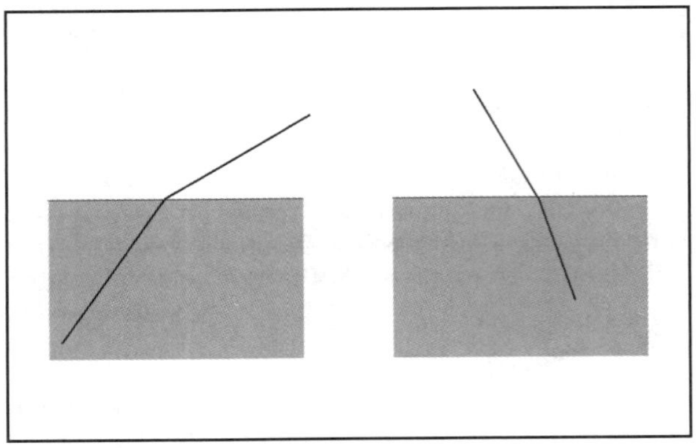

Abb. 21.5. Zu Abschnitt 21.8, Aufgabe **2**

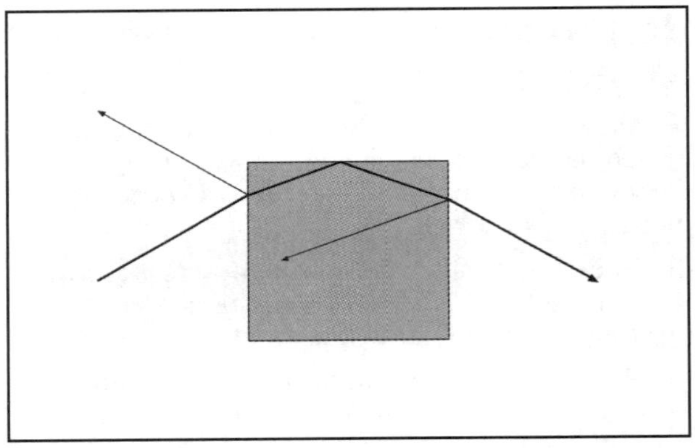

Abb. 21.8. Zu Abschnitt 21.10, Aufgabe **1**

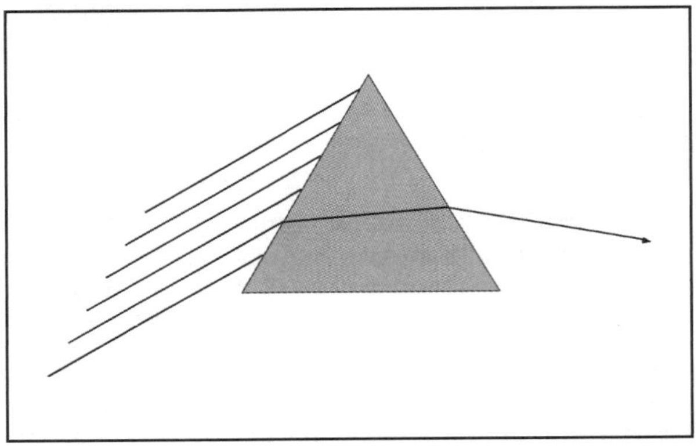

Abb. 21.6. Zu Abschnitt 21.9, Aufgabe **1**

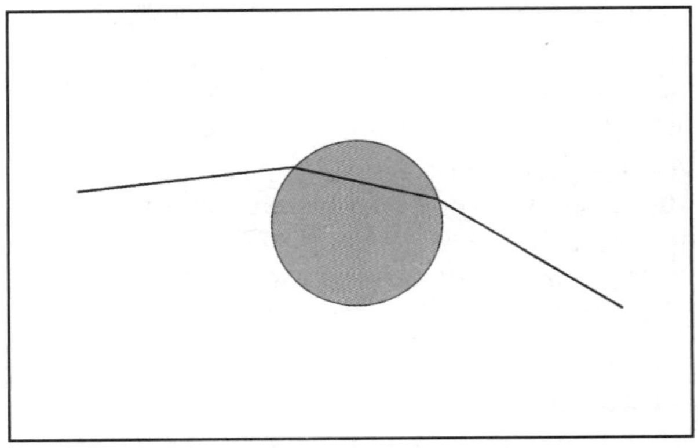

Abb. 21.9. Zu Abschnitt 21.10, Aufgabe **2**

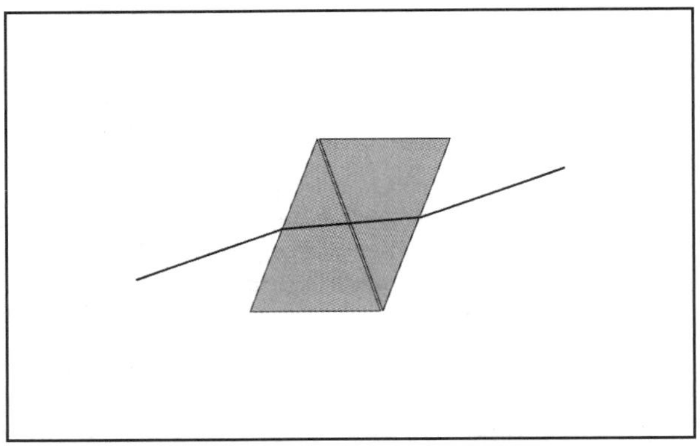

Abb. 21.7. Zu Abschnitt 21.9, Aufgabe **2**

Abschnitt 21.9

1. Siehe Abb. 21.6

2. Siehe Abb. 21.7

Abschnitt 21.10

1. Siehe Abb. 21.8

2. Siehe Abb. 21.9

22. Die optische Abbildung

Abschnitt 22.1

1. Man sieht das Bild auf dem Dia so schlecht, weil das Dia das Licht, das auftrifft, nicht streut. Um das Dia zu betrachten hält man es gegen eine gleichmäßig leuchtende Fläche, z.B. den Himmel oder ein gut beleuchtetes Blatt Papier.

2. Das Licht, das vom Projektor kommt, würde von jeder Stelle des Spiegels in nur eine einzige Richtung zurückgeworfen. Man würde den hinteren Teil des Zimmers mit dem Diaprojektor sehen.

Abschnitt 22.2

1. Das Licht wird nicht in unsere Augen gestreut.

2. Man sieht gar nichts. Das Licht, das von der punktförmigen Quelle kommt, wird reflektiert und trifft irgendwo auf eine Wand der Camera obscura

Abschnitt 22.3

1. Gegeben: $g = 100$ m
$b = 16$ cm
$B = 8$ cm
Gesucht: G

$G = Bg/b = 50$ m

2. Gegeben: $G = 157$ m
$b = 20$ cm
$B = 2$ cm
Gesucht: g

$g = Gb/B = 1570$ m

3. 4 m hoch

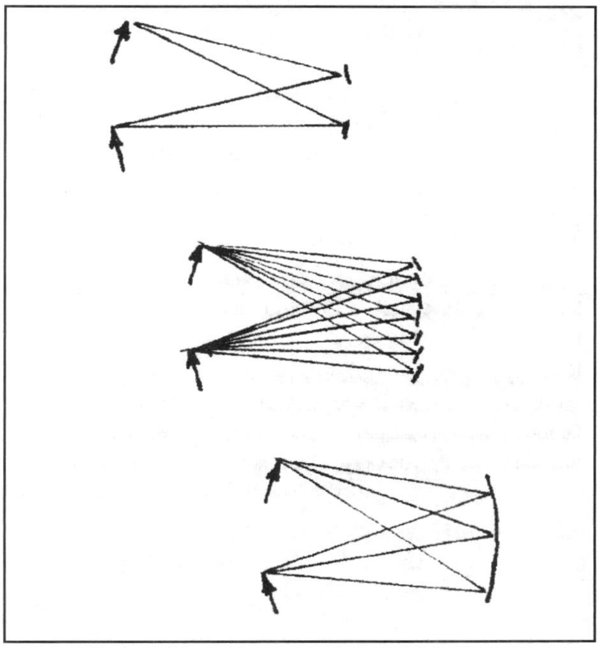

Abb. 22.1. Zu Abschnitt 22.4

Abschnitt 22.4

Siehe Abb. 22.1. Setzt man die Einzelspiegel zusammen, so entsteht ein Hohlspiegel.

Abschnitt 22.6

Man bildet die Flamme der Kerze mit der Linse ab, indem man die Kerze sehr weit weg von der Linse aufstellt. Die Bildweite ist dann gleich der Brennweite.

Man macht aus einem Teil des Kerzenlichts ein möglichst paralleles Bündel. Der Abstand zwischen Kerze und Linse ist dann gleich der Brennweite.

Abschnitt 22.8

1. –1 dpt

2. Für eine Linse ist

$D = 1/f = 1/(0{,}4\text{m}) = 2{,}5$ dpt

Beide Linsen zusammen haben eine Brechkraft von 5 dpt. Das Linsensystem hat daher eine Brennweite von $f = 1/(5\text{dpt}) = 0{,}2$ m.

3. $D_1 = 1/(0{,}2\text{m}) = 5$ dpt, $D_2 = 1/(0{,}5\text{m}) = 2$ dpt, $D_3 = -2$ dpt.

$D = D_1 + D_2 + D_3 = 5$ dpt

4. Man kombiniert sie mit einer Hilfslinse bekannter positiver Brechkraft, so dass ein Linsensystem mit positiver Brechkraft entsteht. Man misst die Brennweite und damit die Brechkraft des Linsensystems. Von der Brechkraft des Linsensystems zieht man die Brechkraft der Hilfslinse ab und erhält so die gesuchte Brechkraft.

Abschnitt 22.11

1. Kurze Belichtungszeit wenn es hell ist, lange wenn es dunkel ist

2. Kleine Blendenöffnung: große Schärfentiefe; nur möglich wenn es hell genug ist; große Blendenöffnung: geringe Schärfentiefe; es braucht nicht sehr hell zu sein.

3. Bei weit geöffneter Blende ist die Schärfentiefe gering, die Entfernungseinstellung muss mit größerer Sorgfalt gemacht werden.

5. Ein Weitwinkelobjektiv. Die Partygäste erscheinen, vom Photographen aus gesehen, auf einen großen Winkelbereich verteilt.

6. Ein Teleobjektiv. Man entfernt sich so weit von der Person, dass sie auf dem Bild wieder so groß erscheint wie vorher mit dem Normalobjektiv. Die Berge sind nun, im Verhältnis der Brennweiten der beiden Objektive, größer geworden.

7. Ein Gegenstand, der auf dem Film der Kleinbildkamera die ganze Bildgröße einnimmt, nimmt auch auf dem Film der Pocketkamera die ganze Bildgröße ein.

8. Gegeben: $G = 10$ m
$g = 200$ m
$b = 50$ mm (180 mm)

Gesucht: B

Normalobjektiv: $B = 2{,}5$ mm
Teleobjektiv: $B = 9$ mm

Abschnitt 22.13

1. Die Gläser der Brille einer kurzsichtigen Person sind in der Mitte dünner als am Rand, die einer weitsichtigen Person sind in der Mitte dicker.

2. Die Abbildung gelingt nur mit der Brille einer weitsichtigen Person.

3. Der Fleck hat die Form einer Kreisscheibe. Er ist das Bild der Sonne.

Abschnitt 22.14

1. Mit Hilfe des Kondensors wird sowieso schon alles Licht, das durch das Dia geht, durch das Objektiv geleitet. Mehr Licht kann nicht hindurchgehen.

2. Je größer das Objektiv ist, desto mehr von dem vom Bild zurückgestreuten Licht wird zur Bilderzeugung auf der Leinwand genutzt.

3. Die Gegenstandsweite ist hier nahezu gleich der Brennweite. Mit

$b = 5$ m, $B = 2{,}40$, $G =$ 24 mm

wird $g = f = 50$ mm

Abschnitt 22.15

1. Flimmernde senkrechte Streifen

2. Man unterbricht den Lichtweg nicht 24 mal, sondern 48 mal pro Sekunde. Aber nur während jeder zweiten Unterbrechung wird der Film weitertransportiert

Abschnitt 22.18

1. Man orientiert die Antenne so, dass man den besten Empfang hat. Man kann dann aus der Stellung der Antenne auf die Richtung schließen, in der sich der Satellit befindet.

2. Der Durchmesser des Teleskops ist 750 mal so groß wie der der Pupille des Auges. Die Fläche ist 750^2 = 562 500 mal so groß. Das Teleskop sammelt also auch 562 500 mal so viel Licht ein wie das Auge.

23. Farben

Abschnitt 23.1

1. Zum Beispiel durch einen Würfel. Drei aufeinander senkrecht stehende Kanten bilden die Koordinatenachsen für die Farbton-, die Sättigungs- und die Helligkeitsskala.

2. Die Farbtonskala hat weder Anfang noch Ende, sie ist in sich geschlossen. Die Sättigungsskala hat Anfang und Ende: Sie beginnt bei maximaler Sättigung und endet bei weiß. Die Helligkeitsskala hat einen Anfang – völlige Dunkelheit–, aber kein Ende, denn man kann die Helligkeit von Licht im Prinzip beliebig steigern.

3. Der Winkel

4.

	Farbton	Helligkeit	Sättigung
Brötchen	gelb - orange	hoch	mittel
Kakaopulver	rotorange	niedrig	stark
Trinkschokolade	rotorange	hoch	schwach
Cola	orange	sehr niedrig	mittel
Artischocke	türkis	hoch	schwach
Haut	rotorange	hoch	schwach
Zinkdachrinne	blau	mittel	sehr schwach
Rost	rot	niedrig	mittel
InterCity	magenta	hoch	stark
InterRegio	blau	hoch	mittel - stark
RSB	grün	hoch	mittel - stark

Abschnitt 23.3

1.

	Rot	Gelbgrün	Blau
Gelb	hell	hell	dunkel
Violett	hell	dunkel	hell
Pink	hell	mittel	mittel
Oliv	dunkel	mittel	dunkel
Ocker	hell	hell	mittel
Dunkelgrau	mittel	mittel	mittel

2. Die ganz gesättigten Farben, die am Rand des Farbenkreises liegen, lassen sich nicht herstellen. (Mit Ausnahme der drei reinen Pixelfarben.)

Abschnitt 23.4

	Orange	Türkis	Purpur
Rot	hell	dunkel	hell
Blau	dunkel	hell	hell
Rosa	hell	mittel	hell
Weiß	hell	hell	hell
Braun	mittel	dunkel	dunkel
Schwarz	dunkel	dunkel	dunkel

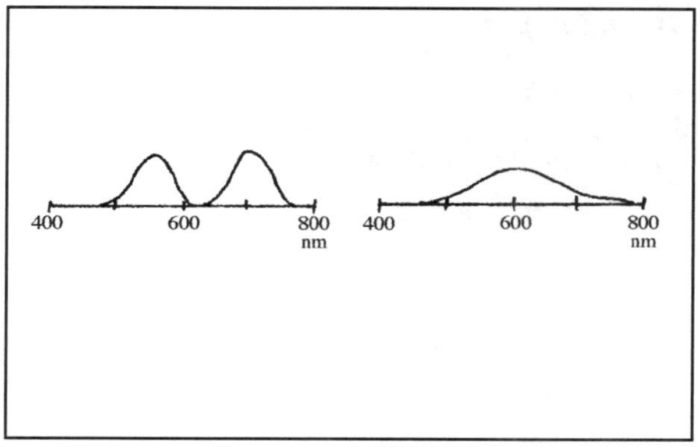

Abb. 23.1. Zu Abschnitt 23.6, Aufgabe **1**

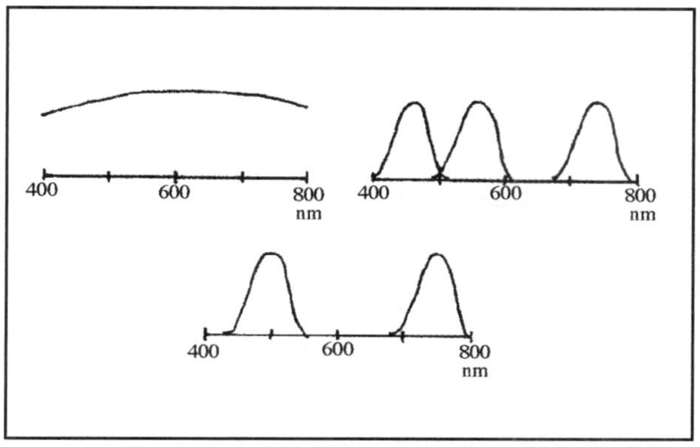

Abb. 23.2. Zu Abschnitt 23.6, Aufgabe **2**

Abschnitt 23.6

1. Siehe Abb. 23.1

2. Siehe Abb. 23.2

24. Stoffumsatz und chemisches Potenzial

Abschnitt 24.1

1.

H_2O: m/n = 18,01494 g/mol ≈ 0,018 kg/mol
O_2: m/n = 31,998 g/mol ≈ 0,032 kg/mol
CO_2: m/n = 44,009 g/mol ≈ 0,044 kg/mol
Ag_2S: m/n = 247,804 g/mol ≈ 0,248 kg/mol
$Pb(NO_3)_2$: m/n = 331,198 g/mol ≈ 0,331 kg/mol
$C_{12}H_{22}O_{11}$: m/n = 342,296 g/mol ≈ 0,342 kg/mol

2. m/n = 0,342 kg/mol

$$n = \frac{m}{0{,}342\,\text{kg/mol}} = \frac{0{,}1\,\text{kg}}{0{,}342\,\text{kg}} \cdot \text{mol}$$

n = 0,29 mol

3. 1 l Wasser wiegt 1 kg.
m/n = 0,018 kg/mol

$$n = \frac{1\,\text{kg}}{0{,}018\,\text{kg}} \cdot \text{mol} = 55{,}5\,\text{mol}$$

4. Für Propan ist m/n = 0,044 kg/mol

$$n = \frac{m}{0{,}044\,\text{kg/mol}}$$

$$= \frac{12\,\text{kg}}{0{,}044\,\text{kg}} \cdot \text{mol} = 273\,\text{mol}$$

Abschnitt 24.2

1. $4Fe + 3O_2 \rightarrow 2Fe_2O_3$
8 mol Fe + 6 mol O_2 → 4 mol Fe_2O_3

2. (a) Für C ist m/n = 12,011 g/mol.

$$n = \frac{m}{12\,\text{g/mol}} = \frac{4\,\text{g}}{12\,\text{g}} \cdot \text{mol} = (1/3)\,\text{mol}$$

(1/3)mol CO_2 + (2/3)mol Mg
→ (1/3)mol C + (2/3)mol MgO
(b) CO_2: m/n = 44 g/mol

$m = n \cdot 44$ g/mol = (1/3)mol · 44 g/mol = 14,7 g
Mg: m/n = 24,3 g/mol

$m = n \cdot 24{,}3$ g/mol = (2/3)mol · 24,3 g/mol= 16,2 g
(c) CO_2: n = (1/3)mol

Molekülzahl: (1/3) · 6,022 · 10^{23} = 2,0 · 10^{23}
(d) 1 mol CO_2 + 2 mol Mg
→ 1 mol C + 2 mol MgO
entspricht einem Umsatz von 1 mol. In unserem Fall wird 1/3 davon umgesetzt.
→ n(R) = 1/3 mol

3. $CH_4 + 2O_2 \rightarrow CO_2 + 2H_2O$
→ Wenn pro Sekunde 2 mol Wasser entstehen, ist die Umsatzrate 1 mol/s. In unserem Fall entsteht der zwanzigste Teil davon. → $I_{n(R)}$ = 0,05 mol/s

4. Nach Durchfahren einer Strecke von 100 km sind 10 l Wasser entstanden. Da die Geschwindigkeit 50 km/h beträgt, und 1 l Wasser 1 kg wiegt, sind in 2 h 10 kg Wasser entstanden:
$t = 2\text{ h} = 7200\text{ s}$
$m = 10\text{ kg}$
Mit $m/n = 0{,}018$ kg/mol folgt

$$n = \frac{10\,\text{kg}}{0{,}018\,\text{kg}} \cdot \text{mol} = 555{,}56\,\text{mol}$$

$2C_8H_{18} + 25O_2 \rightarrow 16CO_2 + 18H_2O$
18 mol Wasser entsprechen einem Umsatz von 1mol.

$$n(\text{R}) = \frac{555{,}56}{18}\,\text{mol} = 30{,}86\,\text{mol}$$

$$I_{n(\text{R})} = \frac{n(\text{R})}{t}$$

$$= \frac{30{,}86\,\text{mol}}{7200\,\text{s}} = 0{,}00429\,\text{mol/ s}$$

Abschnitt 24.3

1. Stoffe der linken Seite: A, Stoffe der rechten Seite: B.
(a) $\mu(A) - \mu(B) = 1138$ kG
(b) $\mu(A) - \mu(B) = 117$ kG
(c) $\mu(A) - \mu(B) = 3385{,}65$ kG
(d) $\mu(A) - \mu(B) = -5797{,}78$ kG
(e) $\mu(A) - \mu(B) = 188{,}62$ kG

Die Reaktionen a, b, c und e können ablaufen, die Reaktion d nicht.

2.
$CuO + Zn \rightarrow Cu + ZnO$
$\mu(A) - \mu(B) = 188{,}62$ kG
$CuO + Mg \rightarrow Cu + MgO$
$\mu(A) - \mu(B) = 439{,}26$ kG
$CuO + Fe \rightarrow Cu + FeO$
$\mu(A) - \mu(B) = 115{,}44$ kG

3.
I_2(fest) $\rightarrow$ I_2(w. Lsg.)
$\mu(A) - \mu(B) = -16{,}40$ kG
$KOH \rightarrow K^+ + OH^-$
$\mu(A) - \mu(B) = 61{,}5$ kG
$NH_4Cl \rightarrow NH_4^+ + Cl^-$
$\mu(A) - \mu(B) = 7{,}44$ kG
NH_3(gasf.) $\rightarrow$ NH_3(w. Lsg.)
$\mu(A) - \mu(B) = 10{,}09$ kG
$AgCl \rightarrow Ag^+ + Cl^-$
$\mu(A) - \mu(B) = -55{,}66$ kG
Nur von KOH, NH_4Cl und NH_3 kann eine einmolare Lösung hergestellt werden.

Abschnitt 24.5

3. Die Reaktion ist gehemmt. Andernfalls würde der Sprengstoff von selbst explodieren, man könnte ihn nicht aufbewahren.

25. Stoffmenge und Energie

Abschnitt 25.2

1. $2NaCl \leftrightarrow 2Na + Cl_2$
Für Natrium ist
$m/n = 0{,}023$ kg/mol

$$n = \frac{1\,\text{kg}}{0{,}023\,\text{kg}}\,\text{mol} = 43{,}5\,\text{mol}$$

$\mu(A) - \mu(B) = 384$ kG

$E = (\mu(A) - \mu(B)) \cdot n = 384$ kG · 43,5 mol
= 16 700 kJ = 16,7 MJ

2. $Pb + Cl_2 \rightarrow PbCl_2$
$n = 2$ mol
$\mu(A) - \mu(B) = 314$ kG
$E = 2$ mol · 314 kG = 628 kJ

Abschnitt 25.3

1. $CH_4 + 2O_2 \rightarrow CO_2 + 2H_2O$
$\mu(A) - \mu(B) = 818$ kG
$P = (\mu(A) - \mu(B)) \cdot I_{n(R)} = 818$ kG · 1 mol/s
= 818 kJ/s = 818 kW

2. $\mu(A) - \mu(B) = 394$ kG
(a) $P = (\mu(A) - \mu(B)) \cdot I_{n(R)} \rightarrow$
$I_{n(R)} = P/(\mu(A) - \mu(B))$
= 100W/394 kG = 0,00025 mol/s
(b) Für $PbSO_4$ ist $m/n = 303{,}25$ g/mol.

$$n = \frac{2000\,\text{g}}{303{,}25\,\text{g}}\,\text{mol} = 6{,}6\,\text{mol}$$

$n(R) = n/2 = 3{,}3$ mol
$E = (\mu(A) - \mu(B)) \cdot n(R)$
= 394 kG · 3,3 mol = 1300 kJ

26. Wärmebilanz von Reaktionen

Abschnitt 26.1

1. $2C_8H_{18} + 25O_2 \rightarrow 16CO_2 + 18H_2O$
Für Oktan ist $m/n = 114{,}2$ g/mol.

$$n = \frac{1000\,\text{g}}{114{,}2\,\text{g}}\,\text{mol} = 8{,}76\,\text{mol}$$

$n(R) = n/2 = 4{,}38$ mol
$\mu(A) - \mu(B) = 10592$ kG

$$S_{\text{erzeugt}} = \frac{10592\,\text{kG}}{298\,\text{K}} \cdot 4{,}38\,\text{mol} = 156\,\text{kCt}$$

2. $4Fe + 3O_2 \rightarrow 2Fe_2O_3$
Für Eisen ist $m/n = 55{,}847$ g/mol.

$$n = \frac{1000\,\text{g}}{55{,}847\,\text{g}}\,\text{mol} = 17{,}9\,\text{mol}$$

$n(R) = n/4 = 4{,}48$ mol
$\mu(A) - \mu(B) = 2 \cdot 742{,}24$ kG = 1484,48 Ct

$$S_{\text{erzeugt}} = \frac{1484{,}48\,\text{kG}}{298\,\text{K}} \cdot 4{,}48\,\text{mol} = 22{,}3\,\text{kCt}$$

Abschnitt 26.2

1. $4Fe + 3O_2 \rightarrow 2Fe_2O_3$
Wir betrachten einen Reaktionsumsatz von 1 mol.
$\mu(A) - \mu(B) = 1484{,}48$ kG

$$S_{\text{erzeugt}} = \frac{1484{,}48\,\text{kG}}{298\,\text{K}} \cdot 1\,\text{mol} = 4980\,\text{Ct}$$

$S(A) - S(B) = 549{,}41$ Ct
$S(A) - S(B) + S_{\text{erzeugt}} = 549$ Ct + 4980 Ct = 5529 Ct
Es werden 5529 Ct abgegeben.

2. $CaCl_2 \rightarrow Ca^{++} + 2Cl^-$
$\mu(A) - \mu(B) = 65{,}37$ kG

$$S_{\text{erzeugt}} = \frac{65{,}37\,\text{kG}}{298\,\text{K}} \cdot 1\,\text{mol} = 219{,}36\,\text{Ct}$$

$S(A) - S(B) = 56{,}07$ Ct
$S(A) - S(B) + S_{\text{erzeugt}} = 275{,}43$ Ct
Es sind 275,43 Ct pro mol übrig. Die Lösung erwärmt sich.

3. $NaBr \rightarrow Na^+ + Br^-$
$\mu(A) - \mu(B) = 16{,}6$ kG

$$S_{\text{erzeugt}} = \frac{16{,}6\,\text{kG}}{298\,\text{K}} \cdot 1\,\text{mol} = 55{,}7\,\text{Ct}$$

$S(A) - S(B) = 99{,}71$ Ct
$S(A) - S(B) + S_{\text{erzeugt}} = 155{,}4$ Ct
Es sind 155,4 Ct pro mol übrig. Die Lösung erwärmt sich.

4. $KNO_3 \rightarrow K^+ + NO_3^-$

$\mu(A) - \mu(B) = 1{,}47$ kG

$$S_{\text{erzeugt}} = \frac{1{,}47\,\text{kG}}{298\,\text{K}} \cdot 1\,\text{mol} = 4{,}93\,\text{Ct}$$

$S(A) - S(B) = -116{,}02$ Ct
$S(A) - S(B) + S_{\text{erzeugt}} = -111{,}09$ Ct

Es fehlen 111,09 Ct, um die Normaltemperatur aufrecht zu erhalten. Die Lösung wird kalt.

27. Relativistische Physik

Abschnitt 27.2

1. $E = 500$ kJ

$$m = \frac{E}{k} = \frac{500\,\text{kJ}}{9 \cdot 10^{16}\,\text{J/kg}} \approx 5{,}6 \cdot 10^{-12}\,\text{kg}$$

Ein Auto braucht etwa 10 l/100 km, d.h. etwa 10 kg/100 km. Mit $v = 100$ km/h folgt, dass es etwa 100 kg/h braucht oder
100 kg/h = 100 kg/3600 s ≈ $3 \cdot 10^{-3}$ kg/s.
Der betrachtete Beschleunigungsvorgang dauert etwa 10 s. Das Auto wird dabei also um
$3 \cdot 10^{-3}$ kg/s · 10 s = $3 \cdot 10^{-2}$ kg
leichter. Diese Abnahme ist um etwa $5 \cdot 10^9$ größer als die vorher berechnete Zunahme.

2. In einer Sekunde fallen auf einen Quadratmeter 1000 J.

$$m = \frac{E}{k} = \frac{1000\,\text{J}}{9 \cdot 10^{16}\,\text{J/kg}} \approx 1{,}1 \cdot 10^{-14}\,\text{kg}$$

Es ist also

$$\frac{m}{t} = 1{,}1 \cdot 10^{-14}\,\text{kg/s}$$

Damit wird

$$t = \frac{m}{1{,}1 \cdot 10^{-14}\,\text{kg/s}} = \frac{0{,}001\,\text{kg}}{1{,}1 \cdot 10^{-14}\,\text{kg/s}} = 0{,}9 \cdot 10^{11}\,\text{s}$$

$$= 9000 \cdot 10^{7}\,\text{s} = 25 \cdot 10^{6}\,\text{h} \approx 10^{6}\,\text{d} \approx 2700\ \text{Jahre}$$

3.

$$m = \frac{E}{k} = \frac{3{,}8 \cdot 10^{23}\,\text{J}}{9 \cdot 10^{16}\,\text{J/kg}} \approx 4{,}2 \cdot 10^{6}\,\text{kg}$$

Die Sonne verliert pro Sekunde $4{,}2 \cdot 10^6$ kg.

28. Wellen

Abschnitt 28.3

In der Dominowelle wird, im Gegensatz zu richtigen Wellen, nicht Energie vom Anfang zum Ende transportiert. Stattdessen bekommt jeder Dominostein Energie aus dem Schwerefeld.

Wie eine richtige Welle hat auch die Dominowelle einen Träger und eine eigene Geschwindigkeit.

Abschnitt 28.4

1. Schaukel: Ort und Geschwindigkeit der Schaukel.

Straßenbahn, die zwischen zwei Endstationen hin- und herfährt: Ort der Straßenbahn.

Geigensaite: Ort, Geschwindigkeit der Mitte der Saite.

Wald: Farbe der Blätter im Verlauf der Jahre.

Abschnitt 28.5

2. Von einigen Millimetern bis einigen zig Metern.

Abschnitt 28.6

1. $\lambda = v/f$ = (300 m/s)/440 Hz = 0,7 m

2. $\lambda = v/f$ = (300 000 km/s)/98,4 MHz = 3 m

Abschnitt 28.7

1. Lautsprecher, Stimme, Musikinstrumente, Gewitter, Explosion

2. 150 Hz

3. 15 m und 15 mm

4. Die Frequenz bleibt gleich, die Wellenlänge nimmt zu.

5. Etwa 3000 m

Abschnitt 28.8

1. Im Blitz fließt für sehr kurze Zeit ein sehr starker Strom. Das Magnetfeld dieses Stroms ändert sich sehr schnell. Es löst sich vom Blitz, läuft als Welle weg und induziert in den Fernsehantennen einen elektrischen Strom.

2. Sendeantennen von Radio- und Fernsehsendern, Parabolantennen von Fernmeldetürmen, heißer Ofen, Lichtquellen, Röntgenröhren, radioaktive Stoffe.

Abschnitt 28.9

1. Wind ist keine Welle. Zwei "Winde" können nicht durcheinander hindurchströmen.

2. Ein "Zwischending" zwischen stehender und gewöhnlicher Welle: Man erkennt einerseits eine fortschreitende Bewegung, wie bei einer gewöhnlichen Welle; andererseits aber auch ein periodisches Kleiner- und Größerwerden der ganzen Welle, wie bei einer stehenden Welle.

3. Gegeben: $l = 1$ m
$v = 6$m/s

$\lambda_{max} = 2l = 2$ m

Damit zwei Knoten entstehen, muss $l = 3/2\lambda$ sein, also $\lambda = 2/3l = 2/3$ m.

Mit $v = \lambda f$ folgt

$f = v/\lambda = 9$ Hz

4. Wenn die Wellen "im Takt" schwingen: eine Welle, deren Amplitude doppelt so groß ist, wie die einer Einzelwelle.

Wenn sie im "Gegentakt" schwingen: vollständige, dauernde Auslöschung.

29. Photonen

Abschnitt 29.4

1.

a) $E = h \cdot f = 6{,}6 \cdot 10^{-34}\,\text{Js} \cdot 9{,}84 \cdot 10^{7}\,\text{Hz}$

$= 6{,}494 \cdot 10^{-26}\,\text{J}$

$$p = \frac{h \cdot f}{c} = \frac{E}{c} = \frac{6{,}494 \cdot 10^{-26}\,\text{J}}{3 \cdot 10^{8}\,\text{m/s}} = 2{,}16 \cdot 10^{-34}\,\text{Hy}$$

b)

$$E = \frac{h \cdot c}{\lambda} = \frac{6{,}6 \cdot 10^{-34}\,\text{Js} \cdot 3 \cdot 10^{8}\,\text{m/s}}{1{,}5 \cdot 10^{-10}\,\text{m}} = 1{,}32 \cdot 10^{-15}\,\text{J}$$

$$p = \frac{h}{\lambda} = \frac{6{,}6 \cdot 10^{-34}\,\text{Js}}{1{,}5 \cdot 10^{-10}\,\text{m}} = 4{,}4 \cdot 10^{-24}\,\text{Hy}$$

c) $E_{\text{SWF3}}/E_{\text{sichtbar}} = p_{\text{SWF3}}/p_{\text{sichtbar}} \approx 10^{-7}$

$E_{\text{Röntgen}}/E_{\text{sichtbar}} = p_{\text{Röntgen}}/p_{\text{sichtbar}} \approx 10^{4}$

2. a) In den Ball fließt über den Wasserstrahl ein Strom negativen Impulses (positive Richtung nach oben). Der positive Impuls aus dem Gravitationsfeld und der negative aus dem Wasserstrahl heben sich auf.

b) In das Kügelchen fließt über den Lichtstrahl ein Strom negativen Impulses . Der positive Impuls aus dem Gravitationsfeld und der negative aus dem Lichtstrahl heben sich auf.

c) Pro Sekunde fließen über das Gravitationsfeld

$p = 7 \cdot 10^{-11}\,\text{Hy}$

ins Kügelchen.

Ein Photon trägt (siehe Schülertext)

$p_{\text{Ph}} = 8{,}25 \cdot 10^{-28}\,\text{Hy}$.

$$n = \frac{p}{p_{\text{Ph}}} = \frac{7 \cdot 10^{-11}}{8{,}25 \cdot 10^{-28}} \approx 10^{17}$$

Pro Sekunde müssen etwa 10^{17} Photonen auf das Kügelchen treffen. (Der genaue Wert hängt davon ab, wie das Licht am Kügelchen reflektiert und gebrochen wird.)

30. Atome

Abschnitt 30.1

$$\frac{12\,000\,\text{km}}{50\,000} = 0{,}24\,\text{km} = 240\,\text{m}$$

Abschnitt 30.4

1.

$$E = \frac{h \cdot c}{\lambda} = \frac{6{,}6 \cdot 10^{-34}\,\text{Js} \cdot 3 \cdot 10^{8}\,\text{m/s}}{2{,}85 \cdot 10^{-7}\,\text{m}} = 6{,}95 \cdot 10^{-19}\,\text{J}$$

2. Die Ionisierungsenergie des Natriumatoms beträgt $0{,}8 \cdot 10^{-18}\,\text{J}$ (siehe Schülertext).

$$\lambda = \frac{h \cdot c}{E} = \frac{6{,}6 \cdot 10^{-34}\,\text{Js} \cdot 3 \cdot 10^{8}\,\text{m/s}}{0{,}8 \cdot 10^{-18}\,\text{J}} = 2{,}475 \cdot 10^{-7}\,\text{m}$$

$$= 247{,}5\,\text{nm}$$

Es handelt sich um UV Licht.

31. Feste Stoffe

Abschnitt 31.2

$m/n = 58{,}5$ g/mol
$\rho = m/V = 2{,}16$ g/cm³

$$\frac{m/V}{m/n} = \frac{n}{V} = \frac{2{,}16\text{mol}}{58{,}5\text{cm}^3} = 0{,}0369\ \text{mol/cm}^3$$
$$= 36{,}9 \cdot 10^{-6}\ \text{mol/mm}^3$$

1 mol entspricht $6{,}02 \cdot 10^{23}$ Teilchen
Z = Teilchenzahl

$$\frac{Z_{\text{NaCl}}}{V} = 2{,}2 \cdot 10^{19}\ \frac{\text{Moleküle}}{\text{mm}^3} = 4{,}4 \cdot 10^{19}\ \frac{\text{Atome}}{\text{mm}^3}$$

Abschnitt 31.10

Mit dem Minuspol an die Steuerelektrode

32. Atomkerne

Abschnitt 32.1

1. $V_A = 8 \cdot V_B$
$r_A = 2 \cdot r_B$

2. $\rho = 10^{14}$ g/cm³ $= 10^{17}$ kg/m³
$r = 5000$ m

$$V = \frac{4}{3}\pi r^3 \approx 5 \cdot 10^{11}\,\text{m}^3$$

$$m = \rho \cdot V = 10^{17}\,\frac{\text{kg}}{\text{m}^3} \cdot 5 \cdot 10^{11}\,\text{m}^3 = 5 \cdot 10^{28}\,\text{kg}$$

Abschnitt 32.2

2. Für leichte Elemente ist das Verhältnis von Protonen- zu Neutronenzahl etwa 1, für schwere Elemente ist es kleiner als 1.

3. Es gibt etwa 286 stabile Nuklide.

4. Das schwerste stabile Nuklid ist $^{238}_{92}$U.

5. Die stabilen Isotope des Neons sind: $^{20}_{10}$Ne, $^{21}_{10}$Ne und $^{22}_{10}$Ne.

6. Technetium (Protonenzahl 43)

7. Xenon hat 36 Isotope, davon sind 9 stabil.

Abschnitt 32.3

1. $m_{\text{Tl}} = 350 \cdot 10^{-27}\,\text{kg} = 3{,}5 \cdot 10^{-25}\,\text{kg}$

a) $E = 10^{-18}$ J

$$m_{\text{Anregung}} = \frac{E}{k} = \frac{10^{-18}\,\text{J}}{9 \cdot 10^{16}\,\text{J/kg}} \approx 10^{-35}\,\text{kg}$$

$$\frac{m_{\text{Anregung}}}{m_{\text{Tl}}} = \frac{10^{-35}}{3{,}5 \cdot 10^{-25}} \approx 3 \cdot 10^{-11}$$

b) $E = 10^{-14}$ J

$$m_{\text{Anregung}} = \frac{E}{k} = \frac{10^{-14}\,\text{J}}{9 \cdot 10^{16}\,\text{J/kg}} \approx 10^{-31}\,\text{kg}$$

$$\frac{m_{\text{Anregung}}}{m_{\text{Tl}}} = \frac{10^{-31}}{3{,}5 \cdot 10^{-25}} \approx 3 \cdot 10^{-7}$$

2. Die Masse von 1 mol eines Stoffes ist von der Größenordnung 100 g. Bei der Anregung wird der Stoff um $1/10^7$ schwerer, d.h. seine Masse ändert sich um $100\text{g}/10^7 = 10\,\mu\text{g}$. Die Analysenwaage der Schule reagiert aber günstigstenfalls auf 100 µg.

Abschnitt 32.4

2. Beim Hinzufügen eines Neutrons zu einem Kern gewinnt man gewöhnlich Energie. Nur bei $^{4}_{2}He$ muss man beim Angliedern eines Neutrons Energie zuführen.

Abschnitt 32.7

2. $p + \bar{p} \rightarrow e + \bar{e}$

$p + \bar{p} \rightarrow 2e + 2\bar{e}$

$p + \bar{p} \rightarrow n + \bar{n}$

Abschnitt 32.8

1.

	$pn \rightarrow$	$p + n$
$-E_T$	−0,36	0
ΔE		−0,36 pJ

	$pn \rightarrow$	$2p + e + \bar{\nu}$
Ruhenergie Teilchen $-E_T$	n 150,525 −0,36	p 150,320 e 0,082 0
Summe	150,165	150,402
ΔE		−0,237 pJ

	$pn \rightarrow$	$2n + \bar{e} + \nu$
Ruhenergie Teilchen $-E_T$	p 150,320 −0,36	n 150,525 $\bar{e}$ 0,082 0
Summe	149,96	150,607
ΔE		−0,647 pJ

Deuterium kann auf keine der drei vorgeschlagenen Arten zerfallen.

2.

	$p_{19}n_{21} \rightarrow$	$p_{9}n_{11} + p_{10}n_{10}$
$-E_T$	−54,72	−24,74 − 25,74
Summe	−54,72	−50,48
ΔE		−4,24 pJ

	$p_{19}n_{21} \rightarrow$	$p_{2}n_{2} + p_{17}n_{19}$
$-E_T$	−54,72	−4,53 − 49,15
Summe	−54,72	−53,68
ΔE		−1,04 pJ

	$p_{19}n_{21} \rightarrow$	$p_{20}n_{20} + e + \bar{\nu}$
Ruhenergie Teilchen $-E_T$	n 150,525 −54,72	p 150,320 e 0,082 −54,80
Summe	95,805	95,602
ΔE		0,203 pJ

	$p_{19}n_{21} \rightarrow$	$p_{18}n_{22} + \bar{e} + \nu$
Ruhenergie Teilchen $-E_T$	p 150,320 −54,72	n 150,525 $\bar{e}$ 0,082 −55,08
Summe	95,6	95,527
ΔE		0,073 pJ

Das Kaliumisotop kann nach den beiden letzten Reaktionen zerfallen.

3.

	$p_{6}n_{8} \rightarrow$	$p_{2}n_{4} + p_{4}n_{4}$
$-E_T$	−16,87	−4,69 − 9,05
Summe	−16,87	−13,74
ΔE		−3,13 pJ

	$p_{6}n_{8} \rightarrow$	$2p_{3}n_{4}$
$-E_T$	−16,87	−2 · 6,29
Summe	−16,87	−12,58
ΔE		−4,29 pJ

Keine der beiden Reaktionen kann ablaufen.

4.

	$4p \rightarrow$	$p_{2}n_{2} + 2\bar{e} + 2\nu$
Ruhenergie Teilchen $-E_T$	p 2 · 150,320 0	n 2 · 150,525 $\bar{e}$ 2 · 0,082 −4,53
Summe	300,64	296,684
ΔE		3,956 pJ

Außer dem Heliumkern entstehen zwei Antielektronen und zwei Neutrinos.

Abschnitt 32.9

1. a)

		$p_{29}n_{32}$		$\rightarrow p_{30}n_{31} + e + \bar{\nu}$
Ruhenergie Teilchen	n	150,525	p	150,320
			e	0,082
$-E_T$		−85,18		−84,15
Summe		65,345		66,252
ΔE				−0,907 pJ

		$p_{29}n_{32}$		$\rightarrow p_{28}n_{33} + \bar{e} + \nu$
Ruhenergie Teilchen	p	150,320	n	150,525
			$\bar{e}$	0,082
$-E_T$		−85,18		−85,66
Summe		65,345		64,947
ΔE				0,398 pJ

	$p_{29}n_{32}$	$\rightarrow p_{27}n_{30} + p_2n_2$
$-E_T$	−85,18	−79,83 − 4,53
Summe	−85,18	−84,36
ΔE		−0,82 pJ

Beim Zerfall von $^{61}_{29}$Cu entsteht $\bar{e}$.

b)

		$p_{29}n_{37}$		$\rightarrow p_{30}n_{36} + e + \bar{\nu}$
Ruhenergie Teilchen	n	150,525	p	150,320
			e	0,082
$-E_T$		−92,33		−92,63
Summe		58,195		57,772
ΔE				0,423 pJ

		$p_{29}n_{37}$		$\rightarrow p_{28}n_{38} + \bar{e} + \nu$
Ruhenergie Teilchen	p	150,320	n	150,525
			$\bar{e}$	0,082
$-E_T$		−92,33		−92,42
Summe		57,99		58,187
ΔE				−0,197 pJ

	$p_{29}n_{37}$	$\rightarrow p_{27}n_{35} + p_2n_2$
$-E_T$	−92,33	−86,63 − 4,53
Summe	−92,33	−91,16
ΔE		−1,17 pJ

Beim Zerfall von $^{66}_{29}$Cu entsteht e.

c) Der Zerfall, bei dem ein Elektron entsteht, kann nicht untersucht werden, da die Trennenergie von $p_{91}n_{137}$ nicht in der Tabelle aufgeführt ist.

		$p_{90}n_{138}$		$\rightarrow p_{89}n_{139} + \bar{e} + \nu$
Ruhenergie Teilchen	p	150,320	n	150,525
			$\bar{e}$	0,082
$-E_T$		−279,27		−279,05
Summe		−128,95		−128,443
ΔE				−0,507 pJ

	$p_{90}n_{138}$	$\rightarrow p_{88}n_{136} + p_2n_2$
$-E_T$	−279,27	−275,62 − 4,53
Summe	−279,27	−280,15
ΔE		0,88 pJ

Beim Zerfall von $^{228}_{90}$Th entsteht $^{4}_{2}He_K$.

2.

	$p_{26}n_{29}e_{26}$	$\rightarrow p_{25}n_{30}e_{25} + \nu$
elektr. L.	26 − 26	25 − 25
baryon. L.	26 + 29	25 + 30
lepton. L.	26	25 + 1

Es reagiert ein Elektron der Hülle mit einem Proton des Kerns. Das entstehende Neutron bleibt im Kern, das Neutrino fliegt weg.

3.

a) A liegt oberhalb der Reihe der stabilen Nuklide. B liegt diagonal rechts unter A.
b) C liegt unterhalb der Reihe der stabilen Nuklide. D liegt diagonal links über C.
c) E liegt auf der Nuklidkarte rechts oben. F liegt zwei Positionen unter und zwei Positionen links von E.

Abschnitt 32.10

$^{238}_{92}$U: 99,28 %
$^{235}_{92}$U: 0,72 %

$$\frac{m}{n} = 238 \frac{\text{g}}{\text{mol}}$$

$$n_{\text{total}} = \frac{m}{238\text{g/mol}} = \frac{1\text{kg}}{0{,}238\text{kg}} \text{mol} = 4{,}2 \text{ mol}$$

$$n_{235} = 0{,}072 \cdot 4{,}2 \text{ mol} = 0{,}03 \text{ mol}$$

$$I_n = 5{,}76 \cdot 10^5 \text{Bq} = 5{,}76 \cdot 10^5 \cdot \frac{1}{6} \cdot 10^{-23} \frac{\text{mol}}{\text{s}}$$

$$= 0{,}96 \cdot 10^{-18} \text{mol/s}$$

Wir nennen 1% der Menge des $^{235}_{92}$U n'.

$$t=\frac{n'}{I_n}=\frac{3\cdot 10^{-4}\ \text{mol}}{0{,}96\cdot 10^{-18}\ \text{mol/s}}=3{,}125\cdot 10^{14}\ \text{s}$$

$$=0{,}868\cdot 10^{11}\text{h}=3{,}6\cdot 10^{9}\text{d}=10^{7}\,\text{Jahre}$$

Abschnitt 32.11

1. 25 000 Jahre

2. 6 Jahre

3. 1 Monat

4.

0 Jahre	A: 100%	B: 0%	C: 0%
2 Jahre	A: 0%	B: 100%	C: 0%
1 000 000 Jahre	A: 0%	B: 0%	C: 100%

5. Auch die Umsatzrate nimmt auf die Hälfte ab.

Abschnitt 32.12

1. Siehe Aufgabe **4** von Abschnitt 32.8. Bei der Bildung eines ${}^4_2$He-Kerns wird die Energie 3,956 pJ abgegeben.

1 mol enthält 6,022 $\cdot 10^{23}$ Kerne. Die bei der Bildung von 1 mol abgegebene Energie E_K beträgt daher:

$E_K = 6{,}022 \cdot 10^{23} \cdot 3{,}956 \cdot 10^{-12}$ J $= 2{,}38 \cdot 10^{12}$ J

Zum Vergleich die Reaktion
$2H_2 + O_2 \rightarrow 2H_2O$
Die chemische Spannung der Reaktion ist:
$\mu(A) — \mu(B) = 474{,}36$ kG
Wenn 1 mol H_2 verbrennt, ist der Reaktionsumsatz $n(R) = 0{,}5$ mol. Damit wird die abgegebene Energie E_H:
$E_H = [\mu(A) — \mu(B)] \cdot n(R)$
$= 474{,}36 \cdot 0{,}5$ kJ $= 237$ kJ
Das Verhältnis der beiden beiden Energien ist:

$$\frac{E_K}{E_H}=\frac{2{,}38\cdot 10^{12}\,\text{J}}{2{,}37\cdot 10^{5}\,\text{J}}\approx 10^{7}$$

2. Durch einen Menschen fließt im Mittel ein Energiestom von etwa 100 W. Fast die ganze Energie wird zur Entropieproduktion verwendet. Setzen wir für das Volumen des Menschen 100 l, so ergibt sich

$$\frac{P}{V}=1\frac{\text{W}}{\text{l}}.$$

Für die Sonne ist

$$\frac{P}{V}=0{,}01\frac{\text{W}}{\text{l}}.$$

1 l Mensch gibt also 100 mal so viel Energie ab wie 1 l Sonne.

Abschnitt 32.13

1. Die Energieproduktion der Uranzerfallsreaktion wurde auf S. 100 im Schülertext berechnet:

$\Delta E_{\text{Uran}} = 32{,}07$ pJ

.

		$p_{56}n_{85}$	$\rightarrow$	$p_{57}n_{84}$ + e + $\bar{\nu}$
Ruhenergie Teilchen	n	150,525	p	150,320
			e	0,082
$-E_T$		− 188,09		− 188,49
Summe		−37,565		−38,088
ΔE				0,523 pJ

$\Delta E_{\text{Barium}} = 0{,}523$ pJ.

$$\frac{\Delta E_{\text{Uran}}}{\Delta E_{\text{Barium}}}=\frac{32{,}07}{0{,}523}\approx 61$$

2.

	Ba	La	Ce	Pr
30 s	viel	wenig	sehr wenig	sehr wenig
18 min	mittel	mittel	wenig	sehr wenig
5 d	sehr wenig	wenig	viel	wenig
1 a	sehr wenig	sehr wenig	wenig	viel